权威·前沿·原创

皮书系列为

“十二五”“十三五”国家重点图书出版规划项目

BLUE BOOK

智库成果出版与传播平台

中俄经济合作蓝皮书

BLUE BOOK OF
SINO-RUSSIAN ECONOMIC COOPERATION

中国－俄罗斯经济合作发展报告（2019~2020）

ANNUAL REPORT ON SINO-RUSSIAN ECONOMIC COOPERATION AND DEVELOPMENT (2019-2020)

主　编／闫修成
副主编／刘　爽　封安全

社会科学文献出版社
SOCIAL SCIENCES ACADEMIC PRESS (CHINA)

图书在版编目(CIP)数据

中国-俄罗斯经济合作发展报告. 2019-2020 / 闫修成主编. --北京：社会科学文献出版社，2021.3
（中俄经济合作蓝皮书）
ISBN 978-7-5201-8079-5

Ⅰ.①中… Ⅱ.①闫… Ⅲ.①对外经济合作-研究报告-中国、俄罗斯-2018 Ⅳ.①F125.551.2

中国版本图书馆 CIP 数据核字（2021）第 041520 号

中俄经济合作蓝皮书
中国-俄罗斯经济合作发展报告（2019~2020）

主　　编 / 闫修成
副 主 编 / 刘　爽　封安全

出 版 人 / 王利民
责任编辑 / 谢蕊芬　孟宁宁

出　　版 / 社会科学文献出版社 · 群学出版分社（010）59366453
　　　　　地址：北京市北三环中路甲 29 号院华龙大厦　邮编：100029
　　　　　网址：www.ssap.com.cn
发　　行 / 市场营销中心（010）59367081　59367083
印　　装 / 天津千鹤文化传播有限公司

规　　格 / 开 本：787mm × 1092mm　1/16
　　　　　印 张：20.5　字 数：307 千字
版　　次 / 2021 年 3 月第 1 版　2021 年 3 月第 1 次印刷
书　　号 / ISBN 978-7-5201-8079-5
定　　价 / 148.00 元

主要编撰者简介

闫修成 男，汉族，1966年生，山东金乡人，哈尔滨师范大学教育系教育行政管理专业毕业，哈尔滨工业大学高级工商管理硕士学位。现任黑龙江省社会科学院（省政府发展研究中心）党组成员、副院长，分管东北亚战略研究院、中俄区域合作战略研究院、俄罗斯研究所、东北亚研究所、犹太研究所、院办公室工作。长期从事省市县各层级政策研究工作，在理论与实践结合层面研究经济社会发展有独立的思考和见解。

董伟俊 男，汉族，1963年7月出生，1985年5月加入中国共产党，1985年7月参加工作，东北林业大学林业机械设计与制造专业工学学士，中共哈尔滨市委党校经济管理专业研究生毕业，黑龙江省社会科学院（黑龙江省政府发展研究中心）院长、党委副书记，政协黑龙江省第十一届委员会委员。历任哈尔滨市政府办公厅综合处副处长、处长，市林业局副局长，市政府办公厅副主任，市政府研究室党组书记、主任；黑龙江省政府研究室副主任，省人民政府发展研究中心党组书记、主任；2018年10月任现职。主要研究方向为宏观经济、区域经济。主持或参加国家和省级课题项目10余项。出版专著、合著、编著4部，发表论文、理论文章20余篇。主要研究成果有《黑龙江省全要素生产率研究》《哈尔滨新区行政管理体制机制创新对策研究》《黑龙江省民间投资调查分析及对策建议》《黑龙江省绿色发展调研报告》《关于应用大数据开展我省宏观经济运行监测预测分析的对策建议》《高校人才流出对我省科教强省建设的影响及对策研究》《关于新冠肺炎疫情对我省经济影响及应对措施》等，先后荣获中国发展研究奖优秀奖、黑龙江省优秀调研成果奖等奖项。

刘 爽 男，黑龙江哈尔滨人。黑龙江省社会科学院东北亚和国际问题研究首席专家，省级智库东北亚战略研究院首席专家，历史学博士，研究员，硕士研究生导师，黑龙江省省级领军人才梯队（世界史）带头人，享受国务院政府特殊津贴专家，黑龙江省文化名家。任黑龙江省俄罗斯东欧中亚学会会长、国家社科基金和出版基金评审专家、中国历史学会理事、黑龙江省人大常委会立法咨询专家、中国俄罗斯东欧中亚学会常务理事、黑龙江省历史学会副会长。主要研究领域为俄国（苏联）史、东北亚国际关系史、史学理论、当代中俄关系、民族史、东北地方史。主持完成国家社科基金课题“唯物史观指导历史研究的理论价值与现代意义”“当代俄罗斯史学研究”“俄罗斯远东史”及省级项目多项。出版《唯物史观与历史研究》、《哈尔滨犹太侨民史》、《哈尔滨俄侨史》（合著）、《苏联解体的史学阐释》、《21世纪初的西伯利亚》（审校）、《黑龙江屯垦史（第二卷）》（主编）等；在《马克思主义研究》《世界历史》《史学理论研究》《俄罗斯东欧中亚研究》《欧亚经济》《国外社会科学》《学习与探索》《俄罗斯与亚太区域》（俄）、《区域经济与社会》（俄）等中外期刊发表论文近百篇。多次获得黑龙江省社会科学优秀成果一、二等奖。

马友君 男，中共党员，曾任黑龙江省社会科学院俄罗斯研究所所长，现为黑龙江省社会科学院东北亚战略研究院首席专家，犹太研究中心主任，教育部学位与研究生教育发展中心特聘通讯评议专家，中俄战略协作智库理事，黑龙江省文化名家，黑龙江省省级领军人才梯队（世界史）带头人，哈尔滨市专顾委委员。长期研究俄罗斯东部地区经济、历史和中俄区域合作等问题。在国内外期刊发表论文近百篇，出版专著、合著、译著等6部。主持参与国家社科基金课题5项，主持和参与省级项目10项，独立撰写或参加国家级、省级调研、对策研究报告20多篇，其中多篇调研报告被黑龙江省主要领导批示，由中共中央秘书局呈送中央。

封安全 男，黑龙江省社会科学院俄罗斯研究所副研究员，博士。黑龙江省俄罗斯东欧中亚学会和黑龙江省东北亚研究会常务理事。2002～2009年在日本北海道大学斯拉夫研究中心攻读硕士、博士学位。主要研究领域为俄罗斯经济及中俄区域合作。主要研究成果有《中俄经贸合作三十年》（专著）、《二十一世紀中露経済貿易の新展開》（日文出版）。在《俄罗斯研究》、《西伯利亚研究》、《スラヴ研究》、Региональные пробремы преобрезования экономики、*JOURNAL OF NEW ECONOMY* 等国内外期刊上发表论文30余篇。主持国家社科基金、黑龙江省社科基金、留学归国人员基金、黑龙江省政府及企业等委托课题10余项，撰写对策研究报告10余篇。

Б. Г. 萨涅耶夫　男，1943年4月18日出生于俄罗斯联邦新西伯利亚州，1967年毕业于西伯利亚国立大学经济数学专业。经济学副博士、工程技术博士、教授。现任俄罗斯科学院西伯利亚分院能源研究所能源系统开发和区域问题研究室主任、能源系统开发和区域问题研究学科带头人，俄罗斯联邦功勋学者、俄罗斯科学院科尔日让诺夫斯基奖金获得者、俄联邦政府科学技术奖金获得者。

摘　要

本报告是以黑龙江省社会科学院从事俄罗斯经济、世界经济、国际贸易、中俄关系等方面研究的学者为主，并邀请来自北京、上海和其他省市区的专家学者以及俄罗斯的中国问题专家学者参加，经深入调查与研究后撰写的。

2018 年以来，世界政治格局跌宕起伏，国际经贸关系急剧变化。在这一背景下，中俄经济合作取得积极进展，双边贸易规模不断扩大，贸易结构不断改善，重要领域合作不断深化。本报告从不同角度对这一时期的中俄经济合作情况进行了客观描述和深入研究，并对未来中俄经济合作的机遇和挑战、问题和前景进行了分析和预测，为推进中俄经济合作在两国关系新时代取得新的突破和更快发展提供了智力支撑。自 2013 年 9 月习近平主席提出“一带一路”倡议以来，“一带一路”倡议与欧亚经济联盟对接逐渐从理念转化为行动，从愿景转变为现实。中国与欧亚经济联盟各国合作机制不断完善，合作领域不断拓宽，合作潜能不断加深，合作成果不断扩大。其中，与俄罗斯的经济合作取得重大突破，2019 年中俄贸易额突破 1000 亿美元，达 1107 亿美元，比 1991 年中俄贸易额增长约 18 倍。从 2011 年起连续 7 年，中国是俄罗斯最大的贸易伙伴。2019 年中国对俄出口占俄罗斯进口总额的 21.9%，中国对俄进口占俄罗斯出口总额的 12.5%。从贸易额上看，中俄商品贸易还有很大的发展空间；但从贸易比重上看，特别是从中国对俄出口占俄罗斯进口比重上看，中国商品已占俄罗斯进口比重的 1/5 以上，发展的空间有限：这表明仅靠双边贸易，就贸易抓贸易，增加贸易额，有可能事倍功半。本报告认为，加大相互投资力度，扩大跨境产业合作，不仅有利于大幅度增加两国贸易额，还可以规避一些贸易壁垒，促进地方就业，有利于两国经贸合作的升级和两国经济可持续发展。

本报告指出，能源合作是两国优先发展方向。俄罗斯是世界上自然资源最丰富的国家之一，石油、天然气等能源资源储量巨大。一直以来，俄罗斯既是能源生产大国又是出口大国。2015～2018年俄罗斯石油产量一直保持在5.3亿～5.5亿吨，出口量在2.3亿～2.6亿吨。近年来天然气产量逐年攀升，2015年为6355亿立方米，2016年保持在6400亿立方米，2017年为6900亿立方米，2018年为7330亿立方米，创历史新高。2016～2018年连续3年，俄罗斯取代沙特成为中国第一大石油贸易伙伴。

本报告认为，林业和农业是中俄传统合作领域。俄罗斯丰富的森林资源和中俄毗邻的地缘优势为两国开展林业合作提供了条件。俄罗斯具有丰富的农业资源和巨大的农业投资需求，而中国有丰富的农业劳动力资源、较成熟的农业管理经验，以及丰富的资金。中俄两国在农业生产、农产品贸易等方面存在很强的互补性。

近年来中俄金融合作发展快速。中俄金融合作有利于维持区域金融环境的稳定；加强金融合作是推动中俄经贸合作不断深化乃至两国经济转型升级的有利条件，对中国“一带一路”倡议的实施也起到了重要的促进作用；加快推进本币结算能够有效规避汇率风险，有利于提升人民币的国际地位；中俄两国在反洗钱及反恐融资、国际金融中心建设、共同推进国际金融体系改革等方面合作的不断深化，将会进一步巩固和发展两国全面战略协作伙伴关系。

中俄科技合作潜力巨大。虽然俄罗斯科技发展经历了一段低谷期，但其在航空航天、核电、生物工程、卫星导航、核技术、新材料等方面的技术水平领先世界。中俄在这些领域的合作蓬勃开展，将进一步优化贸易结构，提高贸易层次。通过持续推动中俄各领域务实合作，打造更高水平、更加紧密的中俄经贸关系，对于丰富中俄新时代全面战略协作伙伴关系的内涵，推进中俄贸易额再创新高具有重要意义。

中俄两国跨境基础设施互联互通取得重大进展，物流通道建设逐步完善，管道运输项目进展顺利。目前，中俄交通运输合作还存在运力亟待提高、资金短缺、项目落实难等问题，中方则存在对俄方心理诉求关注不够，缺乏语言和专业都精通的双料交通人才等问题。未来，中俄在推动高铁、地铁及加强跨境基础设施建设等领域合作方面前景广阔。

本报告还指出，随着经济的飞速发展，生产要素在全球变得越来越重要，尤其是生产要素中劳动力要素的流动已经成为各个国家之间增加国民收入和解决就业的重要途径和手段。中国和俄罗斯作为两个经济大国，均处在经济快速发展时期，两国之间的经济合作水平也在不断提高。但是，中俄两国的劳务合作水平偏低，在输出规模和输出质量上不尽如人意。自 1990 年以来，俄罗斯的人口出生率一直在低位徘徊，俄罗斯国内现有的劳动力资源难以满足远东地区开发的需求。而与俄罗斯相邻的中国，劳动力资源相当丰富，劳动力供大于求，为缓解就业压力应该进一步加大对外劳务输出力度。

2020 年是特殊的一年，新冠肺炎疫情席卷全球，对世界经济造成巨大冲击。2020 年第一季度中国对外贸易整体下滑 6.4%，但中俄贸易却逆势上扬，同比增长 3.4%。目前在中国疫情整体上得到控制，正在全面复工复产，在俄罗斯疫情也有趋缓迹象，正在有序恢复经济活动。中俄两国是全面战略伙伴关系，遇到重大事情应相互支撑、相互支持，共渡难关。2020 年 4 月，中国自俄进口原油 720 万吨，同比增长 16%，而俄罗斯则超越沙特成为中国最大原油进口来源地。基于目前国际经济形势和中俄关系发展状况，下半年中俄两国会最大限度加强经济交流，共同走出经济低谷。

关键词： 中俄经贸合作　投资合作　科技合作　“一带一路”

Abstract

The report is written after in-depth research by scholars from Heilongjiang Provincial Academy of Social Sciences specializing in Russian economy, world economy, international trade, Sino-Russian relation and other aspects, as well as special experts and scholars from Russia, and from Beijing, Shanghai, and other provinces in China.

Since 2018, the ups and downs of the world's political situation and the rapid changes in international economic and trade relations have resulted in rapid progress in China-Russia economic cooperation, continuous expansion of bilateral trade, continuous improvement of trade structure, and deepening of important cooperation areas. The report objectively describes and thoroughly studies the status of Sino-Russian economic cooperation in this period from different perspectives, and analyzes and predicts the opportunities and challenges, problems, and prospects of future Sino-Russian economic cooperation, which are bound to provide intellectual support for promoting new breakthroughs and faster development in Sino-Russian economic cooperation in the new era. Since President Xi Jinping proposed the Belt and Road Initiative (BRI) in September 2013, the connectivity of the BRI with the Eurasian Economic Union has gradually turned from vision into action. China and the countries of the Eurasian Economic Union have continuously improved the cooperation mechanisms, continuously broadened cooperation areas, continuously deepened cooperation potential, and continuously expanded cooperation results. China and Russia had made a major breakthrough in economic cooperation. In 2019, Sino-Russian trade exceeded 100 billion U. S. dollars, reaching 110. 7 billion U. S. dollars, an increase of about 18 times compared with that of 1991. China had been Russia's largest trading partner for seven consecutive years since 2011. In 2019, the amount of China's exports to Russia accounted for 21. 9% of Russia's total imports, and the amoun of China's imports to Russia accounted for 12. 5% of Russia's total exports. In terms of trade volume, China-Russia merchandise trade still has a large room for development, but in terms of trade proportion, especially the proportion of China's exports to Russia accounting for Russia's imports, Chinese goods have accounted for more than 1/5 of Russia's imports. It seems that there is not much room for development. It is obviously impossible to increase trade volume by relying only on bilateral trade. The report points out that increasing mutual investment and expanding cross-border industrial cooperation will not only help to substantially increase the trade volume between the two countries, but also circumvent some trade barriers and promote local employment, so as to upgrade economic and trade cooperation and the economic development between the two countries.

The report points out that energy cooperation is a priority for both countries. Russia is one of the countries with the most abundant natural resources in the world, with huge reserves of energy resources such as oil and natural gas. For a long time, Russia has been a major energy producer and a major exporter. From 2015 to 2018, Russia's oil production had been maintained between 530 million and 550 million tons, and oil exports had been maintained between 230 million and 260 million tons. In recent years, natural gas production had increased year by year, reaching 635. 5 billion cubic meters in 2015, 640 billion cubic meters in 2016, 690 billion cubic meters in 2017, and 733 billion cubic meters in 2018, which was a record high. From 2016 to 2018, Russia replaced Saudi Arabia as China's largest oil trading partner for 3 consecutive years.

The report states that forestry cooperation and agricultural cooperation are traditional areas of Sino-Russian cooperation. Russia's rich forest resources and superior geographical advantages provide conditions for forestry cooperation between the two countries. Russia has rich agricultural resources and huge agricultural investment needs, while China has rich agricultural labor resources, more mature agricultural management experience, and rich capital. Therefore, China and Russia have strong complementarities in agricultural production and agricultural trade.

Sino-Russian financial cooperation has developed rapidly in recent years. Sino-Russian financial cooperation is conducive to maintaining the stability of the regional financial environment. Strengthening financial cooperation is a favorable condition to promote the continuous deepening of Sino-Russian economic and trade cooperation and even the economic transformation and upgrading of the two countries, which also plays an important role in promoting the implementation of the BRI. Accelerating the advancement of local currency settlement can effectively avoid exchange rate risks and help enhance the international status of the RMB. The in-depth cooperation between China and Russia in anti-money laundering and counter-terrorism financing, the construction of international financial centers, and jointly promoting the reform of the international financial system will further strengthen the comprehensive strategic cooperative partnership between the two countries.

Sino-Russian cooperation in science and technology has huge potential. Although its scientific and technological development has experienced a period of trough, Russia has a world-leading technological level in aerospace, nuclear power, biological engineering, satellite navigation, nuclear technology, new materials and so on. Sino-Russian cooperation in those areas is flourishing, which will further optimize the trade structure and increase the level of trade. Meanwhile, China and Russia will continue to promote pragmatic cooperation in various fields, building higher-level and closer economic and trade relations, enriching the connotation of comprehensive strategic cooperation partnership in the new era, and promoting bilateral trade volume to a new high.

China and Russia have made significant progress in the cross-border infrastructure connectivity, in which construction of logistics corridors has been gradually improved and pipeline transport programs are progressing smoothly. At present, in the transport cooperation between the two countries, China and Russia still have problems to be settled, such as transport capacity, shortage of funds, difficulty in project implementation. However, China has not paid enough attention to Russia's psychological demands and also lacks interdisciplinary talents proficienting in foreign languages and transport fields. In the future, China and Russia will jointly promote cooperation in such promising fields as the high-speed rail, the subway and cross-border infrastructure construction.

The report also points out that, with the rapid development of the economy, production factors have become increasingly important. Especially the movement of labor factors in production factors has become an important means to increase national income and to resolve employment among countries. As two economic powers, China and Russia are in a period of rapid economic development, and the levels of economic cooperation between the two countries are also constantly rising. However, the level of labor service cooperation is relatively low, which is unsatisfactory in terms of output scale and quality. Since 1990, Russia's birth rate has been hovering at a low level and the existing labor resources in Russia cannot meet the development needs of the Far East. In China, adjacent to Russia, the labor resources are quite abundant and the supply of labor exceeds the demand, so in order to relieve the employment pressure, it is necessary to export labor services.

2020 is a special year. The COVID – 19 epidemic sweeps the world and has a huge impact on the world economy. In the first quarter of 2020, China's foreign trade volume fell by 6.4% as a whole, but Sino-Russian trade volume rose against the trend, with a year-on-year increase of 3.4%. At present, the epidemic situation in China is under control as a whole, and all work and production are being resumed. The epidemic situation in Russia is also showing signs of slowing down, and economic activities are being resumed in an orderly manner. China and Russia, which have developed a comprehensive strategic partnership, should support each other and help each other when encountering major issues and overcome difficulties together. In April this year, China imported 7.2 million tons of crude oil from Russia, a year-on-year increase of 16%, surpassing Saudi Arabia as China's largest source of crude oil imports. Based on the current international economic situation and the development of Sino-Russian relations, China and Russia will maximize economic exchanges in the second half of the year and work together to get out of the economic downturn.

Keywords: Sino-Russian Economic and Trade Cooperation; Investment Cooperation; Technology Cooperation; "One Belt One Road"

目　录

Ⅰ　总报告

Ⅱ　分报告

Ⅲ　专题篇

Ⅳ　地区篇

总报告

B.1
2019~2020年中俄经济合作发展报告

刘　爽*

摘　要： 本报告对2018~2019年中俄经济合作状况进行了分析。2018年中俄双边贸易额达到1070.57亿美元，实现历史性突破。这是中俄全方位战略协作不断加强、多种合作机制有力推进取得的可喜成果。主要表现在：贸易额增长强劲，双方合作潜力巨大；能源机电位居主导，贸易结构趋于稳定；农业合作走深走实，有效应对挑战风险；服务贸易加快拓展，经贸领域不断扩大；重点项目取得突破，夯实基础助力发展；签署未来合作规划，确保项目务实推进。本报告认为，中俄贸易

* 刘爽，博士，黑龙江省社会科学院东北亚战略研究院首席专家，研究员，黑龙江省省级领军人才梯队（世界史）带头人，硕士研究生导师。

的成就来之不易，既是中俄战略协作伙伴关系提档升级的必然结果，也与世界经济政治形势新变化新挑战密切相关；既表明“一带一路”倡议与欧亚经济联盟对接取得初步成效，也反映了在“单边主义”和贸易摩擦背景下中俄合作所表现出的应对优势和巨大潜力。目前，中俄政府对发展两国经贸给予的政策和资金支持逐步到位，一些重大基础设施项目在2020年相继投入使用，中俄两国贸易额在1000亿美元的基础上有望再创新高。但无论是重大基础设施项目达到计划运量，还是自贸区、跨境产业园区达到产能目标，都还需要一段时间。2020年，中俄贸易受新冠肺炎疫情影响，可能与2019年持平或稍有下降。相信疫情过后，中俄贸易额仍将保持快速上行势头。

关键词： 中俄经济合作　“一带一路”　贸易结构

一　2018年中俄经济合作状况分析与判断

据中国海关总署统计，2018 年中俄双边贸易额达到 1070.57 亿美元，首次超过1000 亿美元，创历史新高。其中，中国对俄出口 479.75 亿美元，自俄进口 590.82 亿美元，中方逆差111.07 亿美元，增幅达27%，增速在中国前十大贸易伙伴中位列第一。这是中俄两国高层互访频繁、全方位战略协作不断加强、多种合作机制有力推进、中俄经贸关系持续升温所取得的可喜成果。通过对 2018 年中俄经济合作进行定量研究与定性分析，大致总结出以下特点。

（一）贸易额度增长强劲，双方合作潜力巨大

据中国海关总署统计，2018 年中国对外贸易总额达 4.6 万亿美元，增

幅为12.6%，继续保持了全球最大贸易国地位。其中，出口总额为2.5万亿美元，进口总额为2.1万亿美元，贸易顺差为0.4万亿美元。另据俄罗斯海关统计，2018年俄罗斯对外贸易总额为6871.2亿美元，增幅为17.4%，其中，出口总额为4496.9亿美元，进口总额为2374.3亿美元，贸易顺差为2122.6亿美元。从2018年国际形势看，中美贸易摩擦烽烟再起，多边贸易体制受到挑战；西方对俄经济制裁持续，国际能源贸易争端不断。这些都给中俄双方的外经外贸带来巨大压力。但是中俄贸易额的历史性突破，有力支撑了中俄在对外贸易总额中的快速增长，有些重要指标不降反升，这说明中俄双方在复杂多变的世界形势下，经济增长的稳定性和应对严峻挑战的韧性都发挥了重要作用。

同时，我们也明显看到，尽管中国作为俄罗斯第一大贸易伙伴的地位进一步加强，但是受经济总量制约和贸易结构影响，中国对俄贸易额仍排在美国（6335亿美元）、日本（3276亿美元）、韩国（3134亿美元）、中国香港（3105亿美元）、德国（1838亿美元）、澳大利亚（1527亿美元）、越南（1478亿美元）等国家和地区之后，为第11位。[①] 虽然中俄经贸合作的绝对规模还较为有限，但是随着“一带一路”建设加快推进，“全方位、深层次、宽领域”合作成效逐步凸显，两国在贸易和投资领域的合作潜力不断释放，未来增长和发展的空间巨大。

（二）能源机电位居主导，贸易结构趋于稳定

2018年，在中俄贸易额的1070.57亿美元中，中方逆差达111.07亿美元。也就是说，在中俄贸易额27%的增幅中，有近2/3是由俄罗斯进口增加实现的。从贸易结构看，俄罗斯对华出口第一大宗仍是石油、天然气等能源产品，为427.1亿美元，占中国自俄罗斯进口总额的72.3%，同比增长了61.9%。这说明，虽然中俄贸易的基本结构没有太大变化，但能源产品

① 中华人民共和国海关总署：《2018年12月进出口商品主要国别（地区）总值表（美元值）》，http://www.customs.gov.cn/customs/302249/zfxxgk/index.html，最后访问日期：2020年11月26日。

的额度却有了明显增加，显然这是与中俄能源合作的层次和水平不断提升密切相关的。并且，随着中俄东段原油管道复线和东段天然气管道全部投入运营，再加上亚马尔天然气项目，中方的贸易逆差可能会进一步加大，这种贸易结构将在较长时间内保持稳定。

2018 年，俄罗斯自中国进口的大宗商品仍是机电设备，为 264.5 亿美元，占俄罗斯自中国进口总额的 55.1%，同比增长 3.9%。这一数据表明，俄罗斯企业在传统产业的现代化改造方面对高端机电设备的需求有增无减，中国机电设备的科技含量和生产质量都已经达到世界领先水平。俄罗斯重点建设的远东超前发展区和各类经济特区，对中国机电设备的需求将保持长期稳定。与此同时，由于俄罗斯大部分地区人口相对较少以及居民购买能力有限，俄罗斯对中国的轻工、纺织、玩具、靴鞋、箱包等需求明显减少，而由德国、意大利、美国、韩国、日本等国进口的此类商品常常更受欢迎，形成与中国出口俄罗斯同类商品的竞争。因此，由多种因素形成的贸易结构的稳定性，在短期内不会出现大的改变。

（三）农业合作走深走实，有效应对挑战风险

据中国海关总署统计，2018 年，中俄农产品贸易总额达 52.52 亿美元。[①] 其中，中国自俄罗斯进口农产品的增幅远大于向俄罗斯出口农产品的增幅。尽管中俄农产品贸易额仅为全部贸易额的 1/20，但是在国际贸易形势严峻的大背景下，中俄农产品贸易迅速增长具有重要意义。2017 年，中美贸易摩擦初见端倪，2018 年不断升级，自 2018 年 4 月美国公布对我国出口美国的 500 亿美元产品加征 25% 的关税后，虽经多次贸易谈判，但美方还是数次对中国出口商品增加 10% ~25% 不等的关税，争议持续升级。中美贸易摩擦引发双方不断增加进口税额，致使美国出口到中国的能源、粮食等大宗商品价格出现较大波动，为此进一步扩大中俄能源与农业合作势在必

① 《国际商报》数字报刊平台，http：//epaper.comnews.cn/xpaper/release/212/2826.shtml，2019 年 11 月 26 日。

行。自2015年以来，中俄两国农产品贸易额持续增长，中国已成为俄罗斯最重要的农产品出口国。同时，两国农业投资合作稳步发展，双方共同推动中俄边境地区农业合作，很多中方企业带着资金、技术到俄罗斯投资农业生产，不仅配合了俄罗斯国家和地方发展战略的实施，也有效抵御了中美贸易摩擦带来的粮食安全风险，同时也为中方企业创造了良好的发展机遇。

黑龙江省作为中国对俄农业合作第一大省，在不断扩大对俄农业全方位合作的同时，通过支持中方企业扩大在俄大豆种植面积，简化大豆等农产品进口通关手续、加快验放速度等，基本实现了与俄罗斯在大豆等农产品领域的长期合作模式，为进一步优化我国农产品进口结构，发挥了重要作用。俄罗斯的非转基因大豆在中国也很受欢迎，俄方期待中国投资者积极参与俄罗斯非转基因大豆的种植和深加工环节，并希望引入中国技术，使俄罗斯的非转基因农作物过渡到集约化农业生产模式，通过中俄农产品贸易的持续健康发展，为双方消费者提供更多的优质农产品。

（四）服务贸易加快拓展，经贸领域不断扩大

在中俄贸易额中，服务贸易由于统计的困难，占比较小。但是中俄作为有着4300多公里边境线的毗邻国家，双方的旅游、电商、康养、医疗、金融等服务贸易随着两国关系的健康发展，也呈现快速跃升的势头，成为经贸领域不断扩大的重要组成部分。《2018年中国游客赴欧洲旅游大数据报告》显示，“2018年中国赴俄罗斯旅游人数大幅度上升，俄罗斯成为中国游客欧洲游的热门国家”,[①] 借助中俄旅游年契机，中俄旅行社纷纷提供多种旅游线路和旅游项目，使旅游人数明显增加。据俄罗斯边防局统计，2018年赴俄罗斯的中国游客达120万人次，同比增长了13%；而赴中国旅游的俄罗斯游客也在不断增加，2018年达201.8万人次。从旅游观光的热门景区来看，莫斯科—圣彼得堡的金环线成为中国游客的首选，游客来源于中国各

① 《2018年中国游客赴欧洲旅游大数据报告》，https://i.carnoc.com/detail/484241，最后浏览日期：2020年11月20日。

地，而主要是北上广、江浙等经济发达地区；去西伯利亚与远东的游客更多的是来自中国东北各地。当前，中俄旅游合作已经形成了较为完整的协作机制，如双方旅游部长会议、红色旅游工作协调小组、人文委员会等平台，为加强旅游领域的交流互访、团体签证、投资保险等提供了良好的机制保障。

作为服务贸易的跨境电商，是中俄经济合作中的新兴产业，尽管其在中俄贸易总额中占比不大，但是电商的发展显然对扩大贸易额具有积极影响，从长远来看潜力巨大。中国对俄跨境电商贸易主要集中在对俄合作大省黑龙江省。2016 年，黑龙江省出台《推进跨境电子商务健康快速发展工作方案》后，电商贸易额即实现 1954.8 亿元人民币。此后，黑龙江省陆续建立电商产业园区 32 个，其中包括国家级电子商务示范基地 4 个，入驻企业达 1368 家。黑龙江省利用对俄跨境电商的地缘优势，依托绿色有机农产品，推动专业化电商平台建设。从未来的电商发展趋势看，有相当一部分食品、饮料、轻工、纺织等需要快捷送达的商品销售将由电商来运营，并有进一步发展壮大的趋势。通过积极推动跨境电商和服务贸易新业态发展，将有力促进中俄贸易巩固存量，做好增量，为中俄贸易额的进一步攀升打好基础。

（五）重点项目取得突破，夯实基础助力发展

2018 年是中俄地方合作交流年，以中俄战略协作伙伴关系质量与水平不断提升为动力，在"一带一路"倡议与欧亚经济联盟对接和《中蒙俄经济走廊合作规划》框架下，一系列中俄跨境基础设施项目取得重要进展。同江至下列宁斯科耶的中俄跨江铁路大桥和黑河至布拉戈维申斯克的中俄跨江公路大桥建设已经竣工，有望在 2020 年交付使用；中俄东段原油管线二期工程（经黑龙江省漠河）顺利完工并开始试运营；中俄东段天然气管线（经黑龙江省黑河）全线贯通。这些国家级基础设施重大项目的顺利进展，表明以"互利互惠、合作共赢"为目标的中俄战略协作，通过务实推进正在向更高水平迈进。

此外，中俄沿边交通基础设施建设也取得积极进展。2018 年，与俄远东毗邻的黑龙江省建成了以省会城市哈尔滨为中心的 2 小时高铁圈，哈尔滨

至齐齐哈尔、牡丹江、佳木斯高铁的先后开通，有力推动了哈大齐工业走廊、哈牡绥东经济带和哈东经济走廊建设。同时，建三江等支线机场建设取得顺利进展，整个中俄沿边地区的高速公路和高等级公路网初步建成。与此同时，俄罗斯远东南部地区的交通基础设施的建设和改造也在积极推进。为适应远东超前发展区建设，一些连接超前发展区的铁路和公路建设纳入日程，重点是西伯利亚大铁路和贝阿铁路部分换装车站及其线路的升级和改造。这些项目一部分将与中国沿边铁路和公路对接，形成中俄沿边地区交通运输网络。

（六）签署未来合作规划，确保项目务实推进

2018 年 9 月，习近平主席首次赴俄罗斯符拉迪沃斯托克参加“东方经济论坛”，并在论坛上发表主旨演讲，强调要进一步推动“一带一路”同欧亚经济联盟对接，努力推动滨海国际运输走廊建设，共同开展北极航道开发和利用合作，并与普京总统共同签订了《中俄在俄罗斯远东地区合作发展规划（2018～2024 年）》。从时间上看，这个规划是继 2007 年中俄两国签订的《中国东北及内蒙古东部地区与俄罗斯东西伯利亚与远东合作规划纲要（2008～2017 年）》之后，双方政府间签订的又一个地区合作规划。但实际上，这项规划并不是上个规划的简单延续，其从指导原则、合作内容、实施方式上都与前一个规划有着明显区别。一是尽量将纲要项目纳入“一带一路”与欧亚经济联盟对接合作框架，与中蒙俄经济走廊合作机制和俄远东超前发展区规划对接，以此解决项目的政策支持和资金投入问题。二是进一步强调合作的务实性和可操作性，通过确定几大重点合作领域，以及俄方所能提供的各方面支持，使合作项目方便推进落实。三是尽量解决上一个规划中应该解决而长期未能解决的问题，提出了一些具有针对性的措施与方法。这就为中俄未来的经济合作打牢了基础，提供了制度和机制保障，对于推动新时期中俄区域经济合作提质升级具有重要意义。

二　2019～2020年中俄经济合作分析与预测

2019年是中俄关系史上极不寻常的一年。在这一年，中俄政府和两国人民举行各种活动，共同庆祝中俄建交70周年。2019年6月，习近平主席正式访问俄罗斯，在出席圣彼得堡国际经济论坛之前，在莫斯科与普京总统共同签署了中俄战略协作伙伴关系进入新时代的相关文件，标志着中俄经贸关系进入务实合作、提档升级的新时期。

2019年的中俄贸易额比2018年有了小幅提升，呈平稳发展势头。据俄罗斯海关统计，2019年俄罗斯与中国的双边贸易额为1109.19亿美元，同比增长2.5%。其中，俄罗斯对中国出口额增长1.4%，达567.91亿美元；自中国进口额增长3.6%，达541.27亿美元。2019年俄中贸易额占俄罗斯对外贸易总额的比重增至16.6%，较2018年（15.7%）上升0.9个百分点。[①] 这一数据表明，2019年的中俄贸易额度变化不大，贸易结构也没有较大改变，中国仍为俄罗斯的第一大贸易伙伴国。俄罗斯自中国进口贸易额增长3.6%，高于俄罗斯对中国出口额增速2.2个百分点，表明俄罗斯对中国的外贸顺差有所缩小，结构趋于平衡。同时，尽管中俄能源合作项目、“北极液化气-2”项目、联合科技创新基金等一批战略性大项目合作也在加快推进，但均未实现达产标准，贸易额度没有大的提升，但是为未来中俄贸易额的大幅跃升夯实了基础。

2019年中俄经济合作走势平稳，通过对2019年中俄经贸关系新变化的具体分析，可以对2020年的中俄经济合作走向做出基本判断。

（一）中俄战略协作关系进入新时代，促进中俄经贸合作再上新台阶

中俄战略协作伙伴关系进入新时代的重要内容，就是要加强务实合

① 俄罗斯卫星通讯社，http://sputniknews.cn/economics/202002111030632404/。

作，实现中俄关系“与时俱进、提质升级”目标。这就要求中俄两国以构建“人类命运共同体”为目标，通过双方的共同努力，创新合作模式，实现互利共赢，将经济合作水平与政治合作水平同步推进，通过经济合作的高质量发展，不断夯实中俄战略协作关系的经济基础。促进中俄经贸合作再上新台阶，也是中俄关系历史最好水平和当代大国关系典范的重要标志。

（二）中国（黑龙江）自贸试验区获批，将有力推进中俄务实合作实现新突破

2019 年 8 月 26 日，国家批准设立中国（黑龙江）自由贸易试验区，这是我国对俄沿边省份中唯一的自贸试验区，从国家层面进一步凸显了扩大对俄区域合作的战略地位。其中，哈尔滨片区将重点发展新一代信息技术、新材料、高端装备、生物医药等战略性新兴产业，科技、金融、文化旅游等现代服务业和寒地冰雪经济，重点建设对俄罗斯及东北亚全面合作的承载高地和连通国内、辐射欧亚的国家物流枢纽，打造全面振兴、全方位振兴的增长极和示范区；黑河片区将重点发展跨境能源资源综合加工利用、绿色食品、商贸物流、旅游康养、沿边金融等产业，建设跨境产业集聚区和边境城市合作示范区，打造沿边口岸物流枢纽和中俄交流合作重要基地；绥芬河片区将重点发展木材、粮食、清洁能源等进口加工业和商贸金融、现代物流等服务业，重点建设商品进出口储运加工集散中心和面向国际陆海通道的陆上边境口岸型国家物流枢纽，打造中俄战略合作及东北亚开放合作的重要平台。由此可见，三个片区都以对俄合作为重点，着力打造国家对俄罗斯及东北亚开放合作新高地。中国（黑龙江）自由贸易试验区获批后，立刻成为国内外投资的新热点，一批对俄合作的产业项目落地，并开始了大规模的基础设施建设。与此同时，中国（黑龙江）自贸试验区还将积极与俄远东超前发展区项目对接，充分利用各自国家的优惠政策，加快大项目落实，未来 2 ~ 3 年内中俄贸易额出现大幅度增长值得期待。

（三）一系列中俄重大基础设施项目竣工，为中俄货物贸易发展增添新动力

2019年，黑河跨黑龙江公路大桥和同江跨黑龙江铁路大桥相继合龙并通过验收，预计在2020年实现通车运营。两座跨界江大桥的建成是中俄政治互信不断加强的重要标志，对中俄毗邻地区的互联互通将起到巨大推动作用。大桥将与西伯利亚大铁路相连接，西行利用中俄欧班列直达欧洲腹地，东抵太平洋出海口，北与贝阿铁路相接，可达共青城并进一步向北延伸，辐射萨哈（雅库特）共和国、马加丹等远东东北部广大地区。目前，以两桥为依托的桥头经济区建设已经起步，在努力招商引资的同时，两国园区建设也在加紧进行。

（四）俄政府不断加大远东交通基础设施建设力度

与中国沿边跨境基础设施建设相对应，俄方的交通基础设施建设也在积极推进。据俄罗斯远东发展部消息，2019年俄政府投资268亿卢布开发建设东部铁路网，俄远东铁路局拟改造39处铁路基础设施，包括重建4个车站和3个会让站，新建4个会让站，修建1处双轨延长线，建设若干机车场等设施，以及修建中俄边境马哈林诺—卡梅绍瓦亚段铁路设施和一批编组车站等。① 与此同时，为配合远东超前发展区建设，俄政府对该地区的公路建设也加大了力度。一系列交通基础设施建设项目的推进，将有力保障中俄跨境产业园区及俄远东超前发展区运营，促进中俄合作提档升级。

（五）俄远东联邦区行政区域发生重要变化，体量和实力得到加强

根据2018年11月3日颁布的第632号俄罗斯联邦总统令，原属西伯利

---

① 《2019年俄拟投资268亿卢布建设东部铁路网，改造包括中俄边境马哈林诺—卡梅绍瓦亚在内的39处设施》，http：//www. mofcom. gov. cn/article/i/jyjl/e/201903/20190302840964. shtml。

亚联邦区的布里亚特共和国和外贝加尔斯克边疆区并入远东联邦区，至此远东联邦区包括11个联邦主体。这一历史性的区域版图变化，将进一步扩大远东联邦区整体实力，远东超前发展区也由此增加至20个，对于进一步发挥超前发展区的带动效应具有重要意义。通过依托西伯利亚大铁路的“中蒙俄经济走廊”，将“一带一路”倡议与欧亚经济联盟对接，会对区域经济发展和欧亚经济联通产生极大影响。这一举措也将进一步加强远东国际运输和能源项目的协调能力，加快远东经济社会的整体发展，推进俄远东进入快速发展的新时代。毫无疑问，这也将有力促进中俄经济合作取得更大发展。

（六）新形势下中俄农业合作将取得新进展

中国与俄罗斯在关于发展新时代全面战略协作伙伴关系的联合声明中指出，双方将扩大并提升农业合作水平，深化农业投资合作，积极开展两国农产品食品相互市场准入合作，扩大双方优质农产品食品贸易。2019年，中国允许从俄罗斯全境进口大豆，标志着中国大豆进口逐步走向多元化。特别是黑龙江省在境外合作种植大豆，以及大豆成品回运已经取得了新突破，这表明中俄农业合作的广度和深度正在不断拓展和加深，为中俄双边务实合作注入了新动力，对优化两国贸易结构将产生深远影响。

此外，中俄在航空航天、科技研发、生物制药、新兴材料等领域的合作正在蓬勃开展，将进一步优化贸易结构，提高贸易层次，通过持续推动中俄各领域务实合作，打造更高水平、更加紧密的中俄经贸关系，丰富中俄新时代全面战略协作伙伴关系内涵，为双方经贸合作进一步加深注入更大动能，推进中俄贸易额再创新高。

总体来看，中俄贸易额向2000亿美元目标迈进的基础已经夯实，两国政府对发展中俄经贸给予的巨大政策和资金支持逐步到位，一些重大基础设施项目在2020年相继投入使用，中俄两国贸易额在1000亿美元的基础上再创新高并无悬念。但是还应该看到，无论是重大交通基础设施项目达到计划运营目标，还是自贸试验区、跨境产业园区达到生产目标，仍需几年时间，受各种不确定因素影响，可能还会延后。由于中俄东段石油和天然气项目已经开始运营，以及中国向俄出口机电设备、轻工纺织、家用电器等产品的增加，2020 年的中俄贸易在正常情况下应该会出现小幅增长。

但是，受新冠肺炎疫情的严重影响，中俄的旅游业和服务贸易已出现大幅下滑，其他贸易也受到一定影响。据俄联邦海关统计，2020 年第一季度俄中双边贸易额为 245.38 亿美元，同比下降 2.9%。其中，俄对中出口额为 129.63 亿美元，下降 1.4%；俄自中进口额为 115.75 亿美元，下降 4.3%。[①]这表明，由俄进口的大宗能源产品并未受到太大影响，而通常第一季度的贸易额要比其他季度的低。因此，2020 年的中俄贸易额可能会保持与 2019 年持平或略有下滑。在新冠肺炎疫情来袭之时，中俄互相支援，守望相助，在应对重大公共安全危机中坚定地站在一起。这表明两国的政治经济关系已经成为当代大国关系的典范。因此，相信疫情过后，中俄贸易额仍将保持快速上行势头，并有望在 2025 年前后达到预期目标。

① 《俄罗斯驻华大使安德烈·杰尼索夫：受新冠病毒疫情影响，俄中双边贸易规模可能会下降，但不会很严重》，http：//sputniknews. cn/russia_ china_ relations/202005201031480363/。

分　报　告

B.2

中俄经贸合作发展形势分析与预测

陈鸿鹏　牟洪波　董博雯*

摘　要： 中俄两国政治关系高度互信，经济合作基础扎实，资源禀赋互补性强，双方合作潜力十分巨大。本文基于中俄经贸合作面临的国内外环境的新变化，从政治、经济、历史、文化等视角进行分析，对中俄经贸合作发展进行展望。本文认为应采取更加积极的推进措施，努力在“一带一路”倡议与欧亚经济联盟框架下深化合作，开展中俄能源多元化科技化合作，在扩大中俄农业科技合作以及中俄次区域经贸合作等方面取得突破性发展。

* 陈鸿鹏，黑龙江省商务经济研究中心主任；牟洪波，黑龙江省商务经济研究中心研究员，《黑龙江商务年鉴》副主编；董博雯，黑龙江省商务经济研究中心对俄合作研究室副主任，高级经济师。

关键词： 中俄经贸合作　“一带一路”　区域合作

近年来，面对错综复杂的国际形势变化挑战，中俄双方不断强化战略协作，战略立场高度一致，高层保持密切沟通联系，两国经贸关系高水平运行。据统计，党的十八大以来，习近平总书记连续7年与普京总统保持年均5次的高频会晤，释放出中俄高层对两国友好关系高度重视的强烈信号，即中俄关系对于双方来说都是首要的双边关系，是维护地区稳定和世界和平的重要、积极、可靠力量。2019年是中俄建交70周年、《中俄睦邻友好合作条约》签署18周年和中俄战略协作伙伴关系建立23周年，中俄关系达到新的历史高度。为有效应对国际形势新变化新挑战，进一步挖掘中俄经贸合作的巨大潜力，筑牢中俄关系发展的物质基础，本文通过分析国内外环境变化，从政治、经济、历史、文化等视角，提出中俄经贸合作稳中有进、重点突破的措施，并对中俄经贸合作的前景进行展望。

一　中俄经贸合作具备稳定健康发展的基础条件

（一）政治高度互信

目前，我国和俄罗斯的关系处于持续稳定且健康发展态势，相互支持，政治互信，处在历史最好时期，关系坚实牢固。双方均积极推进各领域、各方面的合作，内生动力不断显现，利益交融日益深化。同时，两国在维护世界和平上共同努力，贡献力量，发挥重要作用。中俄建交70多年来，两国的关系达到较高水平，实现战略协作全面化、交流合作多样化，双方在维护国际公平正义、维护世界安全、战略稳定等方面发挥了建设性作用和重要力量。以此为基础，维护好双方关系的同时，实现更好发展，稳步前进，协同协作，共同应对各种挑战。

（二）经贸相互依存

中国是俄罗斯的重要贸易伙伴。近年来两国经贸合作高度互补，除农业合作以外，还涵盖林业、建材、轻工、能源、矿产、商贸等诸多领域。2018年5月，中俄双方正式签署了《中国与欧亚经济联盟经贸合作协定》，顺利完成了《欧亚经济伙伴关系协定》联合可行性研究报告，这为今后在欧亚地区建立高水平的经贸安排奠定了重要基础。据统计，2019年中俄贸易额同比增长2.5%，达1109.19亿美元。其中俄罗斯对华出口增长1.4%，达567.91亿美元；自华进口额增长3.6%，达541.27亿美元，占俄罗斯对外贸易总额的16.6%，较2018年上升0.9个百分点。俄罗斯对中国贸易顺差26.6亿美元，比2018年减少12.1亿美元。

同时，两国地方上也实现了更为紧密的来往，合作不断深化，贸易结构持续优化，在农产品贸易及跨境电商领域发展尤为迅猛。值得关注的是，中国东北地区与俄远东地区、中国长江地区与俄伏尔加河地区以及边境口岸地区的经贸合作更加务实、更加紧密。

能源合作是中俄经贸合作的压舱石。俄罗斯在2016年、2017年和2018年连续三年成为中国的第一大原油供应来源国。2019年，俄罗斯对中国原油出口量实现7764.4万吨，这在俄罗斯原油出口和中国原油进口总量中占比均达到15%以上，因此能源相互依存的关系得以稳定形成。2014年5月21日，俄气公司和中石油签署了依靠“东线”供应天然气的购销合同。该合同于2020年开始执行，第一年预计供气50亿立方米，2024年年供气可达380亿立方米。2018年，两国商谈“西线”天然气合作，每年计划从西西伯利亚天然气产地向中国供应天然气总量300亿立方米。海油工程获得俄最大液化天然气工程YAMAL（亚马尔）项目，达产后预计我国每年至少采购300万吨液化天然气（折合气态40多亿立方米每年）。

中俄合作的新亮点是农业领域的合作。2017年，中国成为俄罗斯在食品方面的第一大进口国。2020年第一季度，农产品和食品成为俄对华出口第二大类产品，其中对华动植物油脂出口额增长3倍，达1.83亿美元；俄对华出口食品中鱼类产品的出口额最大，为5.663亿美元。此外，农业开发和农业产业链等方面的合作也在积极进行。

在服务贸易方面，2018年中俄双方实现服务贸易175.9亿美元的贸易额，同比增长约100%。在跨境电商贸易中，双方的贸易额超过了50亿美元，中国成为俄罗斯的第一大电商贸易伙伴。

在基础设施方面，2019年同江—下列宁斯科耶铁路桥、黑河—布拉戈维申斯克公路桥完成合龙；中国铁建承建的莫斯科地铁隧道完工。

在金融合作方面，也实现了快速发展和积极进展，如在跨境融资、银联卡支付、合作机制、本币结算、现钞调运等领域。人民币已进入俄罗斯储备货币篮子，这一重要突破，使两国在制度安排方面的对接更加强劲。

习近平主席指出，中俄两国在经贸领域的合作要提质升级，实现战略性大项目和新兴领域合作的同步发展，共建“一带一路”倡议同欧亚经济联盟的对接与合作，加大地方交流，增加各个领域的交流。①

（三）社会稳定

中国经济快速发展和社会长期稳定这两个奇迹举世公认。无论国际风云如何变幻，中国政府始终坚持当前利益同长远利益相结合、局部利益同整体利益相统一，有效协调各种利益关系、化解各种社会矛盾，实现了长期保持社会和谐稳定、人民安居乐业，持续提升人民群众的获得感、幸福感、安全感。实现社会稳定，体现了中国国家治理能力和治理水平，也为中俄经贸合作提供了有利的社会安全保障。俄罗斯的经济地位虽然有所下滑，但社会还是非常稳定的，普京的支持率长时间保持较高水平。

（四）文化包容

中俄双方沟通紧密且频繁。众所周知，文化是最重要的软实力，我国公

---

① 习近平：《70年是里程碑也是新起点》，人民日报海外版，http：//paper.people.com.cn/rmrbhwb/html/2019-06/06/content_1929110.htm。

民在俄罗斯留学的人数从2016年的1.35万人提升至2019年的4.5万人，增长了2.33倍。目前，我国共承认俄罗斯高校文凭542所。同时，俄罗斯学生对于汉语学习的重视程度越来越高，并在2018～2019学年将汉语科目列入了考试范围。由此，汉语成为俄罗斯继英语、德语、法语和西班牙语之后的第五种全国统考外语科目。在俄罗斯人民心中，与俄罗斯关系友好的国家中，中国排在首位，中俄民间关系越来越好，助力两国经济共同发展。

二 中俄经贸合作面临的不确定因素增多

中俄经贸合作基础扎实，但也存在诸多影响因素，有的来自国际环境，有的则是自身和区域原因。

（一）国际环境

1. 世界经济增长放缓

2019年，世界主要经济体增速放缓，一些新兴经济体增速回落，导致全球经济增长趋缓。2020年，百年一遇的新冠肺炎疫情重创全球经济。各国封锁措施一度使经济大面积停摆、二季度世界经济跌幅普遍创历史极值。疫情缓解后解封重启经济，虽然使三季度经济增长有所回暖，但也造成疫情强烈反弹。国际货币基金组织（IMF）2020年10月发布的《全球经济展望》指出，2020年全球经济将萎缩4.4%，相当于2009年跌幅的7倍，为20世纪30年代大萧条以来最严重的衰退。①

2. 贸易保护主义抬头

美国政府采取的贸易保护限制措施更加强硬且频繁，并强力推行“美国优先”的单边主义、保护主义贸易政策，其矛头不仅指向中国、墨西哥、韩国等新兴经济体，也指向欧盟各国、加拿大、澳大利亚等盟友。2018年7

---

① 《2020年全球经济将萎缩4.4% 2021年世界经济状况如何?》，http://www.xhyb.net.cn/news/guoji/2020/1228/139639.html。

月起，美国根据 301 调查单方认定结果，对自华进口商品发起多轮加征关税行为。2019 年 5 月 10 日，美方对 2000 亿美元中国输美商品加征的关税从 10% 上调至 25%。

3. 大宗商品价格下行

2018 年标普高盛商品指数、CRB 指数、道琼斯商品指数、国际货币基金组织（IMF）商品价格综合指数分别下跌 15.5%、12.0%、8.4% 和 5.2%。2019 年前三季度国际大宗商品价格宽幅震荡。综合经济、贸易和地缘风险来看，2019 年第四季度国际大宗商品价格震荡下降。2020 年，从 1 月 2 日第一个交易日开始至 3 月 31 日，2020 年第一季度布伦特原油期货价格均价为 50.87 美元每桶。1 月 2 日，布伦特原油期货以 66.41 美元每桶开盘，3 月31 日以 25.94 美元每桶收盘，在一个季度的时间里，每桶跌去了 40.47 美元，跌幅高达 60.94%。

4. 西方对俄经济制裁

乌克兰问题及克里米亚危机后，西方对俄启动多轮经济制裁。美国针对俄罗斯的制裁对象包括个人和俄罗斯企业。尤其是针对俄罗斯的经济部门制裁，涵盖俄罗斯金融、能源矿产和军工等主要行业。美国还以“俄罗斯干预美国大选”以及“斯特里帕尔中毒案”等为由对俄罗斯施加过多轮制裁，导致俄罗斯资本外流严重，卢布汇率和股市双双暴跌，经济低迷。

俄罗斯虽然部分身处欧洲却难以真正融入欧洲，甚至一些苏联时期的同盟伙伴和独联体国家也加入北约抑制俄罗斯发展。

（二）国内环境

1. 俄方经济仍显疲软

克里米亚危机爆发后，在美国的制裁和打压下俄罗斯经济进入寒冬，资本外流严重，卢布汇率和股市双双暴跌，2015 年、2016 年连续两年 GDP 出现负增长，2017 年开始恢复性小幅增长。2017 年，俄罗斯国内生产总值（按现价核算）为 92.0819 万亿卢布（约合 1.5786 万亿美元），增幅为 1.5%。2018 年俄罗斯 GDP 为 103.63 万亿卢布（约合 1.6468 万亿美元），增长了 2.3%。2019 年俄名义 GDP 为 109.36 万亿卢布，近 1.7 万亿美元，增长了 1.3%。世界银行预测俄 2020 年 GDP 将增长 1.6%。

2. 中方经济压力增大

我国国内经济长期向好的基本面没有改变，经济总体运行平稳。2019 年国内生产总值 99.09 亿元人民币，同比增长 6.1%。但与此同时，稳中承压、稳中存忧的局面不容低估，中国国内的经济面临着下行风险，外贸发展的压力加大，呈现出新旧矛盾交织，周期性结构性问题叠加的困难局面。外贸企业融资难、融资贵的问题虽有缓解但未根除的现实仍要面对。劳动力和土地等要素价格仍处于高位。此外，在中美贸易摩擦的背景下，部分企业受加征关税的影响，加快了转移产能和订单的脚步。

（三）相关区域合作

1. 俄罗斯

受西方国家制裁，俄罗斯加快推进贸易便利化制度安排。一是独联体国家，由苏联大多数共和国组成的进行多边合作的独立国家联合体。成立时，除波罗的海三国外，其他 12 个苏联加盟共和国均为独联体正式成员国。2005 年 8 月，土库曼斯坦宣布退出独联体。2009 年 8 月 18 日，格鲁吉亚正式退出独联体。2014 年 3 月，因克里米亚独立入俄问题，乌克兰也正式启动退出程序。二是俄白哈关税同盟，于 2015 年吸收吉尔吉斯斯坦和亚美尼亚成立欧亚经济联盟。前者与越南、叙利亚、土耳其、印度、瑞士等有过自贸协定谈判，后者近日与塞尔维亚签署自贸协议，与乌兹别克斯坦、蒙古、伊朗、中国等的自贸协定正在谈判中。三是俄非经济论坛。2019 年 10 月，俄非经济论坛举行，签约总额突破 8000 亿卢布。其中，俄交通机械控股公司与埃及国家铁路公司签署了关于向埃供应 1300 节列车车厢的协议。能源、交通、通信基础设施是关键合作领域，采矿业、海运河运船舶、航空装备领域也都很有前景，数字技术、保健和教育领域都将成为重点合作方向。

2018 年，俄罗斯对外货物贸易进出口总额约为 6871.1 亿美元，比 2017 年增长 17.4%。其中，出口 4496.9 亿美元，进口 2374.2 亿美元，贸易顺差

2122.7亿美元，增长62.9%（见表1和表2）。2019年1~8月，俄罗斯石油出口达1.734亿吨，同比增长2.4%。从主要贸易伙伴看，前三位是中国、德国和荷兰，荷兰主要是对欧转口贸易，此外为关税同盟国、欧盟中较大的英、法、意、比和比较近的波兰、乌克兰、土耳其、日本、韩国，还有美国，市场比较集中于欧洲和亚洲北部。

表1　2018年俄罗斯对主要贸易伙伴出口额

单位：百万美元，%

国家和地区	金额	同比	占比
总值	449693	25.7	100.0
中国	56076	44.1	12.5
荷兰	43516	22.2	9.7
德国	34097	32.5	7.6
白俄罗斯	21545	15.3	4.8
土耳其	21445	14.7	4.8
韩国	17870	45.2	4.0
意大利	16392	18.5	3.7
波兰	16291	39.9	3.6
哈萨克斯坦	12710	2.0	2.8
美国	12533	18.1	2.8
日本	12486	19.9	2.8
芬兰	11382	31.4	2.5
英国	9704	11.7	2.2
乌克兰	9523	19.9	2.1
比利时	9210	35.4	2.1

资料来源：https：//customs.gov.ru/statistic（俄罗斯海关网站）。

表2　2018年俄罗斯自主要贸易伙伴进口额

单位：百万美元，%

国家和地区	金额	同比	占比
总值	237424	4.4	100.0
中国	52203	8.6	22.0
德国	25505	5.3	10.7
美国	12530	-0.4	5.3

续表

国家和地区	金额	同比	占比
白俄罗斯	11654	-3.2	4.9
意大利	10572	4.7	4.5
法国	9576	-0.6	4.0
日本	8818	13.6	3.7
韩国	6972	0.6	2.9
乌克兰	5458	11.1	2.3
哈萨克斯坦	5214	4.0	2.2
波兰	5138	4.7	2.2
土耳其	4205	24.1	1.8
英国	4041	-0.2	1.7
捷克	3775	10.3	1.6
荷兰	3692	-5.2	1.6

资料来源：https：//customs.gov.ru/statistic（俄罗斯海关网站）。

2. 中国

一是加快国内自贸区建设。2019 年 9 月 1 日，中国山东、江苏、广西、河北、云南、黑龙江 6 个自贸试验区陆续揭牌。至此，中国自贸试验区扩大到 18 个。遍布东西南北中，功能定位差异化明显，展现了中国扩大开放的新作为。中国（黑龙江）自贸试验区对于打造中国对俄罗斯及东北亚区域合作中心枢纽有着重要意义。

二是多边经贸合作有新突破。建设性参与引导 G20 经贸合作、中国—东盟自贸区《议定书》升级、《区域全面经济伙伴关系协定》（RCEP）取得实质性进展，与韩国、巴基斯坦、挪威、以色列自贸区谈判也有所突破，同时启动了与巴拿马、秘鲁的自贸协定谈判。

三是“一带一路”成果显著。2018 年，中国与“一带一路”共建国家货物贸易达 1.3 万亿美元，同比增长 16.3%，高于外贸平均增速 3.7 个百分点，中欧班列开行 6363 列，运送货物 54 万标箱，通达欧洲 15 个国家 49 个城市。

（四）新冠肺炎疫情对两国经贸的影响

2020 年第一季度，受新冠肺炎疫情影响，中国 GDP 同比下降 6.8%，而俄罗斯 GDP 同比增长 1.6%。中俄贸易额 253.5 亿美元，同比增长 3.4%，增速在中方主要贸易伙伴中排第二位，其中中方自俄进口 162 亿美元，同比增长 17.3%，增速在中方主要贸易伙伴中位居首位。中方对俄出口 91.5 亿美元，同比下降 14.6%。随着中国经济率先恢复，俄罗斯新冠肺炎疫情暴发，俄 GDP 出现大幅下跌。进而影响中俄贸易增长，特别对自华进口影响更大。

三 中俄经贸合作展望及对策措施

在中俄双方发展目标利益契合、大项目顺利开展的背景下，双边经贸合作仍将健康发展。在当前形势下，特别是新冠肺炎疫情对中俄以及世界范围造成巨大影响，中俄经贸发展不确定因素增加，由于国际油价暴跌 2/3，预计 2020 年双边贸易额增幅低于 3%，甚至存在较大下降风险。未来一个时期，中俄经贸合作可从以下方面寻求突破。

（一）深化“一带一路”与欧亚经济联盟合作

目前，“一带一路”和欧亚经济联盟已从最初的相互了解、彼此研判的阶段进入务实对接、密切合作阶段，必将有力地推动中俄双边全面合作，同时对繁荣欧亚区域经济乃至促进整个世界的经济发展也将发挥积极作用。今后一个时期，中俄双方应该继续加强货运通道建设，水陆空基础交通建设都有很大发展空间，如在蒙东、黑龙江、吉林边境地区铺设宽轨专用线，在“滨海 1 号”“滨海 2 号”线铺设国内标轨专用线，可便利货物运输，降低成本。此外，中俄双方应联合开发北冰洋到我国沿海的水上航道，加快推进同江铁路大桥到俄罗斯北极圈及北美的陆海通道建设。

（二）加快中俄能源多元化科技化合作

在原油、天然气合作的基础上，中俄两国可进一步深化开展能源多元化和科技化合作。美国页岩气革命推动了传统能源体制框架，绿色能源的开发和利用，大量减少煤炭使用，极大加强了对风能、水力和太阳能等绿色能源的投资和利用，对传统能源的依赖程度由原先的刚性需求逐渐转变为柔性需求，能源合作转型升级势不可当。俄罗斯在新能源领域也有较大的需求，在核能、氢能等领域也具备一定优势，双方可深化技术合作，促进贸易发展。

（三）推进中俄农业科技合作

中俄两国农业合作起步早，合作领域主要集中在农产品贸易、农业境外投资开发、农业劳务合作和农业技术交流等领域。近年来，随着中国对俄罗斯农业投资步伐的持续增速，中俄农业科技合作的重要性日益凸显。为进一步加强中俄农业科技合作，在联合成立中俄农业科技合作创新中心的基础上，应把寒地农作物、林下经济作物、寒地畜牧、水产品列为中俄农业科技合作的重点领域。通过大力提升中俄农业科技合作水平，联合研发高产、安全、健康的农业新品种，促进中俄两国粮食安全。

（四）扩大中俄次区域经贸合作

随着中俄之间高水平经贸合作的不断深化，全方位、多领域的地方合作正不断深化。双方应考虑加强区域合作，使经贸关系战略升级，从而促使中俄经贸向更大规模、更高层次迈进。我国国内自贸试验区可与俄自由港和超前发展区开展贸易便利化合作，促进资本、土地、人才、劳动力、技术、服务等要素的自由流动。自贸试验区在转口贸易、保税增值、融资租赁、货物担保、现货期货交易市场、商品展览展示、外籍就业、服务外包、国外分部分公司设立等方面具有突出优势，应充分加以利用，进而推动中俄经贸关系不断向前发展。

B.3
中俄能源合作发展形势分析与预测*

封安全**

摘　要： 近年来，中俄全面战略协作伙伴关系不断深化，两国关系处于史上最好时期。两国政治上相互支持，经济上相互合作。2019 年，中俄贸易额突破 1000 亿美元，达 1107 亿美元，为历史最高水平。中国连续 12 年成为俄罗斯最大贸易伙伴，俄罗斯则是中国能源主要进口来源地之一。中俄能源上中下游合作全面展开，合作领域和范围不断拓展。中国作为能源进口大国需要一个安定的、可持续供给的进口市场，俄罗斯作为能源出口大国同样也需要一个安定的、有支付能力的消费市场。

关键词： 中俄能源合作　能源安全　石油　天然气

改革开放 40 多年来，中国经济飞速发展，成就斐然。2009 年，中国 GDP 超过日本成为世界第二大经济体；2010 年，中国超过德国成为全球最大出口国；2013 年，中国货物贸易进出口总额超过美国，成为世界第一大贸易国。2019 年，中国人均 GDP 突破 1 万美元，迈入中等收入国家行列。作为世界第二大经济体，随着经济快速发展，能源消耗也在迅速增长。目前，中国石化能源已不能满足自身经济发展的需求，特别是石油和天然气进口量逐年攀升。2019 年中国石油对外依存度达 70.9%，天然气对外依存度上升势头有所放缓，与 2018 年相比减

---

* 本文是国家哲学社会科学基金项目“中俄北极合作开发研究”（项目编号：15BGJ029）的研究成果。

** 封安全，黑龙江省社会科学院俄罗斯研究所副研究员。

少1.9个百分点，为43.4%。未来较长时间内，中国经济将保持快速发展势头，能源需求将越来越大，能源对外依存度将越来越高。因此，本文从国家能源安全角度，分析中俄能源合作存在的问题及未来发展趋势。

一　中俄能源合作的背景

（一）中国能源消费日益增长的需要

随着中国经济快速发展，中国能源消费大幅增加。截至1992年中国还是石油净出口国，1993年以后这种态势开始改变，成为石油纯进口国，2002年超越日本成为第二大石油消费国，2013年超越美国成为第一大石油消费国。中国石油供给主要是国产和进口。国内供给每年2亿吨左右，增长比较稳定。进口增长发展迅速，石油进口量2004年超1亿吨，2009年超2亿吨，2014年超3亿吨，2018年超4亿吨，2019年首次突破5亿吨，达5.05亿吨。进口石油量从1亿吨到2亿吨用了5年时间，从2亿吨到3亿吨用了5年时间，从3亿吨到4亿吨用了4年时间，从4亿吨到5亿吨仅用了1年时间（见表1）。随着石油进口量的增加，中国石油对外依存度也在不断攀升，2011年对外依存度为55.1%，2018年达69.8%，2019年突破70%，达70.9%。

表1　2011～2019年中国石油消费及进口情况

单位：百万吨，%

	消费量	进口量	对外依存度
2011年	461	254	55.1
2012年	492	285	57.9
2013年	498	288	57.8
2014年	518	308	59.5
2015年	543	328	60.4
2016年	565	356	63.0
2017年	578	381	65.9
2018年	625	436	69.8
2019年	712	505	70.9

资料来源：《中国统计年鉴（2011～2019年）》，http：//www.stats.gov.cn/tjsj/ndsj/；《中国海关统计年鉴（2011～2019年）》，http：//www.customs.gov.cn/。

近年来，中国天然气消费增长迅速。如表 2 所示，2011 年中国天然气消费量为 1307 亿立方米，2018 年达 2766 亿立方米，7 年间增长 2 倍。2011 年中国天然气进口量为 314 亿立方米，2018 年达 1254 亿立方米，7 年间增长 4 倍。进口增长速度远远高于消费增长速度，中国天然气对外依存度也在不断攀升，2011 年为 24.0%，2018 年增至 45.3%。2019 年，由于国内天然气产量增幅较大，使得对外依存度有所降低，但进口总量较 2018 年同比增长 6.9%。

表 2　2011～2019 年中国天然气消费及进口情况

单位：亿立方米，%

	消费量	进口量	对外依存度
2011 年	1307	314	24.0
2012 年	1471	425	28.9
2013 年	1676	530	31.6
2014 年	1830	590	32.2
2015 年	1910	640	33.5
2016 年	2087	690	33.1
2017 年	2373	920	38.8
2018 年	2766	1254	45.3
2019 年	3117	1340	43.4

资料来源：《中国统计年鉴（2011～2019 年）》，http://www.stats.gov.cn/tjsj/ndsj/；《中国海关统计年鉴（2011～2019 年）》，http://www.customs.gov.cn/。

相比石油和天然气，煤炭的储备情况较好。中国煤炭储藏量居世界第三位，产量居世界第一位。2019 年，中国煤炭产量约 37 亿吨，占世界煤炭总产量的一半以上。

"十三五"以来中国不断加强环境保护力度。随着去产能、限产能政策的实施，中国煤炭的对外依存度也在波动上升，2019 年煤炭对外依存度约为 7.5%。

表 3　2011～2019 年中国煤炭消费及进口情况

单位：亿吨，%

	消费量	进口量	对外依存度
2011 年	34.3	1.8	5.2
2012 年	35.3	2.9	8.2
2013 年	42.4	3.3	7.8

续表

	消费量	进口量	对外依存度
2014 年	42. 1	2. 9	6. 9
2015 年	39. 6	2. 1	5. 3
2016 年	37. 8	2. 7	7. 1
2017 年	38. 6	2. 7	7. 0
2018 年	37. 8	2. 7	7. 1
2019 年	40. 1	3. 0	7. 5

资料来源：《中国统计年鉴（2011 ~2019 年）》，http：//www. stats. gov. cn/tjsj/ndsj/；《中国海关统计年鉴（2011 ~2019 年）》，http：//www. customs. gov. cn/。

（二）中国国家能源安全的需要

国家能源安全包括供给安全和运输安全。从供给安全方面看，中国的石油、天然气进口主要集中在中东、北非地区。该地区政局不稳，且易受域外国家的操纵，这给中国能源安全带来巨大挑战。从运输安全方面看，无论是石油还是液化气都须经马六甲海峡运往中国，一旦出现非常情况，将对中国的能源通道安全产生巨大影响。因此，近年来，中国不断优化能源进口来源，目前已打通四大运输通道。一是西北油气运输通道，主要是从中亚国家，如哈萨克斯坦、土库曼斯坦、塔吉克斯坦等国家通往新疆。二是东北油气运输通道，通过石油、天然气管道和铁路运送俄罗斯油气。三是西南油气运输通道，经缅甸的石油、天然气管道运往中国。四是东南油气运输通道，主要是船运。中俄两国陆地相邻，能源贸易主要通过管道和铁路运输，极大地避免了运输安全带来的风险。

（三）俄罗斯能源出口多元化和转型的需要

俄罗斯拥有丰富的油气资源。已探明石油储量 110 亿吨，居世界第七位，主要分布在新西伯利亚北部的亚马尔 - 涅涅茨自治区、北极大陆架和远东萨哈林岛大陆架。已探明天然气储量 47. 8 万亿立方米，居世界第一位，主要分布在新西伯利亚北部地区、北极沿海地区和萨哈林岛周边地区。已探明煤炭储量1570亿吨，居世界第三位，主要分布在新西伯利亚东南部和远东切尔斯基山脉地区。

俄罗斯既是能源生产大国，又是能源出口大国。2015～2018年，俄罗斯石油产量一直保持在5.3亿～5.5亿吨，出口量在2.3亿～2.6亿吨。近年来，俄天然气产量逐年攀升，2015年为6355亿立方米，2016年保持在6400亿立方米，2017年为6900亿立方米，2018年为7730亿立方米，创历史新高。

自俄罗斯经济转型以来，其经济发展与石油产业息息相关。俄罗斯海关统计数据显示，在俄罗斯的出口商品中，石油天然气的出口额占出口总额的70%以上，是贸易顺差的主要来源。在2002～2013年中，除2009年外，俄罗斯石油出口价格逐年攀升。石油价格由2002年的23美元每桶，增至2013年的110美元每桶，10年间增长了约5倍。该时期也是俄罗斯经济增长最快的时期。从2002年至2013年，俄经济平均增长率达7%以上，这与高油价有直接关系。高油价带来高回报，俄罗斯进一步加大对能源产业的投资力度。在乌克兰危机之前，每年有大约1000多亿美元的外资涌入俄罗斯，但这些资金90%以上都投到能源产业或与能源相关的证券部门。2014年乌克兰危机爆发后，美国、欧盟对俄罗斯实施经济制裁。此后，美欧不断加大对俄罗斯的经济制裁力度。能源制裁主要表现在两方面：一是金融领域，禁止俄能源企业在美国发行债券，禁止在欧盟资本市场进行融资，其目的是封堵俄罗斯的融资渠道；二是能源领域，禁止向俄能源企业提供开采石油天然气的先进技术及设备，其目的是阻拦俄罗斯深水石油开发、北极石油勘探及页岩油开发。美欧对俄罗斯实施制裁，使得俄罗斯的经济形势更为糟糕。俄罗斯经济在2015年和2016年连续呈负增长态势，虽然2017年有所回升，但也处于低位运行。

（四）俄罗斯能源战略调整的需要

2003年，俄政府颁布了《2020年前俄罗斯能源战略》，提出了增加向亚太国家能源出口，天然气出口规模由2003年的3%增至27%。2008年金融危机爆发后，俄罗斯政府加速与亚太国家能源合作，同年俄罗斯与中国签署了“能源换贷款”协议。此后，中俄两国签署了石油、天然气等一揽子合作协议。2014 年乌克兰危机爆发后，俄政府颁布了《2035 年前俄罗斯能源战略》，强调亚太地区是最有前景的能源出口市场。

二　中俄能源合作取得的进展

（一）贸易合作

中俄石油贸易是一种单向贸易，主要是中国对俄罗斯石油进口。中俄石油贸易快速发展始于 2004 年，在此之前两国石油贸易规模很小。如表 4 所示，2004 年超 1000 万吨，2011 年超 2000 万吨，2014 年超 3000 万吨，2015 年超 4000 万吨，2016 年超 5000 万吨，2018 年超 7000 万吨。除原油以外，中国每年还从俄罗斯进口汽油、柴油等石油产品。据粗略统计，中国每年从俄罗斯进口石油产品约 400 万 ~800 万吨。据此计算，2018 年中国进口俄罗斯石油及石油产品可能超过 8000 万吨。2015 年以前，沙特是中国最大石油进口来源地，2016 ~2018 年俄罗斯连续 3 年取代沙特成为中国第一大石油贸易伙伴。随着进口量的增加，俄油在中国进口石油中的比重也大幅提升，2011 年俄油占中国进口石油总量的 7.8%，此后不断攀升，2018 年增至 16.1%。2019 年，中国自俄罗斯进口石油量约 7700 万吨，占中国进口总量的 15.2%，与 2018 年相比有所下滑，被沙特阿拉伯超越，成为中国第二大石油进口来源地。

表 4　2011 ~2019 年中俄石油贸易状况

单位：百万吨，%

	进口总量	自俄罗斯进口量	俄罗斯石油比重
2011 年	254	20	7.8
2012 年	285	22	8.3
2013 年	288	24	8.7
2014 年	308	33	10.6

续表

	进口总量	自俄罗斯进口量	俄罗斯石油比重
2015 年	328	41	12.3
2016 年	356	52	14.6
2017 年	381	58	15.2
2018 年	440	71	16.1
2019 年	505	77	15.2

资料来源：《中国海关统计年鉴（2011～2019 年）》，http：//www. customs. gov. cn/。

（二）投资合作

能源合作不仅是中俄国家级战略对接融合的重要成果，也是对一种全新的“地缘战略”运行模式的共同实践。2009 年，中俄达成 250 亿美元贷款项下为期 20 年、年供应原油 1500 万吨的长期原油管道贸易合同，这标志着中俄能源合作进入了实质性的合作阶段。2009 年 4 月，中俄原油管道俄罗斯境内段开工建设。2011 年 1 月 1 日，正式投产进油，一线工程（漠大线）设计数量为每年 1500 万吨。[①] 随着中国国内原油需求的持续增长，中俄原油贸易规模不断提升，双边能源合作进一步深化。两国商定中俄原油管道增供原油，达每年 3000 万吨。2018 年年初，中俄原油管道二线工程正式投入商业运营，自此通过管道进口俄罗斯原油规模扩大到每年 3000 万吨。[②]

在石油管道建设投运和双边贸易稳步提升的同时，中俄天然气合作也取得了积极成效。2014 年 5 月，在中俄两国元首的共同见证下，中国石油与俄罗斯天然气工业股份有限公司签署《中俄东线供气购销合同》，这标志着双方在天然气领域合作取得了历史性突破。根据双方商定，从 2018 年起，

① 《中俄石油管道正式投运》，https：//www. chinanews. com/ny/2011/01 －01/2761924. shtml，最后访问日期：2019 年 10 月 11 日。

② 《中俄原油管道二线正式投入商业运营》，http：//news. cnpc. com. cn/system/2018/01/02/001673746. shtml。

俄罗斯开始通过中俄天然气管道东线向中国供气，输气量逐年增长，最终达到每年380亿立方米，累计30年，合同总价值高达4000亿美元。[①] 2018年，中国国家能源局就中俄天然气合作情况做了详细介绍：一是中俄东线天然气管道预计2019年底实现供气，其中前5年渐增期气量为每年50亿立方米至300亿立方米，到2024年供气量将达到每年380亿立方米。二是根据中石油集团与俄罗斯独立天然气生产商诺瓦泰克公司签订的长贸协议，在位于俄罗斯境内北极圈内的亚马尔项目第二条和第三条LNG生产线投产后，从2019年起，亚马尔项目每年将向中国市场供应400万吨LNG，折合天然气50多亿立方米。亚马尔项目与中俄东线项目的供气量相加，总数超过430亿立方米，约占2018年中国天然气产量的1/4。三是中俄正在商谈西线天然气管道的合作，若西线项目能最终达成协议并按期投产，未来十年内，中俄天然气贸易量将超过700亿立方米。[②] 四是北极LNG2项目已经完成股权划分，中国企业占股约20%。该项目计划建设3条生产线，全部投产后，年产能可达1980万吨LNG，2023年投入使用，届时中俄LNG贸易将进一步扩大。

三 中俄能源合作的机遇与挑战

（一）“一带一路”倡议与欧亚经济联盟对接深化中俄能源合作

自2013年9月习近平主席提出“一带一路”倡议以来，经过近6年的推进与发展，“一带一路”倡议与欧亚经济联盟对接逐渐从理念转化为行动，从愿景转变为现实。中国与俄罗斯主导的欧亚经济联盟各国合作机制不断完善，合作领域不断拓宽，合作潜能不断加深，合作成果不断扩大。中俄签署了一系列能源合作协议，并取得了一定成效。

---

① 《中俄天然气供应协议》，https://baike.baidu.com/item/13908759? fr = aladdin，最后访问日期：2019年10月11日。

② 聂新伟、史丹：《中俄能源合作历史进程、时代背景与未来选择》，《中国能源》2019年第11期。

（二）“冰上丝绸之路”翻开中俄北极能源合作新篇章

俄罗斯对于北极开发具有独特的地缘优势。“亚马尔液化天然气”是中俄两国共建“冰上丝绸之路”的第一个项目。由于西方国家的制裁，俄罗斯无法获得深海石油开发的先进技术设备。近几年来，我国深海能源开发技术不断获得突破。这为中俄北极地区的能源开发提供了新的契机。

（三）美国页岩革命改变世界能源供给格局

美国开启的页岩油气革命成为世界能源供需格局演变历程中的转折性事件。据2019年BP世界能源统计年鉴数据显示，2015年美国原油产量超过俄罗斯，2017年超过沙特阿拉伯，成为世界第一石油生产国。在天然气产量方面，自2012年以来美国一直是世界第一生产大国，到2017年其产量占世界的份额达20%。2015年，美国解除长达40年的原油出口禁令，之后出口规模不断创下新高。2018年，美国原油日出口升至200万桶，几乎是2017年的2倍；当年天然气出口总量增长14%，液化天然气出口增长53%，达到30亿立方米。[①] 美国从全球最大的能源需求主体变成最大的油气生产主体，其对全球油气市场的影响力也迅速增加。目前来看，美国原油库存增减已成为全球石油价格的风向标。特朗普上台后，美国优先战略更是加快了其在能源市场的竞争进程。美国一方面加大对传统原油生产国的经济制裁，另一方面又通过政治施压的方式影响能源需求国进口美国油气。近年来，美国明显加大了对欧洲油气进口渠道多元化的政治压力。与此同时，欧洲基于自身能源供应安全考量选择进口平衡策略，其与美国天然气合作的意愿增强。近期欧盟委员会发布的报告称，在欧盟与美国政府达成协议后的一年里，美国液化天然气的进口量增加了近4倍。

欧洲是俄罗斯天然气出口的重要市场。2018年，俄罗斯出口欧洲的天然气规模达2019亿立方米，创历史新高，但其占欧洲天然气进口规模的比

① 聂新伟、史丹：《中俄能源合作历史进程、时代背景与未来选择》，《中国能源》2019年第11期。

重却在下降。为阻止俄罗斯与欧洲开展更为紧密的天然气贸易，美国甚至制裁参与北溪 2 号项目的企业。由此可见，美俄在欧洲天然气市场的利益博弈正在升级。此外，波斯湾油气出口国在失去美国市场之后寻求向欧洲出口能源，尤其是伊朗、卡塔尔谋求铺设直通欧洲的天然气管线。此举一旦实施，欧洲市场多元卖方之间的竞争将更加激烈。

四　深化中俄能源合作的建议

（一）加强政治互信，深化能源合作

中俄两国尽管在能源领域的合作相互需求、优势互补，但在思维方式、文化特点、发展理念上存在差异，这在一定程度上制约了两国能源合作的发展进程。因此，两国应进一步深化交流，加强沟通，促进共同发展，为两国能源合作创造良好氛围。

从各自资源禀赋上来看，两国开展能源合作优势巨大。俄罗斯能源生产和出口呈逐年增长趋势，中国能源消费呈不断扩大态势。加之地缘政治原因，使得两国包括能源在内的各领域合作不断深化。

自 2008 年以来，两国能源合作机制不断完善，签署了一系列能源合作协议。有些合作协议已经落实，有些协议正在有序推进。例如，2014 年签署的《中俄东线天然气供给协议》已于 2019 年实现管道通气，预计 2021 年天然气管道将实现满负荷运转，每年向中国输送 380 亿立方米天然气。亚马尔 LNG 项目是中俄两国首个在北极地区的开发项目，该项目总投资 270 亿美元，其中来自中国的融资达 150 亿美元，占总投资的 60%。2018 年普京访华期间签署了中俄联合声明，该声明指出将进一步深化两国石油、天然气、电力、核能等能源领域的合作。①

① 《中华人民共和国和俄罗斯联邦联合声明》，https：//news. china. com/zw/news/13000776/20180608/32500520_ 1. html，最后访问日期：2019 年 10 月 12 日。

（二）制定中长期能源供求机制

目前，中国是世界上石油、天然气最大进口国，且进口量有不断扩大的趋势。随着中国能源对外依存度的不断攀升，能源供给安全问题日趋严峻。相对于中国，俄罗斯的境况恰恰相反，俄罗斯需要保障能源出口安全。俄罗斯石油产量的60%以上和天然气产量的30%以上用于出口，是世界能源产业链的关键供给国。面对复杂的国际形势和能源供需的视角，加之中俄两国良好的地缘关系，构建两国中长期能源供求合作机制，符合两国各自和共同的利益。一是构建中长期能源供求合作有利于抵御突发事件和短期不确定因素的干扰；二是构建中长期供求合作有利于中国扩大对俄投资，提升两国能源合作的广度和深度；三是构建中长期能源供求合作有助于进一步扩大油气管道建设和其他领域的合作。例如，亚马尔 LNG 项目，不仅是两国的能源领域的合作，同时港口基础设施建设、船舶制造、北极航道开发等方面的合作也取得了很大的进展。总体上讲，两国政治上高度互信，对方的发展不是威胁，可为自身发展带来机遇。自“一带一路”倡议提出以来，得到俄方的积极响应。以俄罗斯为主的欧亚经济联盟同样得到中方积极支持。因此，制定中长期发展战略可以使两国最大限度寻找共同利益，探寻共同的发展方向。

（三）创新合作模式，深化双边和多边合作机制

作为能源出口大国的俄罗斯和作为能源消费大国的中国，在实现国家经济可持续发展的战略目标上是一致的。2018 年中国能源政策白皮书指出，深化与主要国家和地区的能源合作，促进“一带一路”沿线国家油气管道网络设施互联互通。推进中俄西线天然气管道前期探查工作，确保管道建设有序推进。积极参与国际能源炼化设施建设，实现能源进口多元化，运输多元化。

中国要加强与世界主要能源大国的沟通与合作，积极参与全球能源治理，维护国际能源市场的稳定，以应对不断出现的新问题。近年来，能源贸易问题、能源过境通道问题、能源投资问题的纷争时常发生，因此，创建新的能源合作模式，深化双边和多边能源合作机制愈发重要。

（四）深化双边能源合作，开发第三方市场

近年来，中俄能源合作不断深化，能源合作领域不断拓宽，特别是油气方面已经开展联合勘探、联合开发、联合精炼的上中下游全方位合作。目前，中俄企业在能源领域的合作除能源贸易外，还包括投融资合作、参股入股、市场开发、收购股权等模式。随着合作模式的扩大与合作主体的多元化，不同合作项目投融资方式也会体现出明显的差异。例如，亚马尔 LNG 项目是北极地区最大 LNG 项目。该项目由俄罗斯诺瓦泰克公司、法国 TOTAL 公司、中国石油天然气总公司和中国丝路基金共同联合开发。伴随着中国能源企业“走出去”，尤其是“一带一路”倡议与欧亚经济联盟对接的有利契机，深化两国能源合作，积极开拓第三方市场。中亚地区能源资源丰富，中俄企业与中亚企业联合开发中亚能源，发挥各自优势，积极开拓第三方市场，实现多方共赢，这方面可借鉴中日韩开展第三方合作的经验。

2020 年是特殊的一年，新冠肺炎疫情席卷全球，对全球贸易影响巨大。2020 年第一季度，中国对外贸易下降 6.4%，但中俄贸易逆势上涨，同比增幅 3.4%。目前中国疫情得到有效的控制，但俄罗斯还有进一步扩散的趋势，这势必对俄罗斯经济造成巨大影响。

据国际能源网报道，2020 年 4 月，中国自俄罗斯进口原油 720 万吨，俄罗斯超过沙特成为中国最大石油进口来源地。中国正在全面有序地复工复产，对石油的需求正在逐渐恢复到正常水平。从下半年经济发展态势上看，中国政府为扩大就业、发展经济，可能会推行对基础设施、铁路以及其他大宗商品密集型行业进行大规模投资，这也意味着我国对石油的需求会更大。另外，目前国际油价处于少有低位运行，中国有可能大量进口石油以增加战略石油储备。另一方面，欧洲是俄罗斯主要石油出口地，目前欧洲疫情虽然有所放缓，但大规模经济活动还没有完全展开，恢复经济还需要时日，这将导致欧洲减少对俄罗斯能源进口。

中俄是全面战略伙伴关系，遇到重大事件需相互帮助，相互支持。有理由相信，中国将扩大对俄能源进口，帮助俄罗斯尽快恢复经济。

B.4

中俄林业合作发展形势分析与预测

赵欣然*

摘　要： 俄罗斯森林资源丰富，木材出口量位居世界前列，是中国木材的主要进口国。近年来，中国经济的迅猛发展，对木材的需求量日益增加，中俄林业合作成为双方最具潜力的合作领域之一，取得了一定的成效，合作空间广阔，但也面临一些亟须解决的问题。未来应进一步扩大中俄林业合作领域，通过打造初加工、深加工到废料加工的全产业链，共建合资企业和合作园区，开展森林可持续经营技术合作，建设全方位互动、多层数据交流和资源共享平台等路径加强对俄林业合作。

关键词： 中俄林业合作　中俄木材贸易　原木　板材

近年来，中国经济迅猛发展，对木材的需求量越来越大，但因实施严格的森林限伐政策，中国的木材年缺口 1 亿～1.5 亿立方米。俄罗斯森林资源极其丰富，居世界之首，森林面积和木材储量分别占全球总量的 1/5 和 1/4，其中木材储量是中国的 7 倍。因而，中俄两国在林业领域的合作具有极大的互补空间。林业合作是中俄双方最具潜力的合作领域之一。

2016 年 6 月 25 日，《中华人民共和国国家林业局和俄罗斯联邦林务局

* 赵欣然，黑龙江省社会科学院俄罗斯研究所助理研究员。

关于林业合作的谅解备忘录》在北京签署，规定双方将继续通过中俄林业工作组，在平等、友好和互利的基础上发展在林业立法和执法、森林可持续经营、森林监测与森林清查、森林保护与利用、打击木材非法采伐及相关贸易、荒漠化防治、林业投资等领域的科技交流与经济合作。2018 年 7 月，中俄第五次林业合作会议召开，会上双方探讨了如何深化林业合作，推动产业提档升级。毫无疑问，这次政府间的对话极大地促进了中俄林业合作的发展。

一　中俄林业合作现状

目前，中国是世界上最大的木材进口国之一。俄罗斯是国际木材市场的主要出口国，向中国出口的原木最多。近年来，中国自俄罗斯进口的木材比重已超过全部进口量的 60%。

俄罗斯出口中国的木材量占其木材出口总量的比重从 2013 年的 30.4% 增长到 2017 年的 40.8%（见图 1）。根据我国的统计资料，2017 年中国是俄罗斯的第一大木材出口市场，从俄罗斯进口的未加工木材和锯材占比 30.8%，进口原木约占进口总额的 19%，进口桦木原木 191.7 万立方米，进口额 24442.5 万美元。2017 ~ 2018 年，俄罗斯木材出口同期增长 10%，2018 年中国是俄唯一增加木材出口量的国家。当前，加工木材在俄向中国出口木材总量中占比 62%。对俄罗斯林业部门来说，中国是非常重要的出口对象国，中国对木材的需求决定着该部门的大部分收益。俄罗斯国内木材市场需求量仅占总采伐量的 15%，约 40% 的木材出口到中国。俄官方数据显示，俄罗斯每年销往中国的林产品约 2200 万立方米。2018 年，俄罗斯对中国木材出口未超过 2000 万立方米。2019 年前 8 个月，俄出口木材 2820 万立方米，主要出口到中国。

（一）2018 ~ 2019 年俄林业部门出口状况

2018 年，俄木材采伐量增长 7%，为 2.38 亿立方米，其中出口 1900 万

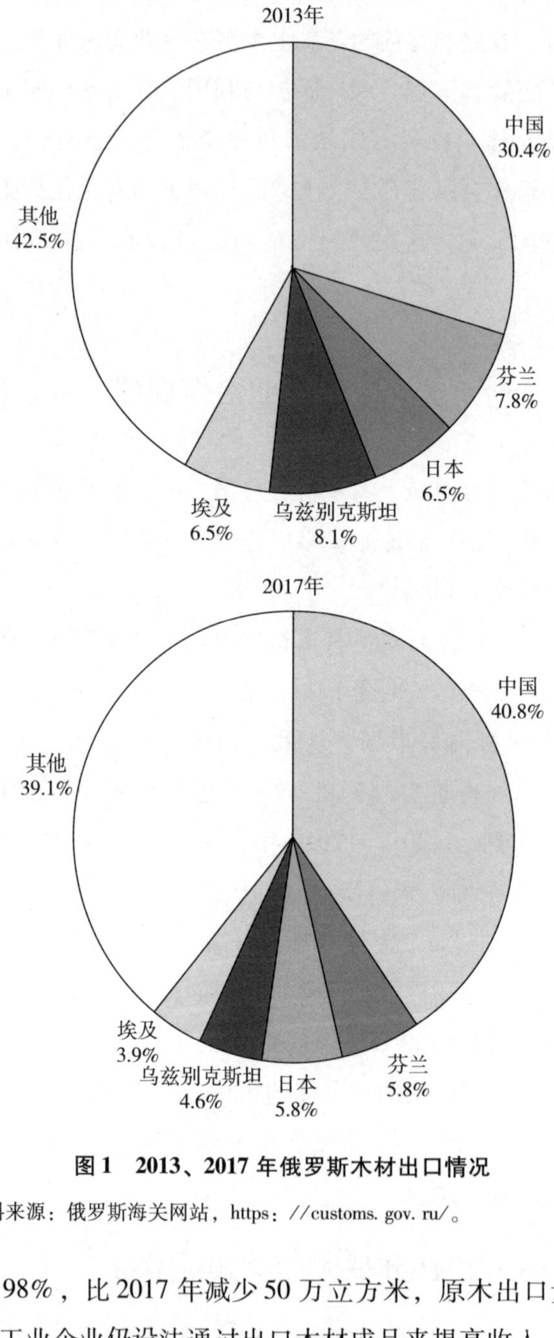

图 1　2013、2017 年俄罗斯木材出口情况

资料来源：俄罗斯海关网站，https：//customs. gov. ru/。

立方米，占 7. 98%，比 2017 年减少 50 万立方米，原木出口量创历史新低。尽管如此，俄工业企业仍设法通过出口木材成品来提高收入，利润总额增长了18%，达到1.8万亿卢布，比2017年增长3000亿卢布，[①] 预计2019年俄原木出口仍会继续减少。

2018年，俄各种木材加工产品出口量都有所增长：锯材增长1%，胶合板增长8%，刨花板增长15%，纸浆和纸制品增长6%。林产品出口额超过110亿美元，2017年为90亿美元。同时，俄未加工木材的出口量有所下降，在总采伐量中所占比重也持续下滑，十年来，从22%下降到8%（见图2），木材出口从未加工木材向高附加值产品转向。

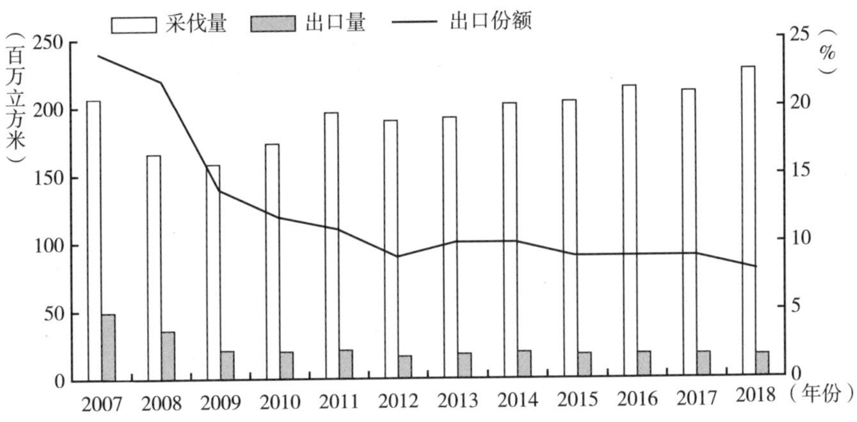

图2　2007～2018年俄木材采伐量、木材出口量及出口量占采伐量的份额

资料来源：俄罗斯国家统计局网站，https：//vosstat. gov. ru/。

2019年前7个月，俄木材实际出口量同比下降0.4%，其中原木出口量为894万立方米，较2018年同比减少14.8%，占木材出口量的23.3%，出口额达6.609亿美元。锯材出口量1170万吨，出口额26.78亿美元，出口量和出口额分别增长4.5%和1.3%。胶合板及人造板出口量增长4.8%，为170万立方米，出口额为6.906亿美元，下降14.5%。纸浆出口量120万吨，出口额为6.654亿美元，增长了0.1%。2019年，锯材出口增长3%，

① Лесная отрасль России поставила в 2018 году на экспорт рекордно низкий объем 《кругляка》，https：//proderevo. net/news/indst/lesnaya－otrasl－rossii－postavila－v－2018－godu－na－eksport－rekordno－nizkij－ob－em－kruglyaka. html.

到年底时，锯材平均出口价格为每吨231美元，比年初时略有下降。

2019年，俄主要向中国出口加工木材，出口量增长7%。就出口量而言，对中国的出口比重占64%。

2019年前9个月，远东联邦区未加工木材出口量下降25.4%，木材产品出口同比增长4.1%。地区海关总署数据显示，2019年木材出口量较2018年同比减少18%，为950万立方米。其中未加工木材出口量下降，锯材出口量略有增加。

2018年，西伯利亚联邦区木材出口额为27.379亿美元，比2017年增长2.8%。木材产品依旧在出口结构中占据领先地位，占该地区出口总值的16.4%。与此同时，未加工木材出口继续下降，减少14.7%。加工木材出口增长3.3%。

据俄联邦海关总署数据，2019年西伯利亚联邦区木材出口量下降，比2018年同期减少0.9%。在出口总量中，原木占13%，加工木材占87%。木材主要出口中国、日本、德国和埃及。该联邦区伊尔库茨克州出口木材约1060万立方米，主要出口中国、日本和其他毗邻国家。2019年1~8月，阿尔泰共和国加工和未加工木材出口量较2018年均有所下降，但相对来看，对中国的出口量依然最多，占其出口总量的52.98%。

2020年，新冠肺炎疫情导致俄未加工木材和锯材出口均有所下降。2020年1~3月，俄销往国际市场未加工木材共289.2万立方米，较2019年同期下降24%，自2020年年初以来，未加工木材出口价格上涨5%，锯材价格略有下降，平均下降2%。在纸浆价格上涨的情况下，出口平均增长9%。2020年1~3月，胶合板在价格略有上涨的情况下，出口明显增长。

（二）中国一些省市与俄开展林业贸易状况

近年来，中国一些省市的企业通过赴俄种植木材、从俄进口木材等路径在林业领域与俄罗斯开展多种合作。本报告仅列举以下几个实例。

1. 北京一家企业在俄人工培育和种植西伯利亚冷杉

北京西伯利亚白桦茸研发有限公司与俄方达成战略合作伙伴协议，双方共同投资在西伯利亚托木斯克建设西伯利亚冷杉研发基地，人工培育和种植该树种，成材后在原产地进行生产和包装。目前，该基地每年可培育上万株冷杉幼苗。用西伯利亚冷杉新鲜针叶制成的西伯利亚冷杉精华是一种纯天然和原生态的健康饮品，俄国国内从事西伯利亚冷杉人工培育与种植的公司极少，该公司与俄方合作伙伴在西伯利亚冷杉人工培育和种植方面进行技术探索和创新，成功掌握了利用冷杉成熟种子人工培育冷杉幼苗的一系列技术，其移栽到原始森林的成活率高达90%以上。

2. 中国边境城市积极开展对俄林业合作

黑龙江省绥芬河市开展对俄林业合作多年，林业合作是绥芬河对俄经贸活动的主要方向之一。最近20年来，绥芬河自俄进口木材累计9469万立方米，木材进口额占其进口总额的54.63%，是中国重要的俄材进口和分销集散地。以绥芬河为枢纽，通过“哈绥俄亚”国际陆海联运大通道，不仅能把木材及木制品运往上海、广东等地的国内市场，而且还可销往日本、韩国等境外市场。[①] 2019年9月，经绥芬河铁路口岸进口俄木材27.6万立方米，经公路口岸自俄进口木材3.3万立方米。

近年来，绥芬河市政府部门采取积极措施吸引企业和投资者，全力将绥芬河打造成木材加工产业集群，生产能力为年加工木材600万立方米，精深加工150万立方米。由央企中林集团和绥芬河友谊木业合资建设的国林木业城第一期和第二期项目有47家企业入驻。2016年实现产值50亿元，三期精深加工项目现已投产，8家入驻企业全部实现预期效益。在绥芬河边境经济合作区还设有中俄木材加工贸易中心，该中心投资1.5亿元建成，年产量200万立方米，价值25亿元。2019年6月，第一批木材加工企业入驻该中心。该中心为企业提供了一些优惠政策，极大地调动了企业的积极性。今后，入驻企业和中心将全力合作，实现互利互惠。[②] 截至2018年11月，绥

① 《中俄可持续林业产业发展论坛成功举办》，https：//www.chinafloor.cn/news/diban/news-217329.htm，最后访问日期：2019年12月20日。

② В китайско - российском деревообрабатывающем центре города Суйфэньхэ заработало первое предприятие，http：//russian.news.cn/2019-09/03/c_138360876.htm.

芬河市境外木材及加工类项目共计43项，投资总额2.25亿美元。现有境外产业园区6个，自有及租赁林地总面积达112万公顷，在俄罗斯雇用中国员工约1万人以上。①

2004年，黑河中俄林业科技合作园区成立，主要以引进俄罗斯高纬寒地的优良经济和绿化林木树种为主，是集科技合作、引种、繁育推广为一体的科研合作型园区，也是中俄林业科技合作、科学实验、成果转化和成果展示的平台。园区总面积900亩，共分科研试验区等10个功能区。现有俄罗斯经济和绿化树种40余个，年繁育能力1000万株，广泛应用于绿化、造林等方面，取得良好的经济效益和社会效益。经过多年的引种和试验，主推品种为俄罗斯花楸、蓝靛果忍冬、穗醋栗、黑果花楸、沙棘等。园区先后被国家林业局授予“中俄林业科研合作试验示范推广基地”，被俄阿穆尔州国立远东农业大学授予“科研实习基地”称号，这所大学还派学生们来基地实习。2020年3月16日至今，该园区分阶段进行部分基础设施改造、起苗等工作。2020年计划培育一批苗木，主要树种有红松、云杉、花楸、黑果花楸、蓝靛果、荚蒾等，计划选育3~5个优良品种，在全国范围内布点进行区域化实验，然后将按工作计划进行育苗、播种、种质资源库建设和扦插工作。

满洲里市与克拉斯诺亚尔斯克边疆区很早就建立了友好关系，截至2017年12月，满洲里市有30多家企业与该边疆区开展林业领域的合作，其中钰鑫公司是一家规模较大的中资企业，在该边疆区创建了占地面积120万平方米的林业合作园区，有6家企业入驻，向中国出口木材总量为100万~120万立方米。截至2018年9月，园区总投资2700万美元，年总产值1.4亿美元。

3. 中国其他省份也积极抢抓对俄林业合作机遇

随着“一带一路”建设不断取得新进展，我国西部地区经济社会快速

① 商务部：《林业合作成为中俄最具潜力合作领域之一》，http：//focus. sinorusfocus. com/p/6172. html，最后访问日期：2019年12月20日。

发展，对木材的需求量逐渐增大，该地区在发展进口木材贸易方面更具潜力。甘肃省通过建立各种平台来扩大对外开放，与俄罗斯在木材加工领域的经贸合作进一步深化。2017 年 5 月，俄木材开始出口到甘肃省。2019 年，甘肃省一家公司拟自俄进口木材，然后加工成锯材，第一阶段拟进口 1.2 万立方米。现在甘肃到俄罗斯进口木材的专用列车定期运行，兰州新区将成为中国从俄收集和分配木材的中心之一。截至 2019 年 6 月，兰州新区共自俄进口原木、锯材、板材 2.1 万立方米，进口额达 4100 多万元。2016 年，甘肃（武威）进境木材检验检疫集中监管区获批建设，成为中国内陆地区第二个进境木材监管区，投入运营后，主要从俄进口白桦、落叶松、樟子松，然后进行加工销售，拉动了消费者对高品质木材制品的需求。

目前，徐州市有近百家木材加工类企业，主要生产原材料基本上都从俄罗斯进口，其中松木类最多。以前，徐州进口俄罗斯木材主要以海运居多，耗时长，运输成本高。2019 年 6 月 18 日，首列木材回程班列“徐州号”抵达徐州铁路货运中心铜山货场，运载木材落叶松和樟子松约 2500 立方米，价值约 200 万元。利用中欧班列运载木材，节省了大量的运输经济成本和时间成本，为徐州木材企业“走出去”参与对俄合作提供了极大的便利条件。通过铁路运输节约了木材运输的资金成本，也缩短了资金使用周期，每立方米的木材大约可节省 100 元，按照每年 1 万立方米的木材使用量计算，木材进口成本可降低大约 100 万元。

2019 年 7 月底，浙江润达木材公司在俄远东滨海边疆区乌苏里斯克投资建设的木材加工厂建成并投产。该厂主要生产欧松板、胶合板模板和胶合板。项目总投资约 1700 万元。目前，该企业已经入驻符拉迪沃斯托克自由港，并享受相关优惠政策，其工厂采用新型现代化生产设备，有助于提高生产率，降低产品成本。

二　中俄林业合作存在的问题

林业合作是中俄务实合作的重要方向之一。多年来，中俄互为重要的林产品贸易伙伴，两国在林业合作中取得了一些积极成效。与此同时，合作中不可避免地存在一些亟待解决的问题，包括俄联邦政府一直实行以剩余预算为森工部门拨款的原则，致使该部门因资金短缺而积累了许多问题。还有俄罗斯开发森林资源的基础设施欠发达，乱砍滥伐现象屡禁不止，陈旧的采伐设备需要更新换代，木材产品的质量急需提升等。这些问题都在一定程度上影响中俄林业合作向更深层次和更高质量发展。

（一）俄罗斯基础设施有待提升

由于自然条件恶劣，远东一些林区基础设施差，交通不便，约62%的森林资源都处于物流不可及地区，没有得到合理地开发和利用。比如说，哈巴罗夫斯克边疆区森林的集中采伐始于20世纪30年代，但直到70年代才开始修建伐木公路，该地区现有木材运输干线4610千米。随着俄罗斯现代木材加工企业的兴起，大规模的基础设施建设尤为重要，不仅要修建道路，还要对现有林道进行定期维修和养护。但目前很多伐木企业都是小型企业，缺少必要的道路维护资金。据统计，在年产量超过30万立方米的新伐木企业中，运输成本达到总成本的48%，在整个林木租赁区域的发展期间，道路和机车车辆的资本投资约为工业建设总成本的3/4。

（二）俄非法采伐乱象严重

尽管过去5年非法采伐数量减少了20%，但俄罗斯每年仍发现约1.6万起非法采伐案件。非法砍伐乱象造成巨大的经济损失，每年非法伐木量超过100万立方米，经济损失达120亿卢布。俄远东地区30%的森林受到破坏，西伯利亚地区每年也饱受非法采伐问题的困扰。外贝加尔边疆区自然保护部门数据显示，2017年该地区发生1100多起非法采伐行为，经济损失近1.5亿卢布。为保护森林资源，俄有关部门在坚决打击非法伐木行为的同时，也希望中方做出反应，帮助其恢复森林面积，否则可能会完全禁止向中国出口木材。为此，中俄双方环保部门进行了深入交流沟通，协议在俄罗斯沿中国边境建设育种综合体，植树造林。俄方已拨出近20亿卢布用于项目实施，中方也将拨款相当于30亿~40亿卢布。因此，中国面临着必须停止购买俄非法采伐木材问题，否则俄可能会完全禁止向中国出口木材。而对俄方来说，一方面，此举可能会刺激本国木材加工业建立自己的加工中心，然后向中国提供木材加工产品，获取高额利润；另一方面，还可以大大减少非法伐木量。①

（三）腐败问题困扰俄林业部门

俄林业部门一直遭受着腐败问题的困扰，这也是制约该部门发展的因素之一。以滨海边疆区为例，林业部门一直在严查腐败分子。2019年5月底，前林业部主管领导弗拉基米尔·伊万诺夫被判四年监禁，并罚款3500多万卢布，犯罪原因是他受贿55万卢布，还擅自延长了森林租赁者的合同期限。

（四）俄森工企业机械设备急需更新换代

中国企业主要与俄远东和西伯利亚地区的森工企业开展合作，这两个地区森工企业的主要生产设施和机械设备老化，大多数设备的磨损率超过55%。现有的木材生产线建于20世纪70年代和80年代，其中有许多已不符合现代化要求，非常不利于木材采伐。由于缺少投资，近年来俄远东和西伯利亚地区森工企业的生产能力几乎没有任何提升，采伐效率很低。同时，森工企业的投资吸引力也很低，进一步阻碍了固定资产的更新和木材工业的现代化，严重制约了木材工业综合体的发展。因而，俄地方政府应采取相关对策，积极引资，淘汰老旧设备，从而提高采伐量。

（五）其他一些国家竞相向中国出口木材

其他国家竞相向中国出口木材，木材市场竞争激烈。俄罗斯不是唯一与中国开展林业合作的国家，加拿大、新西兰、芬兰、美国和其他国家也在积

① Россия предложила Китаю подумать о сибирских лесах，https：//yandex. ru/turbo? text = https%3A%2F%2Fvz. ru%2Fpolitics%2F2019%2F8%2F17%2F992628. html&，最后访问日期：2019年12月22日。

极参与向中国出口木材的竞争。2018 年，新西兰对中国木材出口量与 2017 年相比增长 21%，为 1738 万立方米。与 2017 年相比，俄罗斯对中国的出口则下降 7%。在过去的五年中，中国从俄罗斯和加拿大的木材进口量有所下降，从新西兰和澳大利亚的进口量则有所增加。新西兰对中国出口的比重不断提高，2018 年向中国出口针叶林 4000 万立方米，从 3 年前的 30% 增长到 44%。2018 年，俄罗斯对中国出口比重从 36% 下降到 18%，未加工木材占中国进口总量的 18% ~20%（2011 年为 45%，2017 年为 26%），也呈下降趋势。中国还与巴西签订了数十亿美元的木材贸易合同。此外，我国正在扩大国内的森林面积，并规划在 10 ~15 年大幅度减少木材进口量。

三　中俄林业合作前景

俄远东地区森林资源丰富，树木品种多样化，包括许多独特的树木、灌木、藤本植物和其他植物，其中许多不仅用于提取木材，还可用于食品和药品的生产。远东是亚太地区的木材原料基地，分布着全俄 49% 的森林资源，面积 5.562 亿公顷，木材储备 246 亿立方米。其中萨哈（雅库特）共和国森林资源丰富，森林覆盖率达 72%，木材储量 88 亿立方米，占地区木材总储量的 43%。哈巴罗夫斯克边疆区森林覆盖面积 5210 万公顷，木材储量约 55 亿立方米，占地区木材总储量的 25%。该边疆区有 130 多家伐木企业，在数量上分别占据全俄第三位和远东第一位。滨海边疆区是森林最茂密的地区之一，大约生长着 400 种树木、灌木和藤本植物，森林总面积 133.124 万公顷，其中防护林 46.102 万公顷，经营性森林 87.022 万公顷，森林覆盖率为 79.3%，木材储量 19 亿立方米。阿穆尔州木材储量 21 亿立方米，占地区木材总储量的 10%。远东木材加工业最为发达，哈巴罗夫斯克边疆区、滨海边疆区、萨哈（雅库特）共和国、阿穆尔州和萨哈林州尤为突出，出口中有相当部分是成材。

西伯利亚联邦区森林总面积 260 万平方千米。其中，西伯利亚东部占 84%，西部占 16%。东西伯利亚是全球最大的森林保护区之一，木材总储量超过380亿立方米，占全俄所有森林资源一半以上。木材储备主要是落叶松、松树、雪松、云杉、冷杉。该地区大部分木材是在安加拉中部和克拉斯诺亚尔斯克边疆区森林中采伐的，特别是在西伯利亚大铁路的北部和南部。

2018年9月，俄官方公布的数据显示，有564家中国林业公司在西伯利亚从事森林采伐工作，主要集中在三个地区：伊尔库茨克州、托木斯克州和克拉斯诺亚尔斯克边疆区。其中托木斯克州是俄罗斯第一个有中国资本参与森林采伐的地区，建成了森工综合体，投资16.2亿美元。克拉斯诺亚尔斯克边疆区的林业储备占全俄总储量的14%，林业企业促进了当地经济发展，提高了财政收入，增加了就业机会，对经济社会发展起到重要作用。该地区也是中俄林业合作比较集中的区域之一。2017年前9个月，边疆区对中国出口木材的收益占其出口总额的12.1%。目前，在当地从事林木行业的中资企业以民营企业为主。经过十多年的经营，该地区的中资企业形成了一个完整的跨国产业链，集点种、采伐、加工、出口、单列运输、采伐设备销售和维护等于一体，为中俄两国经济合作做出了重要贡献。

近年来，中国与俄远东和西伯利亚地区的林业合作取得了一定的经验和成果，为双方今后的进一步合作奠定了良好基础。此外，俄政府对林业部门采取了一系列扶持措施，中国有关部门也在积极搭建合作平台。因而，未来中俄双方在林业合作方面仍具很大潜力和发展空间。

（一）中国政府部门积极搭建平台，助力企业寻找客户

2018年6月，在中国外交部、商务部和原国家林业局的共同推动下，中俄木业联盟成立。该联盟成为中俄林业合作交流的窗口，为中俄林业合作搭建了平台，联盟以“中俄地方合作交流年”为契机，采用“工业园区+森工企业”的模式，共同开发境外合作项目，积极推动项目实施，帮助中国企业寻找优质的境外林业投资项目。同时，该联盟既支持中资企业赴俄投资兴建工业园区，也非常关注俄地方政府职能部门制定的相关优惠政策，包括政策、法律支持和税收等政策并及时提供给中国企业。为了保持长期稳定的合作，双方还建立了联络员合作机制，这有利于进一步加强沟通和交流，

扩大合作规模，提升合作水平。我国森工业国企应借助资金优势，建立混合所有制企业，推动园区建设，吸引更多具有技术、管理、市场优势的国内木业下游企业走出去，抢抓与俄林业合作的机遇。可以利用“一带一路”倡议框架下的中欧班列，实现跨境物流运输，把俄腹地加工的木材产品运往中国重庆、成都、赣州、武汉、西安等城市，然后通过航运，再运达大连、上海等各港口。①

（二）俄政府重视森工产业，为投资者提供优惠政策

森工产业在俄欧洲北部、西伯利亚东部和西部大片地区以及远东地区经济中发挥着重要作用。从 2007 年开始，俄国家实行支持国内未来重大投资项目的机制，旨在生产高附加值产品，目的是促进森工综合体的发展。为了获得这种支持，投资项目必须列入“森林发展优先投资项目清单”，该清单由俄联邦工业和贸易部负责保存。将投资项目列入优先项目清单，为投资者提供一系列优惠政策，其中最重要的是，投资者有权在不经过拍卖的情况下获得采伐基金。此外，在项目回收期内，投资者可获得 0.5% 的林地租金优惠。

（三）俄有望不再对桦木原木出口实行配额限制

为防止桦木原木出口大幅下降，2019 年 8 月，俄联邦政府对外贸易及关税政策保护措施委员会已提交不再实行桦木原木出口配额制的提案。俄工贸部也认为，不宜继续实行桦木原木出口配额制。目前，俄生产商完全能够保证国内市场需求，且本国市场已基本饱和。俄政府决定开放桦木原木出口配额后，不仅有利于本国木材市场，也有助于中国口岸木材加工企业的发展。

（四）俄一些地区积极采取措施恢复森林，并预防森林火灾发生

2019 年，西伯利亚联邦区克拉斯诺亚尔斯克边疆区 56 个林区恢复森林

---

① 《中俄林业合作有望加深 “工业园区 + 森工企业”模式将被推动》，https：//www. chinafloor. cn/news/diban/news - 247329. htm，最后访问日期：2019 年 12 月 22 日。

8.9 万公顷，面积比上一年增长 1/3。为在今后几年内繁殖森林，需要储存针叶树种子 10 吨。在联邦项目框架内，已为 10 个林业企业购买了 16 台林业机械和设备。2019 年秋天，已启动新的专用车辆来准备土壤以种植森林作物。地区森林预防火灾中心购买了 45 台特殊设备，包括用于扑灭偏远地区森林火灾的重型设备，还有 771 台其他设备。在该地区的联邦项目框架内，为减少森林大火造成的损失，地区森林防火系统已实现大规模现代化。林业部、联邦林业局和研究机构还共同制定了一些提高森林防火效率的举措。

2020 年，新西伯利亚州将完成近 6000 公顷的植树造林活动，此项工作正在积极进行，已完成人工造林计划量的一半，补充了主要森林树种：松树、云杉、雪松和落叶松，面积 600 多公顷。这项工作每年进行一次，旨在重新造林，保持树种的多样性。总的来说，2020 年该地区拟实行造林的面积为 5852 公顷，现已完成 649 公顷。还要促进森林自然更新，总面积 3960 公顷。此外，将在 10025 公顷的土地上进行森林农作物的农业技术护理，增加 996 公顷的森林作物，现已完成 429 公顷。还有一项重要工作是在苗圃中播种森林植物种子，春季拟播种 8 公顷，现已完成 1.2 公顷。

（五）俄远东将建林业管理数字平台

尽管俄大量出口原木，但目前俄林业产业所贡献的收益仅占俄国内生产总值的 1%。因此，为远东地区木材深加工业发展打造良好条件势在必行。俄林业部门存在一些问题，例如，森林经营管理方面的规章制度陈旧，大部分文件是 20 多年前起草的。监管框架不完善，没有将森林保护区保留机制列为优先项目。提供林地的条件不透明且所需时间长，木材贸易缺乏公开透明的监管机制。

俄政府拟在远东地区建立林业管理数字平台，引入基于空间监测数据的新型林业管理系统，并使林地的招标透明化，把林地只能通过交易所出售的提议引入该系统，以观察其有效性。如果运作良好，还将推广到俄联邦其他地区。这个新机制将大大提高行业中政府和市场主体的工作效率，为林业投资者同公共机构、现有国家信息系统间的相互联系提供重要“窗口”。创建互联网服务平台符合三类用户（投资者、政府、市场参与者）的利益。它的主要组成部分：一张交互式地图，其中包含有关可用森林资源的最新数据；一个电子贸易平台，用于通过拍卖分配使用林地的权利，对商品和服务进行电子交换；一个电子森林护照。这样，任何投资者都能够选择其关注的森林，并向授权机构发送提供土地使用的申请。代替人工和肉眼的方法以及纸质地图，将使用卫星数据和计算机分析，引入公开在线拍卖，并引入电子森林护照，这是互联网服务的核心，确保森林状况变化数据的连续性。取代封闭和不透明的分配机制，仅通过电子拍卖的结果来授予森林使用权，确保有关森林质量和数量数据的相关性和公开性，包括在互联网服务和网络之间引入自动电子数据交换。还拟在远东建立一个森林资源管理中心，实现利用森林资源数字化工具规划未来的森林管理的可能，可以通过公开招标提供森林地块，并监测主要森林基础设施的建设进度。

（六）俄国家杜马将立法监管林业部门

2020 年，俄国家杜马将制定一些扶持林业部门的具体措施，召开一系列网络会议，讨论如何克服新冠肺炎疫情对经济造成的不良后果，筹划必要的立法举措。4 月 22 日，杜马委员会向联邦政府提交了一项法律草案，包括监管林业部门的很多措施，这项法律如能出台，林业部门的工作将会更加透明。

四　对中俄林业合作的建议

（一）中国国企应走出去，在俄境内建立合资企业和合作园区

中国林业管理部门应了解俄罗斯的营商环境、政策法规和文化习俗，鼓励国内有经验的企业赴俄打造初加工、深加工到废料加工的木材生产全产业链，使林业资源得到合理利用，增加产品附加值。还应与俄方共建合资企业

和合作园区，提高木材的加工水平和产品质量，使之符合世界标准，扩大市场销量。中国企业对俄林业投资合作要更加注重环境和生物多样性保护，实现可持续经营。不但要重视企业发展，还要融入当地社会发展中，为当地居民提供更多就业机会，树立和维护企业良好的国际形象。从木材企业的角度来看，实现资源、管理和产能本地化，是新形势下的新要求。在俄境内掌控林权，强化采伐主动权，兴建产业园区，整合产业资源，宜成为顺应大势的新途径。

（二）黑龙江省可拓宽与俄远东林业部门的合作方向

随着远东开发程度的加深和林业劳务合作的发展，黑龙江省可与俄远东地区在林业种植、养殖，林业筑路与厂房建筑、林业机械维修等多方面进行合作。例如，大兴安岭和龙江两大森工集团的基建部门，拥有 5 亿元固定资产和集勘测、设计、施工等专业于一身的实力较强的行业队伍，人数多达 5 万人，完全可以凭借雄厚的劳务资源和技术、设施等优势，与俄开展合作。

（三）中俄两国应充分发挥林业科技方面的科研优势

双方在林业科技方面都具备一定的优势，合作前景也很广阔。要充分发挥森林可持续经营技术方面的合作潜力，这有助于推动两国林业由粗放经营向集约经营和生态型林业转变。还应为整顿林业开发秩序而努力，双方企业可在森林资源培育、林地补种等领域开展合作。成立林产品科研实验室，打造北方珍稀物种基因库。还要加强林业科研、教育、信息领域的合作与交流。

（四）中俄两国政界和学界应加强互动与交流

两国政界和学界可以经常举办以林业经济、森林生物、林业保护研究等为主题的研讨会，分享和交流相关经验成果，从而使本国林业资源得到更加科学和合理的利用，使可持续发展理念更加深入人心。应联手为推动双方林业生态建设做出积极贡献，共建国际生态屏障，进一步推进生物圈保护、界江保护、跨国自然保护区建设，共同成为生态安全的倡导者、生态文明的推动者、生态保护的实施者。积极构建中俄林业合作平台，共建国家和地方政府层面的合作交流机制，进一步扩展和完善政府、科研单位间的多元合作关系，建立全方位互动、多层数据交流和资源共享平台，进一步提升地方间交流水平，全方位、立体化、多层次推动两国政府、科研单位和民间交流，携手推动中俄两国林业生态建设。

此外，森林旅游合作也应引起关注。中俄双方应积极开发诸如高山滑雪、森林避暑、森林探险、森林观鸟、原始森林景观游、森林和野生动物自然保护区旅游、林业科考游等多种形式的森林旅游项目，打造并形成具有区域特色的森林旅游合作模式。

五　结语

2020 年上半年，新冠肺炎疫情使俄罗斯中小企业陷入困境。目前，联邦政府的关键任务是大力扶持中小企业，制定措施帮助它们度过难关。联邦林业署正在研究疫情下为中小林业企业提供一系列扶持措施，包括租赁费用延期付款、暂缓终止租赁协议以及停止对企业进行审查等，其中一项措施可能是允许延迟支付林地租赁合同和林地买卖协议所规定的租赁费用。

毫无疑问，新冠肺炎疫情给中俄林业合作带来了一些负面影响，但总体来看，影响是短期的，双方合作的基本面和长期向好态势没有改变。目前，中俄双方正在积极沟通协调，努力将疫情对经贸合作的影响降至最低，同时共同采取措施，力争化“危”为“机”，使双边各领域合作平稳健康发展。中俄要切实发挥元首外交的引领作用，尽早实现互访，谋划后疫情时代战略协作与务实合作，为两国经济恢复和社会稳定做出贡献。

B.5

中俄农业合作发展形势分析与预测*

梁雪秋**

摘　要： 中俄农业合作存在互补基础，但由于各种因素的共同作用，两国农业合作仍然面临着诸多问题，特别是在农业合作环境、农业合作发展和农产品贸易等方面。建议在中俄战略政策契合和环境趋好的条件下，建立中俄政治互信，制定长期农业合作战略，协调中俄农业优惠政策和法律，完善中俄农业合作服务体系；加强中俄农业投资、科技、基础设施和劳务要素合作；建立农业自由贸易区和自由贸易港，提高中俄农业农产品贸易的合作水平。

关键词： 中俄农业合作　中俄经贸合作　农产品贸易

21 世纪是世界各国继续深化合作的时代，国家之间合作的深度和广度都实现了跨越。而在诸多领域的合作中，作为民生之本的农业自然亦被列入合作对象之中，并成为国家综合国力不可分割的组成部分之一。当今我国正处于新时代，继提出“一带一路”倡议以来，实现了我国与沿线各国的“政策沟通、设施联通、贸易畅通、资金流通和民心相通”。俄罗斯是“一带一路”沿线国家之一，在世界上具有举足轻重的地位和影响力。中俄两

---

* 本文是国家社科基金青年项目“我国防范‘一带一路’沿线国家颜色革命风险对策研究”（项目编号：17CGJ023）的研究成果。

** 梁雪秋，黑龙江省社会科学院犹太研究所助理研究员，主要研究方向为国际政治关系。

国具有得天独厚的地缘合作优势，农业合作更是具有互补性和持久的发展性。在中美贸易摩擦和乌克兰危机的背景下，中俄农业合作的动力十足，发展前景更加趋好。

一　中俄农业合作现状

（一）中俄农业合作的政策与环境

1. 中俄农业合作的政策支持

随着中国新一轮东北振兴优化营商环境、加大对民营企业支持力度、对口合作、新动能等政策的提出与实施，中俄农业合作开放平台的建成以及中俄农业合作发展基金的创设等，中俄农业合作发展的速度加快。特别是近年来，中俄政府在促进双边经济走廊建设的进程中，两国政策对于农业的支持度都有所提升，从而使中俄农业合作与农产品贸易得到进一步加强。正在实施的中俄系列共同发展计划，对于中俄农业合作的深化和拓展也有着重要影响。

此外，中国提出的“一带一路”倡议，与俄罗斯提出的“欧亚经济联盟”设想相对接，尤其科技与基础设施建设合作更是取得突破性进展。在资金和技术支持到位的情况下，日益完善的基础设施有效提升了中俄的对外开放程度、参与深度和融入广度，不断释放中俄农业发展潜力，加强两国农业合作凝聚力。

2. 中俄农业合作的有利环境分析

第一，在当前世界格局变动的情况下，作为世界的重要力量，中国和俄罗斯在政治和经济方面达成战略共识，特别是中俄双方各自提出的战略都是彼此共融和契合的，并在最终的发展归属和目标方面表现出高度一致性。在新时代，中俄两国的战略协作伙伴关系更是趋向牢固，促使中俄两国在贸易合作规模和水平上取得长足进步，相关配套的支持政策也被中俄政府提出和实施，使得中俄两国在农业领域获得了新的历史机遇。

第二，始于2014年的乌克兰危机为中国农产品和农业技术进入俄罗斯带来了机遇。俄罗斯对西方特别是欧盟、加拿大等实施的牛肉、奶制品等农产品的进口限制，即通过列入食品禁止进口清单的反制裁方式来达到政治诉求，为我国与俄罗斯的农产品贸易合作提供了客观的有利条件，使我国占有竞争优势的蔬菜、水果等农产品进入俄境内销售。而中美贸易摩擦则为俄罗斯农产品进入我国带来了另一次机遇，特别是我国直接与俄罗斯达成《关于深化中俄大豆合作的发展规划》，这同样为我国扩大与俄罗斯的农产品贸易规模提供了有利条件。

（二）中俄农业发展的合作现状

1. 中俄农业科技发展的合作现状

中俄农业合作示范园建立。该系列园区主要是由中俄农业企业投资建设，园区内入驻和汇聚了农业生产、加工、销售等全产业链企业，形成了一站式农业服务。但由于中俄农业合作示范园建设时间较为短暂，还远未成熟，并且一些园区仍处于建设当中。已建成的有中俄农业合作生态示范园等，正在建设中的有中俄农牧业产业示范园等。在这些农业园区中，目前中俄最大农业合作项目当属2004年启动建设的中俄现代农业产业合作园区，该园区主要种植大豆、玉米、小麦，建有猪场、肉牛场和奶牛场各1个，还有相应的加工厂，发展成为名副其实的全产业链园区，先后在各项评比中取得优秀成绩。

中俄农业技术加强合作。农业技术合作主要包括种植业技术、畜牧业技术和林业技术的合作。其中，种植业技术合作方面，中俄种植技术具有很大的互补性，即中国先进的蔬菜技术（包括大棚蔬菜和反季节蔬菜）、熟练劳动力与俄罗斯形成互补，并且由于中国东北地区和俄罗斯远东地区气候条件的相似性，使得双边种植业技术具有广阔的合作发展机会；[①] 畜牧业技术合作方面，俄罗

① 钟建平：《粮食安全视角下的中俄区域农业合作——以黑龙江省与俄罗斯东部地区的农业合作为例》，《俄罗斯中亚东欧市场》2013年第2期。

斯的畜牧兽医和牧业繁殖技术和中国肉制品保鲜加工技术具有互补性；林业合作方面，两国在采伐、苗木培育技术等方面都具有很大的互补性。①

中俄农业的学术交流。就目前而言，中俄农业学术交流主要体现在政府间高层互访考察、专家学者互派交流、农博会等互动交流三种方式。这三种方式对于中俄农业合作发展起到了有效的促进作用。

2. 中俄农业劳务、投资和基础设施发展的合作现状

中俄农业劳务发展的合作现状。中俄农业劳务合作的主要形式有外派技术人员、租赁土地雇佣人员、劳务输出人员。三种类型的农业劳动力从事的工作主要是农作物种植、畜牧饲养渔业等。在整个中俄劳务输出中，掌握低技术和无技术的工人占比较大，收入相比较不算太高，仅仅是维持经济生活；而具有一定农业技术和经营者则是占较小比例，收入相对较高，能够实现一定的财务自由。

中俄农业投资发展的合作现状。进入新时代，我国加大了农业扶持力度，并在政策方面给予倾斜，特别是金融支持和金融政策等方面的投资都是大大超过以前，并继续实施农业价格补贴，总体上用于农业的投资额可以加强与其他国家的合作。据中国商务部数据统计，我国直接参与对俄合作的食品企业占比逐渐趋多，并逐渐成为俄罗斯农业投资的主要来源地，但仅仅集中在俄西伯利亚和远东地区，并集中在农产品种植和农产品初加工投资，这意味着中俄无论是农业投资数量还是农业投资合作质量，都有着很大的发展空间。

中俄农业基础设施发展的合作现状。由于我国大力推进支农惠农工程，并增加农机化国家项目，农机工业体系得到迅猛发展，从而使得我国农业机械化进入发展快车道。同时，为了适应农机产品链的发展，我国逐渐建立起完整的生产、销售、服务以及科研开发体系，这就为我国与包括俄罗斯在内的其他国家的农机合作打下了坚实基础。而由于俄罗斯农业经营主体的变

① 许振宝、李哲敏：《“一带一路”战略下中国与俄罗斯农业合作探析》，《世界农业》2016年第8期。

更，即由原有大型机械生产为主转变成私人农场或拥有土地的农民为主，直接导致机械生产力的变革，以小型农机来进行耕种和经营。这样恰恰与我国小型农机为主的生产价格优势趋向一致，最终的博弈结果就是俄罗斯农场主普遍使用小型农机，从而加强了我国与俄罗斯包括农机等在内的基础设施要素合作。

3. 中俄农业农产品贸易的合作现状

中国特别是东北地区对于俄罗斯农产品贸易具有得天独厚的优势，而东北地区中毗邻俄罗斯的黑龙江省更是我国对俄贸易第一大省，同时也是对俄罗斯农产品出口大省。据黑龙江商务年鉴统计，2015～2018 年黑龙江省对俄农产品出口总额占中国对俄罗斯累积出口额的 1/3，主要以蔬菜、鲜干水果及坚果、农副产品、粮食等为主，其中蔬菜为对俄农产品贸易额之最。俄罗斯农产品准入条件严格，但由于乌克兰危机引发俄罗斯将农产品的进口转向我国，从而使得我国与俄罗斯之间的农业农产品贸易额逐年增长。

随着中俄农业合作的发展，俄罗斯农产品对华出口随之增长。俄对华出口的主要包括大豆、小麦、玉米和其他食品。俄罗斯国内市场需求方面的差异性，导致俄罗斯与我国农产品贸易的活跃程度也具有一定的差异性。据中华人民共和国商务部中国农产品进出口月度统计报告统计，2020 年 1 月份俄罗斯出口额为 14837. 7 万美元，同比下降 11. 3%；进口额为 28447. 1 万美元，同比增长 11. 8%。其中，重点大宗出口商品前三大出口市场情况中，俄罗斯是冻鱼和豆油的第一大市场，出口数量分别为 49280. 9 吨和 34649. 5 吨，出口金额分别达 5951. 4 万美元和 2642. 6 万美元；是锯材的第一大市场，出口数量为 692571. 2 吨，出口金额达 17797. 1 万美元。2020 年 2 月份俄罗斯出口额为 20309. 1 万美元，同比下降 23. 9%；进口额为 67381. 5 万美元，同比增长 51. 0%。其中，俄罗斯在冻鱼、豆油和锯材中依然保持第一大市场，出口数量分别为 179679. 8 吨、50152. 3 吨和 1400658. 7 吨，出口金额分别达 25797. 4 万美元、3845. 0 万美元和 36541. 6 万美元。2020 年 3 月份俄罗斯出口额为 34195. 9 万美元，同比下降 19. 3%；进口额为 107177. 4 万美元，同比增长 34. 8%。其中，俄罗斯在冻鱼、豆油和锯材中仍然作为第一大市场，出口数量分别为321630.6吨、68414.2吨和2181297.7吨，出口金额分别为47207.5万美元、5277.5万美元和57699.6万美元。

中俄两国农产品投资贸易合作是中俄经贸合作的主要部分。

二　中俄农业合作存在的问题

（一）中俄农业合作环境问题

区域合作环境是中俄双方合作的重要支撑，是中俄双方能否扎实有效合作的关键。但是至今俄罗斯市场经济观念淡薄和农业政策法规变化频繁等诸多因素共同作用，便直接导致了中俄农业合作的环境不理想。俄罗斯政府指令往往高于中俄双方的合作条约或规约，基于本国利益考量而不惜牺牲中方利益并最终危及合作情况并不鲜见。另外，由于俄罗斯市场经济改革的不彻底性，始终并未建立起名副其实的市场经济，导致市场优化资源配置和调节生产要素的作用微乎其微，取而代之的是政府行政命令。这样，市场作用被政府干预所替代，使得中俄农业合作存在很大的不稳定因素。

（二）中俄农业发展合作问题

中俄农业科技合作动力不足。尽管我国农业科技研究起步较晚，但由于我国较为重视农业发展，不仅组建了约1600个农业科研单位，而且建立起世界上最完善的农业推广体系，特别是普遍设立的农业技术站更是推动了我国农业科技的进步。不过，中国的起点较低，整体农业科技水平落后于俄罗斯。俄罗斯保留了苏联时期的农业科研成果，虽然经济低迷导致科研经费被压缩，但这并没有严重影响俄农业科学技术的发展，综合型集成系统管理体系和农业化学领域农业科研成果尤其突出。不过，俄罗斯的财政约束导致农业科技投入不足，科研成果应用转化率低。因此，中俄农业科技合作先天基础薄弱，始终不能找到中俄农业科技共融的有效方式。

中俄农业劳务合作层次较低。两国农业人员流动较以前频繁，特别是在俄罗斯劳动力人口缺乏，急需国外劳动力补充的条件下。俄罗斯人口持续多年负增长、老龄化程度高等因素加剧劳动力市场供需矛盾，地理位置偏远的远东和西伯利亚农业劳动力更加匮乏。然而，俄罗斯的农业劳动力流动基本由政府决定。《关于外国人在俄罗斯的合法状态法》（修正案）规定外国移民实行配额制度，而且从 2015 年起俄设置诸多隐性障碍，力图阻挠外来农业劳动者，由此导致中俄农业劳务合作长期在低层次徘徊。

中俄农业合作投资不足。农业在我国和俄罗斯都属于弱势产业，特别是农业投资得不到政府的长期支持，仅有少数农业项目可以获得政府性资金支持，绝大多数农业项目与政府财政支持无缘，即便政策倾斜落实到银行贷款时也存在诸多掣肘，造成中俄农业合作主体的融资渠道较为单一。结果，中俄农业合作主体往往是实力弱和抗风险能力差的中小企业，高投入性的农业合作成为不可承受之重。农业企业融资规模有限，无法利用现有资源获得政府境外农业扶持资金，有的仅仅是境外农业开发的专项资金和政策。而俄罗斯联邦政府和联邦主体行政机构主要依靠外资发展远东地区；融资主体收益有限，并且由于俄罗斯的政策变化性较大往往不会进行长期性投入，导致最终的收益也就较为有限。这些因素都使得中俄农业合作投资存在严重不足。

中俄农业合作基础设施薄弱。尽管近年来中俄基础设施建设投入很大，但针对中俄基础设施建设投资的力度依然不足，使得基础设施建设领域的大规模投资效应在现有阶段内还没有产生，并且毗邻我国黑龙江省的俄远东地区原有基础条件就与俄罗斯其他地区存在很大差距。最终，中俄农业合作基础设施存在路网密度低且分布不平衡、交通运输老化且破损严重、交通运输业服务价格高但质量差等问题。中俄农业合作基础设施的前提是合理承担修建交通运输以及工作人员生产和生活的成本，然而却并未能够找到较好的方式有效解决。总而言之，中俄两国农业合作基础设施薄弱。

（三）中俄农业农产品贸易合作问题

中俄农产品贸易结构不合理，高科技、高附加值、高效益的深度加工农产品占比低。中国对俄出口的主要农产品有蔬菜、水果等，俄罗斯对华输出的农产品则包括玉米、大豆、小麦、水稻等，说明两国农业农产品贸易以初级农产品为主，虽然也存在一些如葵花籽油等深加工产品交易，但这类商品占据中俄农产品贸易份额的比重几乎可以忽略不计。据此可知，中俄农产品贸易合作存在贸易结构不平衡和贸易层次单一的问题。

（四）中俄农业合作政策性问题

一是农业合作限制条件多、关税高、商品认证程序复杂。俄公布的各项农产品关税税率高，对超配额的猪肉、家禽肉、牛肉收取高额进口关税。针对不同的商品制定不同的进口准则且认证流程复杂，这既影响了进口时效又增加了相关费用。二是商品品质认证标准差异大。两国物流运输设备合格认证不同，中国出口农产品合格标准与俄罗斯的标准界定不同，迫使中国部分农产品退出俄罗斯市场。三是中俄农业科技合作的政策支持力度不够。两国合作还停留在机械的进出口阶段，科技合作层次不高，需要更具规模和深度的合作。

（五）新冠肺炎疫情对中俄农业合作的影响

新冠肺炎疫情对中俄农业投资贸易的影响。一是双方对经贸投资管理服务节奏有所降低。中方的审批管理、银行、海关等相关部门陆续复工和俄方管控疫情实施限制措施等，使部分业务尚未完全快速办理。二是在俄中资企业面临农业用工难、用工贵、农业生产资料等供给不足等难题。三是双方商业交流受到一定限制。例如，2020 年 2 月在莫斯科举办的食品展受疫情影响，参展的中国公司大为减少等。

三　中俄农业合作前景预测

（一）中俄农业合作环境的前景预测

2017 年，《中国农业部和俄罗斯联邦农业部关于进一步加强农业合作的谅解备忘录》正式签署；2019 年 6 月，中俄关系提升为“新时代中俄全面战略协作伙伴关系”，标志着中俄关系进入“全面推进、快速发展的阶段”。为了贯彻中俄两国元首达成的重要共识，中俄总理定期会晤，为包括农业领域在内的中俄合作打下坚实基础。为了更好地推进中俄农业合作的发展，2019 年 6 月两国签署《关于深化中俄大豆合作的发展规划》，提出到 2024 年自俄进口大豆达到 370 万吨的目标，意味着双边大豆贸易与合作进入加速发展阶段，这主要基于中国是大豆、猪肉的主要进口国，而俄罗斯有着发展农业、养殖业的基础和优势。因此，中俄双方在高层定期会晤机制的作用下，中俄农业合作将会在更为广阔的领域内取得更大的进展。

（二）中俄农业要素合作的前景预测

2014 年 7 月，中俄科技合作示范园落户陕西，推动中俄企业科技资源共享，为包括两国农业产业在内的高新科技提供智力支撑，并使得该园区成为科技成果中试转化基地、科技创新资源聚集基地。这样，就形成了专门以中俄为对象的科技合作示范园区，使得包括中俄农业科技在内的科技资源得到最大限度共享。

2018 年 7 月，第五届中俄农业地方合作远景展望圆桌会议举行，为中俄两国开启了现代农业合作的新征程，也为中俄两国的农业合作提供了良好的平台。2019 年 9 月，第六届中俄博览会和第三十届哈洽会举行，同期举行的系列论坛为中俄企业搭建了交流合作的平台，中俄农业呈现出全方位的合作发展态势。无论是专门以农业为主的基础设施建设平台，还是综合性基础设施建设平台，都在很大程度上有效促进了中俄农业合作的发展进程，使中俄农业合作的深度和广度得到扩大。

中俄之间成立中俄投资合作委员会的固定组织来促进中俄投资，并成立中俄投资基金来推动中俄之间的合作。中俄两国依赖于中俄投资基金和中俄投资合作委员会加深中俄农业合作发展，不仅使中俄农业合作得到组织支持，也使中俄农业合作得到雄厚的资金保障，中俄农业投资合作的前景不可估量。

（三）中俄农业农产品贸易合作的前景预测

中国（黑龙江）自由贸易区试验区（包括哈尔滨片区、黑河片区、绥芬河片区3个片区）于2019年8月26日获得批复，其中黑河片区和绥芬河片区重点发展粮食等进口加工业，建设商品进出口储运加工集散中心。这意味着跨境产业集聚区将成为自贸试验区发展的重点，特别是中俄之间商品贸易中的关税和数量限制将逐渐取消，进而使得中俄农产品交易更加自由。对于中国（黑龙江）自由贸易试验区的战略定位是，打造对俄罗斯及东北区域合作的中心枢纽，建成贸易投资便利、服务体系完善的高标准高质量的自由贸易园区，特别是综合保税区、建设农业合作园区等措施的实施，将会有效提升中俄农产品贸易合作的质量。2016年7月，俄总统普京签署限制转基因技术使用的法令，明确规定不得使用转基因技术生产转基因作物，只允许利用自然条件种植和生产非转基因作物。绿色农产品拥有广泛的市场需求，中俄农产品贸易潜力巨大。

新冠肺炎疫情的暴发不可避免地在管理服务节奏、供给、交流以及务工人员派出等问题上对中俄农业产生影响。但俄罗斯中国总商会在使馆的领导和统一部署下，把境外疫情防控作为当前工作的重点，积极协助使馆组织开展在俄中资企业的防疫工作，引导在俄中资企业联防联控。双方在疫情防控的艰难时期相互给予了坚定的支持，凸显了两国关系的特殊性和重要内涵。双方在政策信息上依然保持交流，努力将疫情对农业投资合作的影响降至最低。

四　中俄农业合作对策建议

（一）改善中俄农业合作环境的对策建议

中俄农业合作，往往离不开中俄政治互信这一大环境。在中俄政治互信的条件下，两国通过制定长期农业合作战略、优惠政策、法律以及建立农业服务体系，为双边农业合作提供了良好的环境。

1. 加强中俄政治互信

中俄政治互信是中俄农业合作的基础。中俄政治互信度高，包括中俄农业合作在内的合作成效就较为显著。且中俄是毗邻国家，都为联合国五大常任理事国，两国长期保持政治互信不仅能够有效维护世界和平，而且能够推动包括中俄农业合作在内的各领域的密切合作。高度政治互信才能使两国联合实施农业合作战略，并吸纳日本、韩国加入互利合作，以多边农业合作促进各国农业领域优势的发挥，同时以经贸合作巩固和发展国家政治互信。

2. 制定长期农业合作战略

农业是每个国家的生存之本，特别是在确保民生方面有着重要的作用和意义。然而由于各种因素的共同作用和影响，中俄之间并未在农业方面制定长期的合作战略，严重制约了农业合作的发展。因此，为了摆脱目前农业合作仅仅受限于农产品进出口和劳务输出的局面，需要两国制定长期的农业合作战略，通过签订农业长期协议来充分发挥各自的农业资源优势，以便使中俄农业互补性得以充分实现。

3. 协调中俄农业优惠政策和法律

政策和法律在相对时间内是保持不变的，即便有所变化也变化不大，这就需要针对中俄实际国情对相关法规政策做出调整和协调，以便为双边农业合作提供有利的经营环境。出现农业合作纠纷通过政策和法律途径进行化解，增强中俄农业合作的效率和预期收益，减少中俄农业合作不可预估的政策调整和法律缺位的负面影响，共同促进中俄农业合作的良好和稳定发展。

4. 完善中俄农业合作服务体系

农业合作不仅需要政府的推动和实施，还依赖于民间主体的多维合作，而中俄民间农业深度合作往往依赖于各种有效信息的快速传递和高效处理，进而使得中俄两国之间彼此了解双方的有效农业信息并作出科学决策。而有效的信息传递和处理都需要借助高科技平台的参与，特别是专门负责农业合作信息收集、分析和发布的平台更是服务体系不可或缺的组成部分。因此，通过互联网和高新科技因素搭建的服务平台是完善中俄农业合作服务体系的有力措施，需要中俄两国共同推动建设和展开。

（二）加强中俄农业要素合作的对策建议

中俄农业要素合作主要包括劳务、投资、基础设施和科技，也就是人、财、物、科技要素，唯有将这四个要素所对应配置的资源达到最大化利用，才能有效推动中俄农业合作的深度和广度，使中俄两国农业得到持续发展而结出丰硕成果。

1. 加强中俄农业科技要素合作的对策建议

加强中俄农业专家的互派交流，建立高质量的农业领域专家站和联合实验室。科技的重心在于科技专家，而科技专家往往依赖于互派交流、专家站和联合实验室等平台的常态化培养。具体而言，第一，强化中俄农业专家互派工作。一个农业科技项目往往需要经过引进、消化、吸收和创新，而这些都离不开农业科技人才的参与，因此不可避免地需要中俄两国互派农业专家，特别是我国向俄罗斯派出农业领域薄弱环节的科技人员，来促进该领域专业人才的成长，并最终通过以技术培训和技术转移的渠道来有效推动农业专家的交流，实现我国农业专家的“走出去”和俄罗斯农业专家的“引进来”，从而汇聚中俄的优秀科研群体和优势资源，打破地区和学科界限，促进两国农业科技创新。第二，建立高质量的农业专家站和联合实验室。无论是专家站还是联合实验室的建立，都是围绕农业院校和科研院所的农业专家进行的，特别是我国东北地区的高校和科研院所，在享有区位优势的基础上也具有较强的农业科研实力，在立足东北区域并集中全国农业科技人才建立专家工作站和联合实验室，实现产学研一体化机制和持久型的农业人才培养合作机制，从而在做好人才保障的基础上研究、推广和大规模应用农业新技术，以此确保专家站和联合实验室的高质量发展。[①] 同时，借助专家站和联

① 王立霞、陈巨莲、张峰等：《国际联合实验室在促进农业科技创新中的作用》，《科技管理研究》2016 年第 5 期。

合实验室平台，可以最大限度实现人力资源的优化配置，针对农业研究难点联合研究力量推动研究进展，研究成果由中俄双方共享，进而促进两国农业科技进步。

加强农业基础学科研究合作，建立并完善成果产业化孵化基地和农业科技示范场，促进农业科技成果转化。一项农业科技的最终落地，往往需要大量的农业基础研究和农业政策支持等各种工作的同步跟进，才能达到预期目标。为此，需要做好以下工作：第一，加强农业基础学科研究工作。就目前而言，我国的基础学科特别是农业基础学科薄弱，导致我国在很长时间内农业科技都难以取得突破性发展，往往都是立足于对外国先进农业科技的吸收和利用，农业生产效率与发达国家相比差距巨大，进而影响高新农业科技的成果转化。因此，在当前我国农业政策倾斜的条件下，要继续加大力度加强农业基础学科研究，增强我国与俄罗斯之间的基础学科交流，进而使我国的基础学科研究取得突破性发展。第二，建立并完善成果产业化孵化基地和农业科技示范场。农业孵化基地是基于政策优惠支持开展工作，农业科技示范场也是通过示范平台使得科技成果得以展示利用，特别是通过俄罗斯的种子生产基地和引入我国优良农业品种到俄罗斯境内的良种生态示范基地建设，进而有效推进农作物品种得到推广，促进农业科技成果产业化。

2. 加强中俄农业劳务、投资和基础设施要素合作的对策建议

加强中俄农业劳务要素合作的对策建议。第一，加强技术领域的农业劳务合作，不仅仅是停滞在简单劳务劳动的合作。这意味着技术领域的农业劳务合作主要以大型项目开发为主，并着重以高新技术人才的相互流动为常态，从而促进中俄之间农业劳务层次得到提高。第二，构建中俄农业劳务合作管理信息网。大量中俄农业劳务者的管理需要通过数字化平台来实现，以便及时动态化地关注每位交流人员的劳务合作，最大程度保护农业劳务工作者的权益。第三，组织培训机构加强农业劳务的培训工作。中俄之间有着不同的语言，这就需要对往来农业劳务工作者进行基本的语言培训，并对其进行必要的职业技能培训，使得农业劳务工作者能够最快地融入当地农业生产或工作当中。

加强中俄农业投资要素合作的对策建议。任何事项的展开都离不开资金（投资）的支持，中俄农业合作亦是如此。第一，中俄签订政府间投资合作协议，扫除中俄农业合作的阻碍因素，出台财税、金融等扶持政策，为中俄农业合作提供良好的制度环境。第二，中俄之间加强土地投资合作。由于俄罗斯远东人口较少，自然资源特别是土地资源丰富，因此需要投资本地适宜种植的农作物、蔬菜、水果以及发展畜牧业等，并在此基础上延伸产业链提高作物知名度，特别是将中国农业机械设备的生产优势对接好俄罗斯远东农业发展需求，从而使得中俄之间的投资不断扩大。

加强中俄农业基础设施要素合作的对策建议。农业基础设施是中俄农业合作的先决条件，没有发达的农业基础设施和便利的农产品远距离运输条件就无法进一步深化中俄农业合作。因此，加强中俄基础设施要素的合作成为必要，中国“一带一路”倡议和欧亚经济联盟对接可有效促进中俄农业基础设施建设。我国东北地区的水利设施建设问题亟须解决。在谈判的基础上可以将俄罗斯阿穆尔州水资源引入我国东北地区，避免因水资源不足引发农业生产危机。

（三）加强中俄农业农产品贸易合作的对策建议

1. 建立农业自由贸易区和自由贸易港

在当前国际局势变化的时代背景下，特别是在乌克兰危机和中美贸易摩擦的情况下，中国耕地不足的问题被放大，以前对美国大豆、猪肉的高度依赖更是折射出很大的问题；而俄罗斯则因石油价格低迷和西方国家制裁影响导致内增动力不足，从而面临着诸多发展困境。这样，基于中俄农业合作的农业自由贸易区和自由贸易港就具有可操作性，能够破除中俄长期存在的障碍和壁垒，[①] 提升中俄农业贸易合作的层次。为此，需要中俄在耕地资源充沛和区位优势明显的地区选址设立农业自由贸易区，建议我国在哈尔滨片区、黑河片区、绥芬河片区 3 个片区中选择合适地段设立农业自由贸易区和

① 刘佛翔：《对中俄农业合作中的共识与分歧的研究》，《农业经济》2018 年第 8 期。

自由贸易港，以使俄罗斯腹地的农产品种植区、西部农产品消费区以及我国东部沿海地区的广大港口连接起来。农业自由贸易区和农业自由贸易港的建设，需要利用“智能港口”建设创新农产品检验检疫制度，创建贸易区或贸易港内互认企业清单，并着力建立贸易结算中心等诸多措施的同步跟进实施，[①] 从而使农业自由贸易区和自由贸易港成为中俄农业合作的标杆。

2. 提高中俄农业农产品贸易的合作水平

当前，中俄农产品贸易水平低是双方农业合作尚未深化的体现之一。可以通过包括以销代产在内的农产品贸易模式促进中俄农产品附加值提高和农产品精深加工程度提高。为此，需要采取以下措施：第一，以超市对接、中介组织等外销方式着力扩大中俄农产品的销路；第二，加强农产品电子商务发展，实现线上线下同步贸易，扩大中俄农业农产品的贸易规模；第三，设立俄罗斯农产品回运中国绿色通道，做到随到、随验、随放，保证俄罗斯农产品无障碍供应我国国内市场，加快俄罗斯农产品流通速度；第四，构建中俄农产品海陆空联运大通道，即航空专线、铁路专线、江海联运泊位等来提升联运大通道效率。

---

① 郭鸿鹏、吴頔：《“一带一盟”视阈下中俄农业合作发展研究》，《东北亚论坛》2018 年第 5 期。

B.6
中俄工业合作发展形势分析与预测

安兆祯*

摘　要：　工业合作是中俄经济合作的重要领域，对于新时期全面提升中俄两国战略协作伙伴关系具有重要意义。近年来，随着中俄经贸关系的快速发展，中俄工业合作范围不断扩大，合作层次不断提升，合作广度不断拓展。中俄关系迈入新时代，将有力促进中俄工业合作迈上新台阶。

关键词：　中俄工业合作　俄罗斯工业　工业园区投资

工业是一个国家发展的重要标志，是国民经济发展的主导力量，代表着一个国家经济的发达程度。近年来，工业合作作为中俄全面战略协作伙伴关系的重要内容，已成为中俄经济合作的重要增长点。在中俄两国领导人的关心和支持下，在中俄总理定期会晤委员会工业合作分委会机制下，中俄两国工业合作不断深化，能源工业、航空工业等战略性大项目合作成效显著。当前，中俄两国都在致力于加快推进工业现代化建设，信息化与工业化加快融合，战略性新兴产业与现代服务业加快融合，为中俄工业合作提供了广阔发展空间。

一　当前俄罗斯工业发展形势

俄罗斯工业发达，其工业生产（包括军工产业）及尖端科学技术一直

* 安兆祯，黑龙江省社会科学院俄罗斯研究所副所长、研究员。

居世界领先地位。在俄罗斯的工业结构中，重工业发展始终处于优先地位。同时，随着社会分工和科技进步的发展，逐渐涌现出许多新兴工业部门。俄罗斯工业现有 12 个行业，分别是电力工业、燃料工业、黑色冶金工业、有色冶金工业、化学和石油化学工业、微生物和复合饲料工业、医药及医疗器材工业、机器制造和金属加工工业、林业和木材加工业及制浆造纸业、建筑材料工业、轻工业、食品工业。

1992 ~2000 年，在俄罗斯市场经济转型过程中，轻工业比重工业产值下降更快。对外开放导致大量消费品涌入，俄罗斯消费品工业受到严重打击，轻工业几乎消失。2000 ~2003 年，俄罗斯轻工业比重仍然很小。2004 ~2008 年，石油价格上涨使重工业中的能源工业得到更大发展空间，同时也加剧了轻重工业的失衡。俄罗斯加工业由于长期存在资源补贴机制、工艺落后等问题，国际竞争能力不强，形成了工业能源化、原材料化。

1990 ~2000 年，俄罗斯工业生产下降 53.9%。各个工业部门中生产下降较少的主要是国家能源和原材料部门。其中，有色冶金工业总产值下降 3.1%，天然气工业总产值下降 9.4%，食品工业总产值下降 57%，机械制造业总产值下降 68%，建材工业总产值下降 72.5%，轻工业总产值下降 86%。资源垄断性产业和出口比重大的产业，不仅生产降幅较小，而且恢复的速度也比较快。相反，竞争性制造业和一些以国内市场为主的产业，不仅生产降幅大，恢复时间也比较晚。

据俄联邦国家统计局数据，按照 2014 年以来采取的全俄新的经济活动分类，2015 ~2018 年俄罗斯工业总产值累计增长 6.5%。其中，2018 年采矿业产值按照 2014 年指标基数核算增长 9.5%，即使在 2015 年俄罗斯经济危机期间该指标也处于正增长区域。2015 ~2018 年，俄罗斯加工业总产值累计增长 6.5%。2018 年俄罗斯电力、天然气工业生产比 2014 年增加 2.2%。2018 年俄罗斯供水和污染控制部门产值与 2014 年相比下降了 4.2%。

2018 年，俄罗斯工业总产值增长 2.9%，采矿业总产值增长 4.1%，加工业总产值增长 2.6%。工业增长的关键动力是粮食生产的增长（增长 4.9%），汽车、拖车和半拖车生产的增长（增长 13.3%），以及主要运送往欧洲的天然气和凝析油产量的增长（增长16.5%）。天然气产量大幅增加的原因，是亚马尔和萨哈林的液化天然气工厂的满负荷生产以及欧洲市场天然气制造商（如挪威、英国和荷兰）产量的大幅度下降（见表1）。①

表1　2016～2019年俄罗斯工业增长情况

单位：%

产业部门	2016年	2017年	2018年	2019年1～6月
工业	2.2	2.1	2.9	2.6
采矿业	2.3	2.1	4.1	4.0
加工业	2.6	2.5	2.6	1.9
电力与天然气工业	2.0	−0.4	1.6	0.0
供水与污染处理	0.8	−2.1	2.0	1.5

资料来源：俄联邦统计局。

2018年，俄罗斯采矿业总产值增长4.1%。其中，原油和天然气产量增长5.7个百分点，占俄罗斯采矿业产值的72.4%。2018年，原油和天然气产量增长2.8%。其中，石油产量仅增长了1.7%，而天然气产量则增长16.5%。2018年，俄罗斯煤炭产量增长4.2%（其中无烟煤增长3.9%，褐煤增长8.7%），金属矿石开采增长4.6%（其中铁矿石增长0.8%，有色金属增长6.5%，见图1）。

2018年，俄罗斯加工业总产值增长2.6%。其中，焦炭和石油产品的产值占加工业产值的24.4%，该领域的工业产值增长1.8%。由于金属工业产量增加了1.7%，在加工业产值中的份额上升到13.7%。汽车、拖车和半拖车的生产实现最大幅度的增长，增长了13.3%（见图2）。

2019年以来，俄罗斯工业总体保持良好增长态势。2019年1～6月，工业生产总产值增长2.6%，采矿业总产值增长4.0%，加工业总产值增长1.9%。其中，矿产开采服务增长态势良好，是2014年以来第二大增长

① АНАЛИТИЧЕСКИЙ ЦЕНТР ПРИ ПРАВИТЕЛЬСТВЕ РОССИЙСКОЙ ФЕДЕРАЦИИ, Бюллетень о текущих тенденциях российской экономики, июль 2019, https://www.kdocs.cn/l/spGpMF2zT, с6.

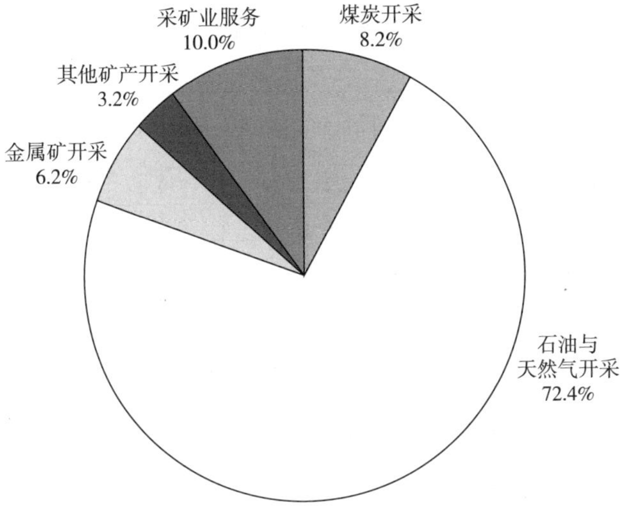

图 1　2018 年俄罗斯采矿业结构

资料来源：俄联邦统计局。

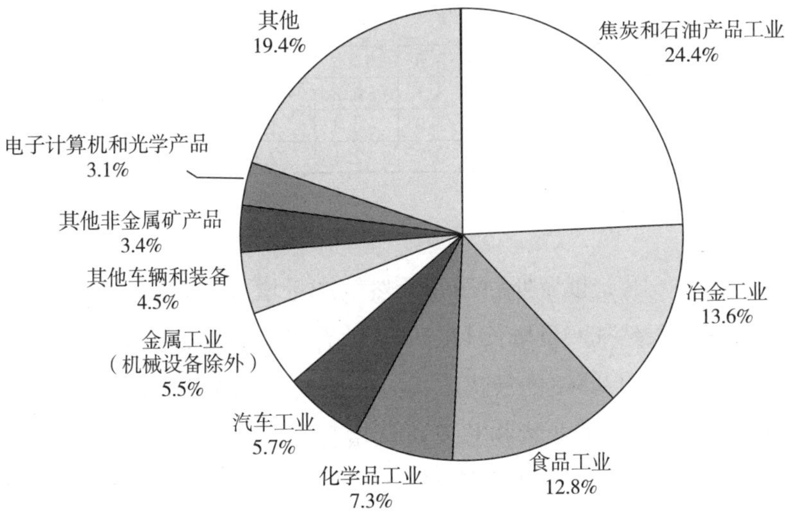

图 2　2018 年俄罗斯加工业结构

资料来源：俄联邦统计局。

幅度，仅比 2018 年下降 0.2 个百分点。此外，石油与天然气开采、金属矿产开采的增长幅度都达到 2014 年以来的最高值（见表 2）。

表 2　2014～2019 年俄罗斯工业生产与销售情况

单位：%，万亿卢布

产业部门	2014 年	2015 年	2016 年	2017 年	2018 年	2019 年（1～6 月）	2019 年(1～6 月)销售额
工业	2.5	-0.8	2.2	2.1	2.9	2.6	33.2
采矿业	1.7	0.7	2.3	2.1	4.1	4.0	9.3
煤炭开采	3.8	3.3	1.2	3.7	4.2	1.5	0.7
石油与天然气开采	0.3	0.4	2.1	0.4	2.8	3.8	6.8
金属矿产开采	4.7	2.1	0.4	3.5	4.6	8.1	0.6
其他矿产开采	-0.4	3.7	4.4	15.6	4.0	-1.0	0.3
矿产开采服务	13.1	-1.7	6.1	12.6	13.7	13.5	0.9
加工业	3.2	-1.3	2.6	2.5	2.6	1.9	20.4
食品加工	4.9	3.1	5.6	4.2	4.9	3.8	2.8
焦炭和石油产品加工	6.1	0.9	-3.2	1.1	1.8	0.2	4.9
化学品加工	2.3	5.8	10.9	5.1	2.7	2.8	1.7
冶金加工	7.2	4.0	-0.3	0.1	1.7	2.6	2.9
机械设备除外的金属制成品加工	4.5	3.5	12.7	3.4	1.3	6.0	0.9
汽车工业	-11.3	-23.1	5.8	14.5	13.3	0.8	1.2
其他车辆和装备加工	16.2	5.4	8.1	6.3	-2.2	-20.6	0.7
电力工业	1.0	-1.0	2.0	-0.4	1.6	0.0	2.9
供水与污染处理	-2.0	-4.8	0.8	-2.1	2.0	1.5	0.5

资料来源：俄联邦统计局。

2019 年 1～6 月，俄罗斯原油和天然气产量增长 3.8%。其中，石油产量增长 2.3%，天然气产量增长 17.7%。随着采矿业的快速增长，与采矿业相关的服务实现了 13.5% 的最快增长。根据俄联邦统计局数据，以货币计算，2019 年上半年，工业货物总发货量增长了 6.8%，达 33.2 万亿卢布。其中采矿业 9.3 万亿卢布（增长 11.7%），加工业 20.4 万亿卢布（增长 4.5%）。但 2019 年 6 月，采矿业产量增长放缓至 2.3%。

2019 年 1～6 月，俄罗斯高科技加工业生产下降 11.5%，其中医药和医疗材料加工生产增长态势良好，电子计算机和光学产品加工生产的增长企稳提速。与此相比，2016 年俄罗斯高科技加工业生产增长 10.1%，2017 年增长率指标放缓至 5.0%，并在 2018 年转向负值区域（下降 4.9%）。在整个报告期内，飞机生产一直处于负增长状态，航天器及相关设备的生产下降了43.5%。

2019年1~6月，在俄罗斯所有的金融和经济中心，工业生产都保持着增长态势。其中，莫斯科市工业生产增长7.1%，圣彼得堡市工业生产增长4.9%，莫斯科州工业生产增长10.8%。但采矿业生产出现下降，下降幅度达20.9%，这主要是由于圣彼得堡市采矿业生产下降达26.5%。在欠发达的农业地区，工业产出下降5.4%，原因主要是达吉斯坦共和国加工业下降了27.4%。达吉斯坦共和国占优势的药品和原料生产下降64.7%，车辆和设备生产下降51.2%，机械和设备下降22.6%，金属产品下降19.2%。在欠发达的原料地区，采矿业增长10.6%，主要是由于该指标在马加丹州的增长（增幅为24.4%）。

2019年1~6月，俄罗斯有68个地区工业生产实现了增长。俄罗斯工业生产主要集中在20个大工业区，在2018年占全俄工业总产值的68.7%（2017年为67.4%），占全俄采矿业总产值的76.9%，占全俄加工业总产值的66.3%（见表3）。

表3　2017~2018年俄联邦主体工业产品销售额及就业比例

单位：万亿卢布，%

地区	联邦区	地区类型	销售额		工业增长		工业就业占比
			2017年	2018年	2017年	2018年	2017年
莫斯科	中央联邦区	金融经济中心	7.7	9.2	1.1	9.1	10.6
汉特·曼西自治区－尤格拉	乌拉尔联邦区	原料出口区	3.8	4.7	-1.2	0.0	31.5
圣彼得堡	西北联邦区	金融经济中心	2.5	3.3	4.9	5.0	16.5
亚马尔·涅涅茨自治区	乌拉尔联邦区	原料出口区	2.3	3.0	10.0	17.0	28.3
莫斯科州	中央联邦区	金融经济中心	2.7	2.9	12.6	10.2	20.6
鞑靼斯坦共和国	伏尔加沿岸联邦区	多元化经济区	2.3	2.8	2.0	2.0	23.8
斯维尔德洛夫州	乌拉尔联邦区	多元化经济区	2.1	2.3	3.5	9.0	24.8
克拉斯诺亚尔斯克边疆区	西伯利亚联邦区	工业加工区	1.7	2.1	7.5	6.4	20.3
克麦罗沃州	西伯利亚联邦区	采矿工业区	1.6	1.8	1.5	2.3	26.2

续表

地区	联邦区	地区类型	销售额		工业增长		工业就业占比
			2017 年	2018 年	2017 年	2018 年	2017 年
巴什科尔托斯坦共和国	伏尔加沿岸联邦区	采矿工业区	1.5	1.7	2.3	3.4	20.5
滨海边疆区	远东联邦区	采矿工业区	1.4	1.7	4.2	1.9	24.7
车里雅宾斯克州	乌拉尔联邦区	工业加工区	1.6	1.7	5.1	0.1	26.7
萨马拉州	伏尔加沿岸联邦区	多元化经济区	1.4	1.6	1.4	0.1	24.1
下诺夫哥罗德州	伏尔加沿岸联邦区	多元化经济区	1.4	1.5	5.3	2.7	22.7
伊尔库茨克州	西伯利亚联邦区	工业加工区	1.1	1.2	4.7	-0.6	18.6
列宁格勒州	西北联邦区	工业加工区	1.0	1.2	-0.1	4.9	21.2
克拉斯诺达尔边疆区	南部联邦区	农工综合区	1.1	1.2	4.1	4.2	14.5
秋明州	乌拉尔联邦区	多元化经济区	0.9	1.1	2.5	10.1	15.6
萨哈林州	远东联邦区	原料出口区	0.8	1.1	1.0	6.8	14.9
罗斯托夫州	南部联邦区	多元化经济区	1.0	1.1	9.4	9.7	17.5
俄罗斯	—	—	59.1	69.1	2.5	2.9	19.1

资料来源：俄联邦统计局。

2019 年，俄罗斯工业同比增长 2.4%，比 2018 年下降 0.5 个百分点。其中，采矿业增长由 2019 年第一季度的 4.7% 下降到第四季度的 1.3%，全年增幅为 3.1%（2018 年为 4.1%）。① 2020 年以来，俄罗斯工业经济增长受全球性新冠肺炎疫情的冲击进一步放缓。据俄联邦统计局数据，在新冠肺炎疫情暴发、油价下跌和卢布走弱的背景下，2020 年 3 月俄罗斯工业生产增长率从 2 月的 3.3% 放缓至 0.3%。② 2020 年 1 ~4 月俄罗斯工业生产同比下降 0.6%，2020 年 4 月俄罗斯工业生产同比下降 6.6%，与 3 月相比下降 9.2%。③

① Промышленный рост в России по итогам 2019 года замедлился, https://www.vedomosti.ru/economics/articles/2020/01/23/821331 – promproizvodstvo – v – rossii.

② Рост промпроизводства в России в марте замедлился до 0, 3%, https://1prime.ru/state_regulation/20200422/831312325.html.

③ Данные о промышленном производстве в апреле 2020 года представил Росстат, https://biwork.ru/news/dannye – o – promyslennom – proizvodstve – v – aprele – 2020 – goda – predstavil – rosstat.

二 中俄工业合作发展现状与问题

（一）中俄工业合作发展现状

1. 工业贸易规模不断扩大

1992 年，中俄贸易额仅为 58.6 亿美元，到 2014 年已经达到 953 亿美元。2015 年，因俄乌争端、西方制裁、油价下跌等因素的影响，导致中俄贸易额下降至 642 亿美元，降幅达 32.6%。2016 年，中俄经贸合作规模升至 695 亿美元，取得快速发展。2017 年，中俄经贸合作规模进一步提升至 840 亿美元。2018 年，中俄双边贸易额为 1070.6 亿美元，首次突破 1000 亿美元，增长 27.5%，增速在中国前十大贸易伙伴中位列第一。中俄经贸合作取得跨越式发展，得益于双方“全面战略协作伙伴关系”的顺利发展。①

据俄方统计，2013 ~2018 年中俄贸易额为 4995 亿美元。从中俄贸易结构看，工业产品贸易比重较大，2013 ~2018 年，矿产品由 273 亿美元增长到 429 亿美元，增幅为 57%，占中俄贸易总额的 32.5%；化工产品由 34.5 亿美元增长到 38.4 亿美元，增幅为 11%，占中俄贸易总额的 4%；金属及其制品由 45.4 亿美元增长到 53.8 亿美元，增幅为 19%，占中俄贸易总额的 4.8%；机械设备和仪器由 252 亿美元增长到 281 亿美元，增幅为 11%，占中俄贸易总额的 29.2%。中国是俄罗斯最大的贸易伙伴国，占俄罗斯对外贸易总额的 13%，其次是德国，占俄罗斯对外贸易总额的 9%。

2013 ~2018 年，中国对俄罗斯贸易的地区分布情况：莫斯科市 2348 亿美元，占中俄贸易总额的 47%；圣彼得堡市 378 亿美元，占中俄贸易总额的 7.6%；莫斯科州 259 亿美元，占中俄贸易总额的 5.2%；滨海边疆区 254 亿美元，占中俄贸易总额的 5.1%；伊尔库茨克州 194 亿美元，占中俄

① 刘爽：《以共建“一带一路”为动力实现中俄经贸合作新跨越》，《西伯利亚研究》2019 年第 1 期。

贸易总额的3.9%；汉特·曼西自治区102亿美元，占中俄贸易总额的2%；萨哈林州89亿美元，占中俄贸易总额的1.8%；加里宁格勒州88亿美元，占中俄贸易总额的1.8%；亚马尔·涅涅茨自治区81.9亿美元，占中俄贸易总额的1.6%；哈巴罗夫斯克边疆区72.8亿美元，占中俄贸易总额的1.5%；等等。①

2. 工业投资合作快速发展

1996年，中俄两国战略协作伙伴关系的建立，为发展中俄投资合作提供了有力政治保障。1996～2000年，中国对俄罗斯的直接投资由0.0008亿美元上升至0.14亿美元。自2004年起，中俄两国开始举办中俄投资促进会议，以提升中国对俄罗斯直接投资的水平。2006年11月，中俄两国政府正式签署了《中华人民共和国政府和俄罗斯联邦政府关于促进和相互保护投资协定》。截至2006年年底，中国对俄投资项目总数736个，累计投资额达到9.35亿美元，投资领域涉及能源、矿产资源开发、林业、贸易、轻纺、家电、通信、服务等。② 2009年6月17日，俄罗斯与中国两国元首批准了《中俄投资合作规划纲要》，将大力促进中俄相互投资作为中俄经贸合作的重点。截至2016年底，中国对俄直接投资存量为129.8亿美元。2015年1月到2018年1月中国对俄直接投资由27.69亿美元增加到了41.98亿美元。③

工业领域是中俄投资合作的重要方向之一。2013年，《中华人民共和国和俄罗斯联邦关于合作共赢、深化全面战略协作伙伴关系的联合声明》提出要积极开展在石油、天然气、煤炭、电力和新能源等能源领域的合作，构建牢固的中俄能源战略合作关系。继续在和平利用核能领域密切协作，加快制订和实施中俄森林资源开发利用合作规划，在航空制造领域开展联合研

---

① Товарооборот России и Китая, https：//ru - stat. com/date - Y2013 - 2018/RU/trade/CN.

② 《俄罗斯与中国的经贸合作》，http：//history. mofcom. gov. cn/？bandr = elsyzgdjmhz，最后访问日期：2020年12月26日。

③ 李福川：《客观看中国对俄投资“异动”》，http：//finance. sina. com. cn/roll/2019 - 03 - 04/doc - ihsxncvf9533584. shtml。

制、联合生产等大项目合作，采取积极措施保证《2013～2017年中俄航天合作大纲》项目的执行和完成。随着"丝绸之路经济带"和"欧亚经济联盟"的对接合作，中俄将会在更多的工业细分行业上进一步扩展合作。

2019年6月，中俄《关于发展新时代全面战略协作伙伴关系的联合声明》提出，充分发挥中俄总理定期会晤机制统筹和推动作用，保持经贸、投资、能源、人文、地方等领域政府间合作委员会高效运转。积极落实民用航空、原材料、装备、无线电子等领域合作项目，推动中俄工业务实合作再上新台阶。2019年11月，俄罗斯直接投资基金表示，中俄政府间投资合作委员会和中俄企业咨询委员会正在研究70个项目，总投资额将高达1120亿美元。成立中俄科技创新基金和中俄地区合作基金，在俄罗斯基干什矿区和上基干什矿区建设矿山选矿联合企业等。①

俄罗斯为吸引外资，在远东设立自由港和超前发展区。2019年，在超前发展区和符拉迪沃斯托克自由港的入驻企业中，98家公司有外国投资，落实这些项目的总投资额为3675亿卢布（约合59亿美元），计划创造2万多个工作岗位。在自由港和超前发展区制度框架下，中国对俄远东地区落实的项目投资总额超过3000亿卢布（约合50亿美元）。超前发展区和符拉迪沃斯托克自由港中的52家公司有中国投资，其中许多是工业投资项目。②

3. 工业技术合作加快推进

俄罗斯依托从苏联继承的工业基础，在一些重点工业领域技术水平处于领先位置。例如，军工综合体可持续发展速度高于俄罗斯整体经济，2015年7月，俄罗斯的国防工业组织共有1355个，国防工业就职人数140万人，35岁以下年轻人比例超30%，国防工业职工平均年龄45岁，确保了科学攻关的连续性。俄罗斯航空技术发达，MS－21－300、图－160、图－160M、伊尔－114－300、伊尔－96－400M是主流机型。2017年，多功能A－100

① 《中俄正商讨70个项目 总投资额1120亿美元》，http：//www.suifenhe.gov.cn/contents/120/75694.html，最后访问日期：2020年12月26日。

② 《中国对俄远东自由港和超前发展区项目的总投资额超50亿美元》，http：//www.heihe.gov.cn/info/1185/103826.htm，最后访问日期：2020年12月26日。

雷达监视和制导综合体首次飞行。空间火箭工业技术和空间遥感卫星技术、核工业技术先进。

近年来，中俄在航空航天、能源等方面开展了一系列重要合作，取得许多重大成果。中俄两国工业技术合作的巨大潜力和前景，未来将不断为两国建设全面战略协作伙伴关系提供动力。2017 年 6 月，第四届中俄博览会在中国哈尔滨举办。其间有 80 家俄罗斯企业、260 多家中国企业参加中俄工业与技术合作洽谈会，涵盖了仪器仪表制造、化学、木材加工、能源等主导领域。① 2018 年 7 月，第五届中俄博览会期间，中俄企业开展工业技术合作的积极性很高，在传统冶金、石化、装备制造等领域合作基础上，进一步突出在新材料、节能环保、人工智能、大数据和云计算等高端领域对接。以 2018 年中俄地方合作交流年为契机，加快推动实施高科技联合项目、联手提升工业产品竞争力。②

（二）中俄工业合作存在的问题

1. 中俄工业合作模式创新不够

目前，中俄工业合作以中俄两国政府主导型合作模式为主，以中俄中小企业市场型合作模式为辅。这种合作模式的特点：中俄政府和高层领导是两国工业合作的主要推动者；中俄政府间协议为两国经济贸易创造条件；中俄地方政府是地区经济合作的推进者；中俄之间重大项目的合作成为两国经贸的重点；大型企业、国有公司和国有控股公司是中俄经贸合作大型项目的主体。而作为次要地位的中国中小型企业，在对俄工业合作中常常显得力不从心，迫切需要在提升金融支持和服务水平、加强投资权益保护、营造更加公平、友好和稳定的营商环境上给予更大支持。在新时代中俄全面战略协作伙伴关系加快发展的新形势下，中俄工业合作在规模和质量上实现双突破，模

---

① 《中俄加强工业与技术合作 寻求产业融合新路径》，https：//www. sohu. com/a/150719509_99893481，最后访问日期：2020 年 12 月 26 日。

② 《中俄加强工业技术领域对话》，http：//www. xinhuanet. com/2018 - 07/13/c_ 1123118718. htm。

式提升与创新就显得尤为重要。

2. 中俄工业全产业链合作不够

2019 年 6 月，中俄《关于发展新时代全面战略协作伙伴关系的联合声明》，为全面拓展和深化两国工业领域全产业链合作奠定了重要基础。该声明强调，要继续深化上中下游全方位一体化能源合作，促进双方在节能技术、标准、人才、信息等方面交流与合作。目前，中俄工业全产业链合作还有很多困难，应该努力打造并形成类似苹果手机供应链那样紧密型链条关系。鉴于中俄合作对全球能源市场产生重要影响，两国为全球贡献了 17% 的原油产量，消费量占全球 1/5。双方应当把加强能源领域合作作为重点方向，在供应链、现代装备本地化制造、能源数字化和金融等领域开展务实合作。能源合作是中俄全方位战略协作的重点方向和支柱型合作领域，中俄深化能源合作对于协同保障能源安全，打造开放型世界经济，具有重大意义。①

3. 中俄工业合作易受外部环境影响

中俄工业合作不同于普通的贸易合作，合作周期长，合作形式复杂，更易受到外部环境的影响。外部因素包括国际地缘政治、政治互信、国家安全、经济形势、投资环境等。2019 年 10 月份的一份报告显示，俄罗斯经济正处于内需疲软态势。当前，工业增长的加速仅是短期趋势，没有内需增长的支持。2019 年第三季度，俄罗斯最大的零售连锁店的销售额有所下降。在这种情况下，人们继续节省食物，每次去商店减少了实物的购买或转向了质量较低的产品。② 当需求不足发生后，相关投资也会减少。

三　关于中俄工业合作的对策建议

2020 年，中俄工业合作在面临全球新冠肺炎疫情的冲击与挑战的同时，

① 《促进中俄能源领域全产业链合作》，http：//news. cnpc. com. cn/system/2019/06/10/001732497. shtml。

② Промышденный рост признали неубедительным，http：//www. ng. ru/economics/2019 - 10 - 30/4_ 7715_ rosstat. html.

也具备全面深化合作关系的广阔发展前景。面对新形势，中俄在加快推进“一带一路”倡议同欧亚经济联盟对接框架下，应在全面推进工业领域合作方面超前规划布局，加快推进中俄战略性工业大项目建设，以机制模式创新激发中俄工业合作新活力，推动中俄工业合作迈向更宽领域、更高层次、更高水平。

（一）面向未来，全面深化中俄工业领域战略合作

当前，中俄全面战略协作伙伴关系不断深化，两国关系进入历史最好时期，这为中俄两国全方位、多领域合作提供了政治保障，成为双方经济合作的重要推动力量。全面深化中俄工业合作的战略价值日益凸显，也为两国战略协作伙伴关系的不断发展夯实了基础。2019 年 4 月 26 日，中国国家主席习近平在北京同俄罗斯总统普京举行会谈，中俄领导人就共建“一带一路”倡议同欧亚经济联盟对接达成共识，共建“一带一路”倡议合作重点进一步明确，构建互联互通伙伴关系获广泛认同。2020 年以来，国际经济合作与地缘安全形势更加严峻，给中俄两国都带来巨大的风险与挑战。面对新形势，中俄全面战略协作伙伴关系的战略价值更加突出，全面推动中俄经济合作已成为有效应对风险挑战的现实需要。中俄工业合作应以两国元首达成的共识为引领，携手应对国际复杂形势挑战，努力推动双方合作生产、共同研发领域的增长，在战略性工业项目投资合作上努力促进投资合作，全面落实中俄两国签署的能源、民用航空、原材料、装备相关企业项目合作协议，采取新举措激发新活力，全面推动中俄工业合作深入发展。

（二）统筹规划，发挥国家层面战略性大项目引领作用

以战略性工业合作大项目为重点加快全面规划布局。把战略性对俄工业合作大项目摆上突出位置，将其作为纳入国家大棋局的重要举措；在对俄能源资源合作方面，要紧紧围绕俄罗斯能源资源合作需求，打造全国对俄能源资源合作战略平台；利用省、州定期会晤机制，做好大型战略性工业合作项目对接服务；以俄远东和西伯利亚地区为能源工业战略资源重点合作地域，

适时向俄欧洲地区延伸；建立健全对俄能源工业战略资源合作促进体系，科学推进对俄能源工业战略资源大项目合作。积极支持引导非战略性工业大项目开工建设，结合中俄工业合作发展优势与特点，在对俄工业合作重点领域实现突破。加快与俄能源矿产企业开展产业对接合作，打造全链条能源产业链，推进机电产业对接与产品配套合作，进一步推进工业技术联合研发与务实合作。

（三）协同发展，放大对俄毗邻省区与沿海内陆省份联动效应

以深化对俄毗邻省区开放牵动沿边、沿海、内陆省份对俄工业合作协同发展。充分利用中国（黑龙江）自由贸易试验区批准建立的有利时机，力争国内工业企业在沿边开放合作平台上实现互利双赢。充分利用中俄沿边开放平台的集聚效应，实现我国沿海与内陆工业企业优势互补，进一步拓宽对俄工业合作空间。大力推进边境基础设施建设，坚持沿边开放“点线结合”“以点带面”，以口岸地区交通建设为重点，形成沿边地区立体化对俄交通运输网络。以打造沿边特色产业为重点，加力推进沿边经济高质量发展，从而进一步拓宽我国对俄开放的整体水平。加快与俄远东开发战略相衔接，进一步提升东北老工业基地产业合作外向化水平。加大对俄远东地区投资力度，以规范化投资推进双方工业合作步入良性互动轨道。

（四）创新引领，以模式机制创新引领中俄工业合作实现新突破

中俄工业合作新形势对双方合作模式提出了新要求。应深入研究中俄政府主导型合作模式、中俄区域合作的伞形模式、中俄价值链合作模式、中俄中小企业市场型合作模式的内在联系，以机制创新带动中俄合作模式创新。推动中俄双方发展战略进一步对接，加快政府间配套辅助服务，进一步提升中俄工业合作政府主导型合作模式的效率与空间。加快推进中俄欧亚经济联盟框架下的自由贸易区建设，研究推出中俄跨境产业合作模式、桥头经济区模式。争取中俄投资合作保护实现新突破，通过签订中俄投资保护协议，更大程度上消除中俄工业投资合作风险。充分发挥中俄中小企

业协会牵线搭桥作用，争取在中俄中小企业合作方面实现新突破。加快推进国际工业联合开发，形成中俄工业公司双向投资，形成中俄工业合作“你中有我”模式。

（五）特区联动，以工业园区相互投资带动中俄工业合作

俄罗斯超前发展区与俄罗斯特殊经济区都是中俄经济合作的重要平台。2012～2017 年，俄罗斯新建工业园区的数量增加了 1.6 倍，工业园区数量从 64 个增加到 166 个。工业科技园区的运营场所数量增加了 2 倍。截至 2018 年，俄罗斯 29 个地区有 50 个产业集群，其中包括 1800 家工业企业，员工超过 70 万。俄罗斯工业园区数量增加最多的是中央联邦区和伏尔加沿岸联邦区。工业园区总面积从 14315 公顷增加到 23572 公顷。此外，俄罗斯联邦在远东设立了超前发展区，其中许多是工业园区。2019 年 8 月，《中国（黑龙江）自由贸易实验区总体方案》获批，为中俄经济合作提供了一个新平台。为加快推进中俄工业合作，应以工业园区投资为带动，加快推进我国对俄工业合作向俄罗斯欧洲地区延伸，加快推进对俄工业合作向全产业链合作转变，加快推进对俄工业投资领域，全力实现对俄工业合作创新发展。

B.7

中俄旅游合作发展形势分析与预测

刘　波*

摘　要： 随着经济社会的发展与文明的进步，人们的生活方式也逐渐发生改变。在信息时代，计算机网络开阔了人们的视野，出国旅游也迅速升温。据世界旅游组织统计，旅游业给很多国家带来的增益已经超过了石油、汽车和机电等传统产业。中俄两国互为最大邻国，旅游资源都很丰富。20 世纪 80 年代后，两国经贸合作迅速发展，两国人民的旅游往来也日益增多。当前，中俄在政治、经济、文化等领域开展了紧密合作，两国旅游合作面临着前所未有的重大机遇。本文分析了中俄旅游合作现状，总结了两国旅游合作中存在的问题，并提出了深化中俄旅游合作的对策建议。

关键词： 中俄旅游合作　旅游资源　文化交流

近年来，中俄两国秉持“睦邻友好，共同发展”原则，在实现经济均衡发展、保持地区稳定的同时，不断增进两国人民友谊。中俄两国具有较大贸易互补性，因此，两国合作是实现双赢的必然条件。[①] 在中俄各领域合作中，旅游合作是重要组成部分。中俄互为主要旅游目的国与客源国，两国开展旅游合作潜力巨大。但受新冠肺炎疫情影响，俄罗斯从

---

* 刘波，黑龙江省社会科学院俄罗斯研究所副研究员。

① 龙雪：《“一带一路”背景下中蒙俄旅游合作研究》，硕士学位论文，黑龙江大学，2018。

2020 年 1 月 31 日起限制了与中国的铁路交通运输，除莫斯科—北京和北京—莫斯科列车外，中俄之间的其他铁路连接暂停。俄罗斯入境游客数量连续 3 个多月处于停滞状态。境外客流量的锐减使俄罗斯旅游业遭受巨大损失。由于没有中国游客，俄罗斯的游客量只有 2019 年同期的 40%。

一　中俄旅游合作发展现状

随着中俄战略协作伙伴关系不断深化，两国在文化、旅游等领域的合作日益密切。中国游客在俄罗斯外国游客中的数量占比最多，并且还在稳步增长。2017 年，有 150 万人次中国人到俄罗斯旅游，这一数字创下了新的历史纪录。2018 年 3 月 11 日 ~12 日，第六届中俄旅游论坛在莫斯科举行，两国旅游及企业界代表共同探讨了深化旅游合作的问题，此后中俄旅游合作取得了长足发展。在“一带一路”倡议与欧亚经济联盟对接背景下，我国对俄旅游业的发展出现了很多新变化。①

（一）传统旅游项有效转型

休闲购物游是一种传统旅游项目。休闲购物是游客外出旅游的主要目的之一，能给当地带来很大的经济效益。2016 年，我国相继在各个口岸设立了进口免税店，并实施了旅客离境退税政策，这一举措吸引了更多俄罗斯游客前来旅游和购物。中国的历史人文景观深受俄罗斯游客欢迎，既有长城、故宫、兵马俑等历史文化古迹，又有京剧、川剧、水墨画、瓷器、书法、丝绸文化等民族文化遗产。来中国旅游既可以领略民族文化内涵、欣赏地域民俗表演，又能看到黑土地、边境线等壮美的风光。对俄医疗游是我国旅游业重点项目之一，通过推广已经辐射到俄罗斯远东市场。绥芬河建立了中俄医

① 黄轩雯：《战略协作伙伴关系下中俄经济融合模式与对策研究》，硕士学位论文，浙江师范大学，2013。

疗旅游试点，并新增10家民营医疗机构，通过中俄旅游服务中心全面推广中医理疗、针灸、按摩等项目。俄罗斯游客对这些项目备感好奇，有很多患者接受治疗。跨境自驾游也得到了我国政府的支持，中俄两国通过协商决定双方公民可以驾驶8座以下的小型车辆在绥芬河口岸过境旅游。这给自驾旅游爱好者提供了极大的便利。①

（二）文化交流活动的开展

精心打造的中俄“旅游年”活动，推动了我国与俄罗斯远东地区的文化互动交流。我国建立了中俄历史文化学术交流基地、中俄影视基地和中俄艺术陈列馆等。双方还共同举办了中俄导游大赛，这给我国与俄罗斯的旅游合作发展增添了活力。第二十九届哈洽会为中俄地方合作交流搭建了平台，也为两国旅游业实现更深层次的合作提供了机遇。参会的中国政府上海合作组织事务特别代表兼上海合作组织中方国家协调员孙立杰大使说：“开展对俄地方合作是目前首要目的，构建良好的合作基础，为促进中俄地方合作发挥了重要作用。地方合作已经成为中俄务实合作的亮丽名片和连接两国民心的坚实纽带，走进新时代，中俄地方合作大有可为。”②

（三）加大推广力度，提升基础旅游设施

近几年，我国一边加快边境城市建设进度，提升边境城市的对外形象，一边借助俄罗斯的支持，多渠道加大对旅游业的宣传推广力度。2017年举办了“中俄全域旅游推介会”，拓宽了我国与俄罗斯旅游业的合作。同时，我国对旅游基础设施也进行了升级，主要包括对核心景区和主要旅游城市酒店进行建设改造，在偏远的旅游带建中小型经济旅馆，全面开发山区农村的

① 吕晓爽：《基于旅游服务贸易视角的哈尔滨对俄旅游发展研究》，硕士学位论文，哈尔滨师范大学，2016。

② 张春艳、胡运权：《我国旅游业的可持续发展战略研究》，《哈尔滨工业大学学报》（社会科学版）2015年第7期。

民宿，组织协调交通部门对高速公路、水路进行提档升级，这些举措带动了旅游景区沿线相关产业的发展。[①]

（四）搭建网络旅游平台，加大口岸旅游的开发力度

建立旅游大数据中心，从科学系统的电子商务管理模式出发，搭建了旅游公共服务平台和营销平台，开通了电子票务系统、客流监测系统，扩大了无线网络的覆盖面，并在旅游公共服务区设置了触屏电子设备，这给游客带来了便捷的现代化旅游体验。除此之外，还在核心景区成立了应急指挥平台，以保障国内外游客的人身财产安全。2016 年，中俄两国共同制定了《中俄双子城旅游发展总体规划》，先后开发出多条边境特色线路、中老年康养观光、年轻人休闲购物等边境旅游项目。

（五）由单一形式向纵深方向发展

与其他国家相比，中俄两国旅游业的发展由于受到社会经济水平的影响，相对来说较为落后，且政策保障力度不够。近年来，随着现代经济的发展和政府部门支持力度的加大，中俄旅游合作在形式与规模上都发生了一些积极变化。同时，在两国的不懈努力下，旅游合作也逐渐加强，由单一形式逐渐向纵深方向发展。

（六）中俄两国旅游市场规模不断扩大

中俄两国开展旅游合作具有诸多优势，交通便利，地缘优势突出，且具有优美的环境资源，这为两国开展旅游合作奠定了良好的基础。对中国来说，俄罗斯是除美国、日本、韩国、越南等国之外的重要客源国。尽管 2016 年来华旅游的俄罗斯游客减少了 24.65%，但随后情况很快反转，呈逐渐增加趋势，2017 年与 2016 年相比增加了 38.65%。俄罗斯游客来华旅游

---

① 国家发展改革委、外交部、商务部：《推动共建丝绸之路经济带和 21 世纪海上丝绸之路的愿景与行动》，《交通财会》2015 年第 4 期。

目的地多是上海、北京，或周边其他地区，近几年，海南也逐渐得到他们的青睐。从地理位置来看，我国东北地区因与俄毗邻具有一定优势，俄罗斯游客非常喜欢去该区域旅游。从产品特点来看，休闲保健与中医相整合的医疗保健旅游受到了俄罗斯人的大力追捧。除此之外，随着“汉语热”的逐渐兴起，“语言文化”类旅游产品也吸引了越来越多的俄罗斯人。受金融危机影响，中国成为俄罗斯旅游市场最主要的客源国，也是俄罗斯最大的旅游合作伙伴。数据显示，2015 年我国居民到俄罗斯旅游的人数达 110 多万人次，与 2014 年相比，占比从 29.65% 增长到了 73.6%，而 2014 年免签至中国旅游的俄罗斯游客从 86.8 万人次减少到 29.76 万人次。中国赴俄罗斯旅游的游客呈现出多目的地、分散型等特点，其中莫斯科是最受中国游客喜爱的旅游目的地，有 48.54% 的游客选择去莫斯科旅游；2015 年到滨海边疆区旅游的中国游客多达 54.43 万人次，较 2014 年增长了 54.53%，该地区成为第二个受中国游客欢迎的旅游地；2015 年免签赴圣彼得堡的中国游客约 18 万人次，较 2014 年增长了 24.54%。[①] 2017 年，中国位列最受俄罗斯游客欢迎的第三大国家。2017 年中国接待俄罗斯游客达 230 万人次，较 2016 年增长了 19.5%。

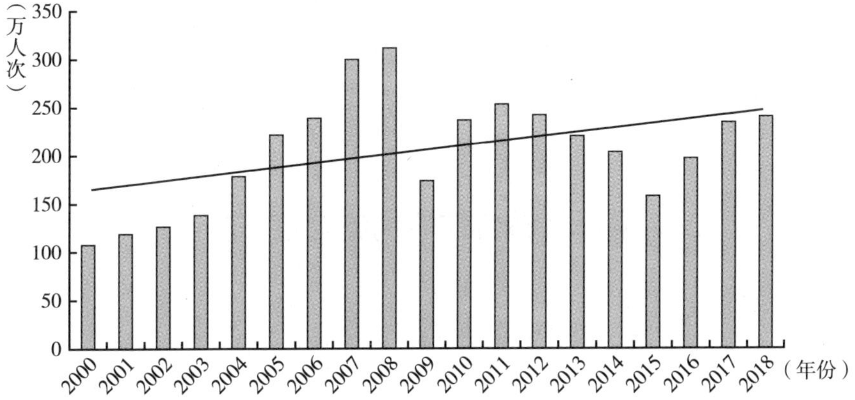

图 1 俄罗斯赴中国旅游的游客数量（2000~2018 年）

资料来源：《中国旅游统计年鉴 2019》。

① 张金凤：《俄罗斯东部地区旅游资源开发和中俄旅游合作发展建议》，《对外经贸》2017 年第 5 期。

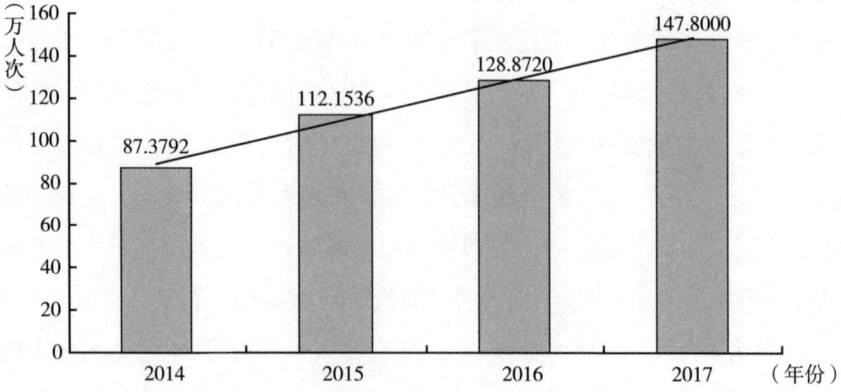

图 2　中国赴俄罗斯旅游的游客数量（2014～2017 年）

资料来源：《中国旅游统计年鉴 2019》。

（七）中俄两国旅游合作范围较广

随着中俄两国互办“旅游年”和“语言年”，两国人民均已对彼此有了更进一步的认识与了解。目前，到对方国家旅游已成为两国人民加深了解的最佳方式。旅游合作已成为中俄两国经济与贸易发展的基础增长点，通过旅游合作既加强了人文交流，还促进了相关产业的战略发展，如运输、通信设备、食品、建筑、旅游服务等。

二　中俄旅游合作的优势与存在的问题

（一）中俄旅游合作的资源优势

我国是俄罗斯最大邻国，双方有 4300 公里的漫长边境线，开展旅游合作具有得天独厚的地缘优势。在中俄贸易和旅游产业发展过程中，形成了包括水路、公路、铁路和航空在内的便利的交通条件。

1. 丰富的旅游资源优势

冰雪资源：冰雪旅游资源是黑龙江省旅游产业的亮点之一。它不仅受到国内旅游爱好者的青睐，还因冰雕艺术节和多元化的冬季体育运动受到俄罗斯游客的追捧，这为黑龙江省对俄旅游产业增加了附加值。森林资源：黑龙江省是林业大省，森林资源丰富，被原始森林高密度覆盖，污染小，破坏少，各种名贵食材和药材给林副业创造了不少收益，成为黑龙江省旅游业的另一特色。江河资源：黑龙江是中俄边境界江，全省四个水系分属出 1700 多条河流，还有很多湖泊和水库。这为黑龙江省边境旅游口岸的开放提供了天然条件。湿地、草原资源：黑龙江省湿地面积占全国天然湿地面积的1/8，主要分布在松嫩和三江平原以及大小兴安岭，总面积达 437 万公顷，形成了许多自然保护区；而草原主要分布在丘陵和森林的边缘地带，利用草原资源建立的草场和发展的畜牧业成为黑龙江省的品牌之一。火山资源：最著名的火山资源是有着“北方西湖”和“中国火山博物馆”之称的五大连池世界地质公园，这里保存着亿万年前火山喷发形成的地质地貌，吸引着很多国外游客。

2. 文化资源优势

我国历史文化资源丰富。特别是在东北地区，曾经出土很多古生物化石，发现了远古人类活动足迹，并且发掘了唐、辽、金、清时代的遗址，还有近现代历史上抗击外来侵略以及外来文化的遗址遗迹等。这些历史文化资源不但为我国旅游产业带来了增益，同时也为历史文化研究带来了重要的参考价值。我国东北地区是满族的世居之地，并且融合了其他多个少数民族聚居，民族文化特色也给旅游产业增色不少。

3. 互为客源国发展潜力巨大

我国黑龙江省所接待的外国游客多是来自日、韩、俄罗斯远东等区域，其中俄罗斯的游客就占了 80%，而俄方的游客多是来自我国黑龙江接壤的阿穆尔州、哈巴罗夫斯克边疆区、滨海边疆区、外贝加尔边疆区等。据调查显示，两座城市每年接待的游客近 100 万人次，各项交流活动达 100 多项。

4. 疫情过后旅游业的机遇

未来疫情过后，中俄两国旅游业的转型升级会加速，观光旅游向休闲度假转变将进一步加速；行业将进行一轮新的洗牌，有实力的企业将获得更多并购机会；旅游企业的业务智能化、线上化将得到更广泛的应用。由此可见，随着新技术、新模式、新消费的不断出现，未来的大数据、智能化、消费升级，将为旅游业变革提供基础条件，新旅游将彻底改变人们的生活方式，颠覆我们的认知，以旅居为代表的新旅游值得期待。

（二）中俄旅游合作存在的问题

我国十分重视对俄旅游合作的发展，出台了很多支持政策，经过多年努力取得了一定成绩。但是，在对俄旅游合作实际推进过程中，还是或多或少地存在一些问题，主要表现在以下几个方面。[①]

1. 复合型人才储备不足

经过多年发展，对俄旅游合作已经成为我国旅游经济的重要支柱。对俄旅游合作取得了显著成绩，逐渐实现产业化。未来，在对俄旅游合作不断深化的过程中，旅游产业对专业人才，尤其是精通俄语的复合型旅游人才的需求会越来越大。从目前对俄旅游的发展来看，专业型人才比较缺乏，不能满足实际需求，这对未来我国与俄罗斯的旅游合作十分不利。

2. 服务水平不高，旅游纪念品匮乏

我国旅游业的服务水平较国际化平均水平要低很多，主要体现在住宿和餐饮行业。由于服务人员的文化素质参差不齐，在与俄罗斯或其他国家的游客交流时有很大障碍。另外，我国很多偏远旅游景区的酒店硬件设施比较陈旧老化，从而降低了游客对服务水平的满意度。我国的旅游纪念品主要是一些农副产品，现代文化旅游纪念品少之又少，创新性严重不足。这很好地解释了为什么俄罗斯游客在我国的停留时间不长，即由于旅游纪念品缺乏创新，十分单一，因而并没有调动起俄罗斯游客的好奇心和兴趣。

3. 市场秩序混乱，边境旅游景点知名度不高

目前，我国有151家赴俄免签旅行社，其中7家国际旅行社拥有边境旅游经营权。这些旅行社鱼龙混杂，参差不齐，个别旅行社的违法违规行为导

① 柳思维、吴忠才：《中国旅游业与经济增长关系的实证研究》，《系统工程》2007年第9期。

致旅游市场秩序混乱，不能很好保护俄罗斯游客的正当权益。中俄两国有25个边境口岸，真正能实现对外旅游功能的仅限于绥芬河、黑河等几个较大口岸，其他口岸的旅游项目开发远远不足，知名度小，不能激发俄罗斯游客的兴趣，这些口岸真正的旅游优势还没有发挥出来。

4. 硬件设施落后，宣传力度不够

我国一些核心景区及较大城市的硬件设施建设较好，但偏远景区的硬件设施建设还远远不够。当俄罗斯游客从现代化城市一路观光到偏远景区时，对比硬件设施产生的心理落差会在一定程度上造成负面口碑效应。再者，我国对边境口岸旅游文化的宣传力度重点放在了仅有的几个较大口岸上，其他口岸在旅游业中发挥的作用则微乎其微。有关部门曾经指出，大多数俄罗斯游客对我国小口岸的旅游景点了解有限，甚至完全不了解。

5. 市场投入有待进一步提升

中国旅游业的发展始于改革开放，步入21世纪后逐渐进入全面发展阶段。相关调查数据显示，2016年我国旅游行业直接投资额突破了1万亿元，与固定资产投资相比超出了30%，与第三产业相比超出了32%。由此可见，我国政府部门非常重视入境旅游这一新兴市场。但是真正落实到对俄旅游市场开发方面的资金并不是很多，所以在融资方面还有待提高。此外，虽然对俄旅游合作前景比较广阔，但俄罗斯旅游市场也存在一定制约因素，如旅游市场基础设施不完善、旅游项目不健全、部分旅游产品缺乏吸引力等。

俄罗斯地跨欧亚两洲，地域非常广阔，民众在出境方面具有较大的空间，而中国各旅游区域不论是可游性，还是交通、住宿、服务等方面都存在着一些竞争劣势，所以旅游竞争力不是很强。此外，成本问题也是影响俄罗斯游客来中国旅游的一大障碍。

6. 政策支持力度不够

尽管中俄旅游合作发展迅速并取得了一些成绩，但仍存在一些不足之处。中国游客组团赴俄罗斯旅游可以享受免签等相关政策，但独自一人或几人结伴去俄罗斯旅游则须办理签证，且签证费用人均约1000元人民币。同时，中国游客在俄罗斯停留3天以上须去相关机构进行登记办理签证，也就是常说的“落地签”。如更换旅游地停留在 3 天左右则须再次办理落地签，居住的酒店均可代办，但费用在一次 600 元人民币左右。如果游客没有居住在具有接待境外游客资格的酒店，在办理落地签的时候会遇到较多问题，新西伯利亚就曾发生过一起强迫外国游客入住高档酒店，否则拒绝办理落地签的丑闻，给俄罗斯旅游业带来了极为恶劣的影响。中俄两国的免签服务协议基本一致，团体游客可免签。可见，中俄两国还没有真正实现旅游免签，复杂的签证手续与昂贵费用影响了两国游客的旅行体验，因此两国旅游部门需要进一步完善相关政策。

表 1　俄罗斯游客赴中国办理签证收费标准

单位：卢布

签证种类	一次	二次	半年或多次	一年或多次
普通(5 个工作日)	1500	3000	4500	4500
加急(2 个工作日)	1500 + 900	3000 + 900	4500 + 900	4500 + 900
特急(1 个工作日)	1500 + 2100	3000 + 2100	4500 + 2100	4500 + 2100

资料来源：《中国旅游统计年鉴 2019》。

7. 中俄旅游业合作亟待升级

目前，中俄两国都还不属于发达国家，所以在基础设施和制度软环境等方面还有较大发展空间，两国的旅游业同样如此。第一，从基础设施来看，俄方的经济与人口多数集中在西部，所以西北地区的旅游开发较好。相比之下，远东地区的旅游发展起步较晚，优美的原始森林与冰河雪原被闲置在一边，并没有物尽其用。调查显示，中国南方游客对远东地区的冰雪旅游非常感兴趣。中国的吉林省和黑龙江省就每年都会接待大批南方游客，与中国东北三省相比，俄罗斯远东地区纬度更高，原始环境又保存得非常好，具有更为突出的优势。如能进行开发，既可以冬季滑雪，又可以开展森林狩猎、探险等相关活动，势必会受到中国游客的欢迎。而中国旅游景点的开发较为完善，服务方面也比俄罗斯要到位，但是存在着商业开发过度与环境保护不力、同质化严重、门票昂贵、旅游人数不设上限等一系列问题。尤其对俄罗斯游客来说，除了中俄边境地区的景区，大部分都没有俄语解说和俄语标示，这就导致俄罗斯游客的旅游体验明显下降。可见，想要将我国的对俄旅游发展到一个新高度，基础设施建设非常重要。第二，从制度软环境来看，赴俄旅游费用较多，且俄社会治安较差、垄断严重、物价高等，都对中俄两国开展国际旅游合作有一定影响。

三　深化中俄旅游合作的对策建议

（一）搭建双语旅游网站平台

中俄相关部门应构建公众汉俄双语旅游信息平台，通过该平台详细向中俄游客介绍精品旅游资源，还可以有效组织利用电视、互联网、报纸等大力宣传旅游，这样游客在出境旅游时可以打破语言不通的障碍，更好地理解各自旅游资源与内涵、价值，使游客在旅行中获得更好的体验。旅游业建立电子商务信息化管理模式是未来发展的必然趋势，因而应及早建立汉俄双语信息交流平台，给俄罗斯游客提供更加完善科学的服务系统，并且定时整理收集俄罗斯游客的有效建议信息，及时做出回应和整改。

（二）完善开发旅游产品与营销

旅游商业区主要通过特产和纪念品的展销搭配民族风情的氛围，来促成游客购买，从而拉动当地经济。最好采用前店后厂的格局来吸引游客消费。旅游纪念品的特点不仅应体现出文化特点，更重要的是要有所创新。例如，对俄罗斯游客进行问卷调查，设计开发将现代科技和历史文化相结合的轻巧工艺品，相信对俄游客会有一定的吸引力。我国旅游纪念品中农副产品的包装、营销手段仍受传统经营理念的制约，除了买一送一就是打价格战。游客外出旅游购物的主要目的是满足猎奇心理并购买有纪念意义的商品。以小型纪念品为例，游客本着购买一个回去收藏作纪念，非要买一送一只会消减游客的购买欲望。因此要丰富营销手段，例如，在旅游商业区将小吃的加工手艺、工艺品的制作过程直接展示给游客，如果能在安全的前提下邀请游客参与制作过程，会让游客觉得有趣新鲜还买得放心，从而达到更好的营销效果。此外，在品牌推广上，应从效益和文化传播角度突出主次地位。

（三）完善旅游环境与服务

基础设施的建设和维护是一个漫长的过程。在民间有“年年绿化不见绿”的说法，说明了人为破坏自然和气候等客观条件对基础设施的消极影响。我国相关旅游管理部门应加强旅游管理体制改革并不断创新。旅游市场秩序也属于旅游环境的范畴。个别旅行社为了自身利益对外来游客不尊重，甚至伤害游客的利益，我国有关部门应加大对现有旅行社的监督审查力度，坚决打击受利益驱使而不择手段的行为。此外，还应不断完善公共服务，如网络信息的维护、旅游公共场所硬件设施的维护、游客投诉平台的维护等。

（四）加大宣传力度，拓展口岸资源开发

应借助电视、报纸以及网络双语信息平台进行大力宣传。可与俄远东地区电视台、报纸等媒体合作，通过拍摄宣传片等方式介绍我国的人文地理、名胜风光等。应合理规划旅游线路，景区景点与经贸部门加强合作进行联合营销，实现互帮互赢。积极组织旅游交流推介会、专题文艺交流活动等，充分利用中俄影视基地、中俄历史文化学术交流基地。同时，调整边境旅游整体规划，整合一切资源，并且争取俄方的资源支持，实现优势互补，逐步发展除绥芬河、黑河等大口岸以外的其他边境口岸，改变“一枝独秀”的旅游局面，争取“百花齐放”的有利形势。这是未来我国与俄罗斯旅游合作发展的重中之重。

（五）完善汉俄双语旅游专业人才培养体系

一是培养战略型人才。坚持“以人为本”原则，引进旅游专业的优秀人才并培养当地稳定的专业队伍，为我国对俄旅游业的发展制定相应的发展规划，并能及时准确地调整思路，改变发展节奏，迎合发展需求。二是加强

服务人员素质。我国有关部门应对核心景区和较大城市的酒店员工进行俄语培训，让员工掌握基本的俄语交流能力，并将其列入酒店评比的指标，以实现俄游客满意度的提升。虽然执行起来有相当难度，但最低标准应达到酒店员工的移动设备配有多语言翻译软件并能熟练操作。三是加快技能型人才培养。所谓技能型人才，主要包括导游、旅行社对接负责人、酒店部门经理、中西餐厨师、酒店礼仪接待员等，这些技能型人才在整个旅游链条的运作中起着至关重要的作用。

（六）完善中俄两国政府合作机制

中国旅游管理机构主要是旅游局，而俄罗斯是联邦旅游局。这两个管理机构主要隶属于中俄两国的中央政府，合作机制就是“两国总理定期进行会晤”。自1996年两国总理举行定期会晤以来，经过二十余年的坚持，取得了良好效果。在该机制下还设置了三大机制，分别为“总理定期会晤委员会”、“人文合作委员会”和“能源谈判代表会晤”。但是并没有针对旅游合作设立专门部门，一般情况下，旅游只作为一种普通的商务合作来进行商谈。近年来，随着服务贸易所占的比重越来越大，作为贸易服务重要组成部分的旅游服务，在战略发展中得到了越来越多的关注。因此，中国与俄罗斯在政府合作机制上可以争取实现进一步突破，向部长级官员等领导层发展，同时使合作方向更加细致与明确，制订短期、中期以及长期旅游合作计划，解决两国旅游合作中遇到的相关问题。

（七）完善中俄两国边境旅游合作策略

目前，中俄两国边境旅游合作已取得了一定成绩。边境旅游作为两国贸易服务中比较重要的环节，还需进一步完善其发展策略。第一，签证手续应适当简化，两国相关部门可以出台短期（3天内）个人或团队的出境免签政策；第二，出台针对游客所携带的生活用品等可采取免税或提高免税额度等政策；第三，加大对两国边境口岸赌博、走私、贩毒、抢劫、盗窃等违法犯罪行为的打击力度，构建完善的法治社会，使游客可以安全放心地出境旅游；第四，建设中俄旅游口岸，这样不仅可以将周边的城镇作为旅游接待口岸，还可以带动当地经济发展与文化交流，如哈尔滨、齐齐哈尔、长春、吉林、沈阳等均可设置旅游口岸，还可开设直达俄罗斯的列车与航班；第五，进一步完善中俄两国的旅游路线以及旅游产品等，不仅可以体验购物旅游与异域风情，还可以充分体验各自的民族风情与文化旅游等项目；第六，引进外资旅游企业，大力引进外资企业不仅可以获取本国游客的信任，还可以在语言上更好地进行交流与沟通，相对来说，对外资旅游专业人员进行当地旅游资源的培训与介绍，要比向每一位游客介绍简单得多；第七，加强对两国旅游专业人才的大力培养与技能培训，尤其是加强双语能力的培养。

（八）疫情后加强中俄两国的旅游复苏

第一，中俄两国可以对旅游业采取重构“旅游+”商业模式。疫情将进一步加快旅游业与农业、工业、教育、医疗、体育、游戏等领域的跨界融合，开发创新产品和业态，拓展旅游发展的新领域。第二，开启“智慧旅游”市场。其一，通过智慧科技降低成本风险，如大数据云计算平台、无人智慧酒店等。其二，通过数字旅游丰富产品体验，如 VR 旅游景区、数字博物馆等。第三，进入“现金为王”时代。通过开源节流，缩减费用、剥离不良业务、杜绝亏损及没有质量的增长，确保现金流，重构企业成本能力，提升竞争力和抗冲击能力。因此，疫情下的旅游行业目前只能采取线上推广，增加曝光度，其中最有效的则是短视频推广。

中俄两国作为世界旅游大国，自然景观与人文景观丰富多彩，喜欢出境旅游的游客很多，发展中俄旅游合作将大有可为。两国经济、政治、文化等方面合作的良好势头也为开展旅游合作带来了前所未有的新机遇。然而新冠肺炎疫情全球暴发冲击了中俄旅游合作的发展，使中俄两国旅游合作面临着更加艰难的发展境遇。这些不利因素导致中俄旅游产业大幅度下滑，疫情过后针对这些问题有关部门应采取有效措施加以解决，这对中俄两国旅游合作的健康发展至关重要。

B.8
中俄文化产业合作形势分析与预测

白晓光*

摘　要： 文化产业是21世纪的朝阳产业。近年来，伴随我国文化产业的蓬勃发展和文化产业对外合作的不断深化，中俄文化产业合作迎来发展的机遇期。在中俄经贸结构面临调整，传统产业合作创新动力不足的情况下，中俄文化产业合作的领域不断拓宽、合作平台日趋广阔、合作范围不断扩大，中俄文化产业园区建设方兴未艾，并有效带动了中俄人文合作和民心沟通。在当前形势下，中俄文化产业合作中仍存在亟待解决的问题，但合作基础雄厚，潜力巨大，有望成为两国经贸合作新的增长极。

关键词： 中俄文化产业合作　文化产业园区　文化创意产业

中俄两国文化交流历史久远，但文化产业合作起步较晚，在很长一段时期，中俄间文化交流、文化事业合作、文化贸易、人文合作占据主流，文化产业合作在中俄之间并没有形成单独的产业门类。自2011年起，随着全球文化市场的繁荣和中俄两国对文化产业发展的重视，两国之间的文化产业合作开始快速发展。尤其在“一带一路”倡议与欧亚经济联盟对接以来，我国将推动“一带一路”沿线国家文化产业繁荣发展、“丝绸之路文化产业带”建设等纳入国家文化发展规划中，为中俄文化产业合作提供了强大的动力。

* 白晓光，黑龙江省社会科学院俄罗斯研究所助理研究员。

一 中俄文化产业合作现状

2015年以来，我国《文化产业十三五规划》《国家“十三五”时期文化发展改革规划纲要》等文件先后出台，其中提出“拓展文化产业国际交流合作新空间”[①] 的总体布局，为文化产业对外合作指明了方向。俄罗斯方面，2016年出台的《2030年前俄罗斯联邦国家文化政策战略》，将文化产业发展纳入国家文化战略的统一部署中。中俄将文化产业视为国家文化复兴的重点内容和国民经济支柱性产业的举措，以及“一带一路”有序对接、中俄地方交流合作活动的频繁，促使中俄文化产业合作取得了前所未有的进展。

（一）合作领域不断拓宽，涉及门类比较齐全

按照我国国家统计局发布的《文化及相关产业分类（2018）》标准，文化及其相关产业可以分为三个层次，第一层次分为九大类，即新闻信息服务、内容创作生产、创意设计服务、文化传播渠道、文化投资运营、文化娱乐休闲服务、文化辅助生产和中介服务、文化装备生产、文化消费终端生产，[②] 九大类包含43个第二层中类，其下又设有146个第三层的小类。中俄文化产业合作起源于20世纪90年代的著作版权贸易，到21世纪10年代，中俄在文化休闲旅游、油画艺术会展、档案等领域展开合作，但都没有形成规模。截至2020年，中俄文化产业合作几乎对文化及其相关产业的九大类均有涉足，但在具体的146个小类内容的合作仍有空白之处。

在新闻信息服务类合作中，中俄在新闻业、报纸出版、广播、电视、

① 《文化部“十三五”时期文化产业发展规划》，http：//www. ce. cn/culture/gd/201704/20/t20170420_ 22155007. shtml。

② 中国国家统计局：《文化及相关产业分类（2018）》，http：//www. stats. gov. cn/，最后访问日期：2019年12月24日。

广播电视集成播控等类中保持长期合作。2018 年 11 月，在第四届中俄媒体合作论坛上，双方高度重视双语资讯、音频、视频、在线翻译等数字技术合作，成为推动中俄文化产业合作的新亮点。2019 年 8 月 14 日，《2019 ~2020 年中俄数字媒体合作项目清单》和“中俄数字媒体合作计划”在中俄人文合作委员会媒体合作分委会第十二次会议上审议通过，明确了下一步中俄新媒体领域合作的工作重点。2020 年上半年，全球性新冠肺炎疫情持续反弹，中俄在新闻业、报纸出版、广播、电视、广播电视集成播控等领域的合作不同程度地受到疫情影响。一方面，《人民日报》与俄卫星通讯社，《光明日报》、新华社同俄塔斯社，中央广电总台国际广播电台与俄《俄罗斯报》以及中国国际电视台同全俄广电等的合作能够有效保持。另一方面，在该领域新的线下互动合作活动无法正常进行，但线上互动及以疫情为主题的互动合作明显增多。2020 年新冠肺炎疫情以来，中国国际电视台制作的“中国视点”节目在全俄广电旗下的“俄罗斯 -1”综合频道和“俄罗斯 -24”新闻频道并机播出的栏目《每周新闻》中定期播出，这是中国国内新冠肺炎疫情进展情况通过俄罗斯新闻媒体客观呈现的一次尝试，不仅体现了两国政治的高度互信，也极大丰富了两国媒体合作以及文化产业合作的内涵。2020 年 10 月，中俄人文合作委员会媒体合作分委会第十三次会议以在线形式召开，对中俄加强节目内容合作、优秀视听节目互播、电视合拍、广播电视和网络视听技术交流合作等做出全新布局，为疫情后中俄在该领域内文化产业上的合作提供了重要的指引与借鉴。

在内容创作生产和文化传播渠道类合作中，中俄在出版服务与发行、广播电视节目制作与传输领域的合作较稳定。由黑龙江省政府新闻办主办的《伙伴》杂志在俄罗斯发行近 20 年，实现了境外落地、境外印刷、境外发行的过程。[①] 2018 年，我国的《经济日报》与俄罗斯《消息报》合作创办的《新对话 · 中国经济特刊》在莫斯科首发；2013 年，当时的中国国家新

① 房瑞和：《〈伙伴〉杂志的对俄传播探索》，《对外传播》2014 年第 12 期。

闻出版总署和俄罗斯出版与大众传媒署共同批准，由中国文字著作权协会和俄罗斯翻译学院牵头实施了“中俄文学互译出版项目”，第一批百种图书已完成94种的出版，[①] 2019年1~8月，分别有3种图书经翻译后在对方国家出版。另根据我国国家版权局最新统计数据（见表1、表2），2014~2018年，中俄在图书、电子出版物、录音录像制品、软件、电视节目出版方面保持稳定合作，但在广播影视发行放映、电影版权合作方面仍处于积极探索阶段。2019年，受到热捧的电影《战斗民族养成记》和《囧妈》不仅融合了中俄文化元素，还分别在中俄两国选取了拍摄地，是两国电影产业合作的新尝试；2019年，中俄在创作表演服务合作方面比较活跃，中俄博览会、中俄文化大集、中俄文化艺术交流周、中俄地方合作交流年活动等平台，带动中俄联合的文艺类演出、比赛、展览活动频繁，受到两国尤其是边境地区广大参与群众的一致好评。2019年，第三届哈尔滨中俄文化艺术交流周期间，俄罗斯哈巴罗夫斯克青年交响乐团在哈尔滨举办的室内乐团音乐会反响热烈，每场演出平均上座率在90%以上。[②] 2020年上半年，虽然在新冠肺炎疫情影响下中俄在出版服务与发行、广播电视节目制作与传输领域的合作进展缓慢，但由北京伊索文化发展公司和北京音乐家协会承办的2020圣彼得堡音乐学院国际音乐大赛以网络选拔赛的形式如期进行，俄列宾美术学院推出的中俄著名油画家精品艺术在线北京专场联展成功举办；此外，在中俄人文合作委员会分委会框架下，中俄在图书馆、档案馆、博物馆、文物及非物质文化遗产保护等内容保存服务领域已经建立了长效的交流合作机制。例如，2017年中俄人文合作委员会档案合作分委会第一次会议在苏州召开，为大数据时代中俄档案馆领域的合作提供了对策建议。2020年1月，中俄就共建扎赉诺尔“一带一路”中东铁路博物馆项目达成初步共识，中俄在博物馆产业的广泛合作，有效拓展了中俄文化产业合作的新空间。

---

① 《“中俄文学互译出版项目”出版图书已达近百种》，https：//www. chinaxwcb. com/info/555994，最后访问日期：2019年12月24日。

② 《2019第三届哈尔滨中俄文化艺术交流周流光溢彩》，http：//hlj. people. com. cn/n2/2019/0823/c220027－33280424. html。

表 1　2014～2018 年全国向俄罗斯输出版权种类统计

单位：种

年份	图书	录音制品	录像制品	电子出版物	软件	电影	电视节目	其他	合计
2014	177	9		40					226
2015		135							
2016	356	4							360
2017	306	2					1		309
2018	452	25							477

数据来源：中国国家版权局。

表 2　2014～2018 年自俄罗斯引进版权种类统计

单位：种

年份	图书	录音制品	录像制品	电子出版物	软件	电影	电视节目	其他	合计
2014	97			1					98
2015	86				1				87
2016	101		3						104
2017	90		1	2					93
2018	78				3		2		83

数据来源：中国国家版权局。

中俄在创意设计服务、文化投资运营方面的合作处于起步阶段，但整体向好。我国的中俄文化产业园区建设成效尤为突出，以黑龙江省为重点，北京、天津、河北、四川、内蒙古等省市区均有分布；2019 年以中俄边境地区为主，中俄文化娱乐休闲合作进展顺利。例如，2019 年 9 月，中俄油画艺术文化产业发展研讨会暨俄罗斯著名艺术家作品展在黑龙江省黑河市成功举办，推动黑河市对俄文化产业合作不断发展。疫情发生以来，相关领域的合作受到严重影响，但 2020 年 4 月，俄罗斯“中国风手工编织饰品”大赛在莫斯科索科利尼基公园的世界书法博物馆成功落幕，为疫情下双边文化产业探索合作新模式提供了借鉴。此外，中俄文化产业合作也涉及文化辅助生产和中介服务、文化装备生产、文化消费终端生产等领域，但因为体量较小，对这方面的数据统计仍有所欠缺。

总体上，截至2020年上半年，中俄文化产业合作的领域和涉及门类比较丰富，虽然在互联网，动漫、网游等数字内容服务领域的交流合作刚刚起步，但上升空间巨大。中俄广播影视发行放映、电影版权合作领域虽然合作较少，但2019年俄罗斯电影《绝杀慕尼黑》成功在中国上映。2014年，中俄影视文化产业园已经落户哈尔滨，在此平台基础上，有望成立中俄青年影视人才培训基地，为中俄共同制作影视探索新途径。

（二）合作平台广阔、投融资渠道多样化

近年来，我国高度重视对俄文化产业的交流与合作，积极搭建对俄文化产业交流合作平台，建构了政府层面和民间层面双重平台保障机制，形成了对俄文化产业交流合作由高层次向多层次转变、集中交流向常态化分散交流转变的良好态势，实现了对俄文化产业交流合作各项措施相互促进、良性互动、协同配合的良好局面，对俄文化产业合作不断取得新突破。

政府层面为中俄文化产业合作搭建了高层次的合作平台。哈洽会是唯一被写入中俄两国元首会晤联合公报的展会。2014年，哈洽会升级为国家级会展平台——中俄博览会，由中俄两国政府共同主办，成为“一带一路”十个重要的开放平台之一。“中俄博览会”在中俄两国交替举行，博览会专门开设文化产业展区，以推动中俄文化产业合作，至2019年中俄博览会已成功举办六届。此外，2019年，由中国文化部、黑龙江省政府与俄罗斯文化部、阿穆尔州政府主办，黑龙江省文化厅、黑河市政府和阿穆尔州文化档案部、布拉戈维申斯克市行政公署共同承办的第十届中俄文化大集成功举办，文化大集集高端交流、论坛推介、文化贸易、文艺演出、民众文化、体育文化、文化旅游等板块为一体，设置“中俄文化旅游推介会”“中国工艺品俄罗斯展销会”“沿黑龙江旅游产业带推进工作会议”等文化贸易、文化旅游内容，并签订了中俄省州间的文化旅游产业合作协议。[①] 2020年7月，

---

① 《第十届中俄文化大集亮点介绍》，https://www.sohu.com/a/322054556_120156449，最后访问日期：2019年12月24日。

“佳木斯·同江第六届中俄边境文化季开幕式暨同江市旅游文化展启动仪式”如期举办，分为实物展示、手工制作、图片展览等多种形式，设置文化旅游推介、文创产品展示、专家讲座、与读者线上线下互动、非遗活态传承展示等系列活动。[①] 为有效推动中俄文化产业合作，自 2014 年以来，我国政府层面搭建的合作平台呈现国家、省市到区县的层级分布，辐射全国重点对俄合作地区。

第一，民间层面的文化交流合作活动日趋活跃形式多样。2015 年 6 月，2015 中俄（哈尔滨）文化博览会暨北大荒文化产品展示交流会在哈尔滨举行，民间层面积极探索对俄文化产业合作路径。2017 年 11 月，哈深对俄文化艺术博览会如期举办，中俄两国 160 多家民俗艺术和文化创意企业参与其中，共推出 2 万余件展品，推动两国三地间的文化及文化产业交流合作迈向新台阶。2019 年，中俄农民庆丰收活动、“中俄双子城”电影展、中俄群众文化月、中俄青少年文化艺术交流周等民间层面的交流活动频繁举办。2020 年，受疫情影响，该领域的合作活动被迫延缓，但总体上中俄民间文化交流与合作规模不断扩大，形式丰富多彩，已经成为中俄文化产业合作民间层面的平台保障。

第二，中俄文化产业合作的投融资平台更趋多样化。金融是现代经济发展的血液，在中俄文化产业合作中，政府、企业、民间已逐渐形成联动效应，为双边文化产业合作搭建投融资平台。国家和地方政府对文化产业发展的投入近年持续增加。2019 年，《中华人民共和国文化产业促进法（草案)》面向社会公开征求意见，其中就金融服务体系建设、直接与间接融资、保险服务、消费金融、用汇保障、财政扶持、文化资本投资、税收扶持等文化产业发展所需的金融财税扶持做了具体规定。同时，当前无论公共财政投资，银行信贷、信托计划等间接金融还是文化产业投资基金、民间投资和港澳台等境外资金都在积极开展文化金融合作业务，推出一批适合文化

---

① 《佳木斯·同江第六届中俄边境文化季举办》，http：//www. rmlt. com. cn/2020/0710/586554. shtml。

产业发展特点的信贷产品和服务方式，力求为中俄文化产业合作搭建稳固的投融资平台。

（三）合作范围不断扩大，合作注重特色化

中俄文化产业合作有20余年历史，同中俄经贸合作一样，中俄文化产业合作最初也是以中俄边境地区为主，东北地区曾是中国对俄文化产业合作的重点区域，近年在“一带一路”倡议与欧亚经济联盟对接合作框架下，有中俄交通基础设施对接做保障，中俄区域合作的范围由边境地区向中国内陆延伸。中俄文化产业合作范围也形成东北地区、京津冀、长江中上游地区和新疆阿尔泰地区四个片区，不仅不断向四周发散，在对俄文化产业合作中还形成鲜明的地域特色。

1. 东北地区对俄文化产业合作亮点纷呈

黑龙江省与俄罗斯地理相邻，在对俄边境文化游、中医保健游、特色文化产业园区建设等方面较为突出。2017 年，黑龙江赛格传媒搭建的中俄文化产业交流交易平台项目成为黑龙江省重点文化产业项目，被推荐上报国家发改委“重大建设项目库”。作为对俄文化产业合作的前沿，黑龙江省对俄文化产业合作园区众多。2012 年，哈尔滨伏尔加庄园开园，成为黑龙江省中俄文化产业园区建设的名片；2019 年 12 月 5 日，中俄相关企业代表在北京签订了在伏尔加庄园二期建设柴可夫斯基音乐学院和俄罗斯民俗村等项目的框架协议，成为中俄文化产业合作的新动向。2014 年以来，黑龙江中俄民族风情园、中俄国际文化物流经贸产业园、中俄影视文化产业园、中俄宝玉石文化创意产业园等园区纷纷建成；2020 年 9 月，中俄科技文化艺术产业园在黑河市揭牌。大批中俄文化产业园区建设，不仅提升了黑龙江省对俄经贸合作水平，也有效推动了中俄文化产业合作更上新台阶。2014 年，中俄蒙文化创意产业园项目在内蒙古自治区开园，园区突出鄂温克文化民族特色，以打造中蒙俄文化产业合作走廊为发展目标；辽宁省与吉林省也积极融入对俄文化产业合作，两地发挥地方少数民族文化特色，推出系列中俄民族风情文化交流活动，2019 年 3 月，吉林省延吉市举办了中俄《友谊之塔》国际

文化艺术节，2020 年 1 月，辽宁省举办了中俄青少年新年文化艺术交流展演活动等。东北地区发挥地缘优势，成为对俄文化产业合作的重点地区。

2. 京津冀地区对俄文化产业合作取得新突破，并在对俄动漫等创意文化产业合作方面拔得头筹

京津冀地区交通便捷，是我国经济文化中心，具备发展对俄动漫等创意文化产业合作的优势。2017 年 9 月，北京市举行了俄中动画文化交流暨项目推介“俄中动画周”活动，俄中就动画合拍、版权、品牌授权、衍生产品开发、影视播出等方面展开交流与合作。2019 年 7 月，第二届国际动漫游戏产业博览会和国际动漫游戏产业项目对接交流会同期在河北石家庄及正定开幕，京津冀地区的 30 余家企业同各国文化企业现场促成 9 个合作意向，俄罗斯动漫企业参会，推动了中俄游戏动漫产业交流合作。2009 年天津成立中俄文化艺术交流中心、2017 年 8 月河北秦皇岛中俄文化产业园项目投入运营，京津冀地区量身打造符合本地特色的中俄文化产业合作综合体，成为中俄文化产业合作中的重要力量。

3. 长三角中上游地区，对俄文化产业合作创新动力十足

自 2016 年以来，湖南省大力促进湘俄在经贸、农业、科技、文化等领域的合作，在俄投资建造了“中俄潇湘伏尔加产业园”项目，并且湖南省结合当地红色文化特色，首发启动中俄红色文化旅游活动，积极融入中俄文化产业合作中。2017 年，深圳寓教于乐数码科技有限公司在莫斯科签署了中俄文化产业合作“黄鸭小天使”项目。2016 年，依托浙江义乌国际商贸城优越的商业环境和市场资源，卓雅商贸有限公司创建了义乌市俄罗斯客创园，专注于文化创意类产品的设计研发、信息采集和市场营销。截至 2019 年，该园区有 70 余名俄方员工，40 多名中方员工。[①] 2015 年以来，长三角中上游地区作为对俄文化产业合作的后起之秀，对俄文化产业合作创新动力最强。

---

① 《卓雅创建义乌市俄罗斯客创园》，http：//life. china. com. cn/2019 – 08/26/content_ 40874668. html。

4. 新疆地区对俄文化产业合作突出民俗风情

新疆地区在文化方面与俄罗斯保持长期交流与合作。2014 年，中国驻俄大使馆举办了“中国新疆文化周”活动，通过新疆舞蹈、民歌、杂技等表演，新疆独特的风光和地域文化引起俄罗斯人浓厚的兴趣，拓宽了新疆与俄罗斯之间的文化旅游合作路径。2019 年第六届中国—亚欧博览会在新疆乌鲁木齐举办，成为新疆维吾尔自治区发展对俄及中亚国家间文化产业合作的重要平台。此外，塔城等地凭借地域特色，倾力打造俄罗斯风情文化产业街区，带动了对俄文化产业合作的发展。

2019 年，全国各地开展了丰富的对俄文化产业合作活动，标志着参与中俄文化产业合作的区域范围不断扩大，各地在合作中都凸显出地域特色。

二　中俄文化产业合作的制约因素分析

随着中俄关系的深入发展，中俄两国文化交往日益扩大，中俄文化产业合作的发展势头不断高涨，但一些制约合作深入发展的困难与问题仍然存在，主要有以下方面。

（一）双边经贸合作水平不高制约文化产业合作的增长速度

近年，中国稳居俄罗斯第一大贸易伙伴地位，但俄罗斯在中国的贸易伙伴排名中仅能跻身前十名。根据俄海关局数据，中俄经贸额在 2019 年突破 1100 亿美元，但中俄文化贸易额在其中所占份额却微不足道。同时早在 2018 年，我国文化产品和服务进出口总额达 1370. 1 亿美元，较 2017 年增长了 8. 3% 。[①] 美国、中国香港、荷兰、英国、日本是我国前五大文化贸易合作伙伴，占 59. 6% 的份额，[②] 中俄文化产业合作对两国人文合作和民心沟

① 《我国文化贸易结构持续优化》，《国际商报》，http：//tradeinservices. mofcom. gov. cn/article/news/ywdt/201903/79831. html。

② 《2018 年我国文化贸易成绩单》，http：//tradeinservices. mofcom. gov. cn/article/lingyu/whmaoyi/201903/79501. html。

通的推动作用远高于其产生的经济效应，与中俄经贸合作水平一样，两国文化产业上升空间巨大，优势待凸显，整体水平须进一步提升。

（二）合作存在不对称性阻碍文化产业合作均衡发展

首先，以图书出版为例，中国引进俄罗斯的图书要较俄罗斯引进中国的图书多，而且俄罗斯引进的有关中国的图书中又多数不是译自中国作者。其次，在文化产品出口方面，以我国出口俄罗斯居多，进口较少。我国出口俄罗斯的文化产品中，多是体育器材等文化属性不强、没有知识产权的产品，虽属于文化产品但并不能突出地传播中国文化，在打造市场竞争力过程中没能突出文化特色。最后，我国东北地区是对俄文化产业合作人文基础最好的地区，但2019年在我国文化及相关产业企业营业收入统计中，东部地区达47017亿元，占全国比重的75.6%。东北地区为602亿元，仅占全国比重的1%，[①] 我国文化产业地区之间的差距也对中俄文化产业合作造成负面影响。此外，中俄还都不是文化产业发展强国，双边文化产业互补性不强，都存在创新动力欠佳、与科技融合度不高等问题。虽然合作门类相对齐全，在文化产业传统领域的合作较成熟，但在文化产业的新兴领域合作较弱，很多领域的合作较零散，没有形成集群效应和竞争优势，不利于文化产业合作的规模化发展。

（三）合作机制不健全限制文化产业合作推进步伐

我国在对外文化产业合作过程中，基本参考《文化产业十三五规划》《国家“十三五”时期文化发展改革规划纲要》中的相关规定，针对中俄文化产业合作没有单独的政策性指导意见。即便在2019年公开征询意见的《文化产业促进法（草案）》中，仍没有对对外文化产业合作做详细具体的规定。而俄罗斯用于指导文化产业发展的文件主要是《2030年前俄

---

① 《中国文化产业发展现状分析 2020年文化产业发展趋势预测》，http：//www.chinairn.com/scfx/20200423/103326200.shtml。

罗斯联邦国家文化政策战略》，其中对文化产业发展规定的更为笼统。双边文化产业合作只能参照现有的经贸合作惯例，标准统一较难，导致合作进展缓慢。针对中俄文化产业合作亟须双方共商，针对双边合作特色特点制定专门的合作协议和法律规范，以保障中俄文化产业合作的有序进行。

三 中俄文化产业合作前景预测

在中俄经贸结构面临调整、传统产业合作创新动力不足的情况下，近年来，中俄文化产业合作领域不断拓宽、合作平台日趋广阔、合作范围不断扩大，文化产业园区建设方兴未艾，虽合作中仍存在亟待解决的问题，尤其是2020年全球新冠肺炎疫情使中俄文化产业合作的诸多项目进展都被迫延缓，但两国在文化产业领域的合作基础雄厚，潜力巨大，未来有望成为两国经贸合作新的增长极。

（一）在中俄经贸合作中的地位会不断提高

目前，在对俄经贸合作中，文化产业合作所占份额很低。中俄两国在文化艺术、旅游、教育、媒体、出版、动漫等文化产业领域的合作仍属起步阶段。自“一带一路”倡议实施以来，中俄交通基础设施对接工作进展顺利，中俄能源通道建设有序推进，在相当长的一段时期内中俄以机电产品、能源、大宗货物、大项目合作为主的经贸合作模式不会改变，但文化产业合作会促进中俄大项目合作、金融合作及跨境产业园区建设，在两国经贸合作中的地位会逐渐提升。同时，科技含量高的文化创意类产品在对俄商品贸易中份额将不断增加，对改善中俄商品贸易结构有一定的促进作用。在2020年全球疫情持续反弹的大背景下，2021年中俄文化产业合作更多会带动区域经济和文化的发展，其促进中俄人文、文化交流与合作，促进中俄民心相通的效应会更加凸显。

（二）外部竞争压力激增，内部资源整合势在必行

第一，“一带一路”倡议中提出的政策沟通、道路联通、贸易畅通、货币流通、民心相通的“五通”构想正在逐步落实，这为全球文化产业合作带来了蓬勃发展的新契机。未来，东北亚地区贸易大通道疏通后，东北亚国家，乃至世界各国都将积极参与到对俄文化产业合作中，中国与东北亚国家中的日本、韩国以及欧美发达国家相比，在对俄文化产业合作中并不具备绝对优势，我国的文化产品、文化品牌甚至文化企业的国际竞争力不强。因此，在对俄文化产业合作中，应对拥有自主知识产权的文化产品、文化品牌和文化企业给予大力扶持，提升文创产业的科技创新能力，从而提高国家整体的文化软实力。第二，在“一带一路”倡议提出以来，我国国内对俄文化产业合作的省区逐年增多，难免出现照搬照抄、模仿复制、同质化、资源浪费和信息不畅等问题，从而影响中俄文化产业合作效果。后疫情时期，在对俄文化产业合作中，国内面临资源整合的趋势。各地方政府须互学互鉴，及时总结经验、教训，在培育对俄文化产业合作特色品牌和国家批复文化产业合作项目时应结合区域实际和市场需要给予宏观指导，避免内部恶性竞争，造成文化产业资源的内耗。

（三）主题园区将发挥产业链功能

目前，在黑龙江、辽宁、吉林、北京、上海、陕西、河北、天津等省市都建有中俄文化创意类产业园区，如黑龙江省的中俄影视文化产业园区、中俄宝玉石文化产业园，河北省的北戴河中俄文化艺术合作产业园、秦皇岛中俄文化产业园，内蒙古的中蒙俄文化创意产业园等。这些文化产业园区设计大多集文化交流、展览、文化旅游、艺术鉴赏、娱乐休闲为一体，将成为中俄文化交流与合作以及中俄文化产业合作的重要平台基地。受疫情影响，这些园区目前大多处于建设工期延长或起步运行的初期阶段，但不久这些园区建成开始运营后，一定能整合地区文化产业资源，为中俄文化产业合作提供政策、资金等优惠和支持，并产生极大的产业链联动效应。同时也能吸引俄

罗斯文化企业入驻中国，到中国投资。在国内对俄文化产业园区积极筹建的同时，我们还应注意到，当前在俄远东20个超前发展区中，已批准入驻企业近500家。这为我国文化创意企业走出去提供了参考，疫情结束后，借俄远东超前发展区和符拉迪沃斯托克自由港建设契机，我国文化创意企业有望参与到俄远东地区科技和文化产业园区建设中，带动双边文化产业合作规模化发展，助力跨境园区建设。

（四）综合素质优良的对俄文化创意人才会比较缺乏

文化创意人才队伍是决定文化创意产业发展的关键要素。我国文化产业发展起步晚，文化产业人才队伍建设中普遍存在政策敏感不够、商业运作模式传统、创新能力不足等问题。2020年疫情下，更是暴露出在中俄文化产业合作中，懂语言、懂市场、懂俄罗斯文化、懂数字媒体合作技术的复合型人才极为紧缺。人才的短缺，一方面，在短期内会影响中俄文化产业合作水平，减缓两国文化产业合作的进度；另一方面，也会带动中俄在文化教育产业的深化合作。例如，中俄现在的工科大学联盟、综合类大学联盟、医科大学联盟、经济类大学联盟、艺术高校联盟等的合作未来会常态化。作为对俄文化产业合作的前沿阵地，黑龙江省应借助黑龙江大学、黑河学院等高校俄语教学优势加强对俄人才培养和中俄青年人才交流方面的力度，将对俄文化教育产业合作打造成对俄合作特色产业。

四　加强中俄文化产业合作的对策

当前，中俄都将文化产业视为国民经济支柱性产业来加以扶持，加之我国文化产业国际合作的不断深入和建设“丝绸之路文化产业带”构想的实施，中俄文化产业合作将迎来新的发展机遇期。即便在2020年新冠肺炎疫情全球蔓延的背景下，短期内中俄文化产业合作的步伐被延缓，但“数字阅读”“文化产业+5G”等文化产业合作新领域不断涌现，各类文化产业合作的云端平台频繁活跃，也为中俄文化产业合作注入新动力，中俄应借疫情这一产业发展调整期制定有效的文化产业合作对策，为双边文化产业合作提档升级。

（一）加强中俄文化产业园区规范化建设，推动文化产业区域的均衡发展

中俄就“一带一路”倡议对接达成广泛共识以来，参与中俄文化产业合作的区域范围不断扩大，呈现由东北地区向内陆及沿海地区延伸的趋势，但各地区之间缺乏系统和科学的规划布局，园区间没有形成有机联动的合作模式，应以“丝绸之路文化产业带”建设为核心，东北、长江中上游和京津冀沪三区联动，充分发挥省会和中心城市作用，集中打造中俄文化产业群，推动参与中俄文化产业合作的区域均衡发展。向北配套哈长城市群发展规划，以哈尔滨、沈阳、长春等省会城市为中心带动沿边口岸城市群及周边市县形成对俄远东地区跨境文化产业集群；中东部地区，形成以北京、天津、河北、上海为核心，带动周边省份对莫斯科等俄中央地区的文化产业群；东南部地区，在“长江－伏尔加”区域合作机制框架下，以两湖两广中心城市带动东南沿海地区建设最具活力的中俄文化创新创意产业带。

（二）强化薄弱领域，促进对俄文化产业合作领域的全面发展

当前，中俄在互联网、动漫、网游等领域的交流合作还比较少，在影视版权交易方面仍是空白。在继续发挥传统文化产业合作优势的同时，应强化薄弱领域的合作，促进对俄文化产业合作各个领域全面发展。应借鉴中美、中日、中韩等在互联网服务、数字内容服务、电影版权合作、动漫网游合作方面的成功经验，以哈尔滨现有动漫产业基地为依托，建成中俄动漫产业合作基地，推动中俄在这一领域健康发展。2020 年新冠肺炎疫情使全球的实体经济面临严峻挑战，疫情下中俄应探索文化产业合作全新领域，在“数字阅读”、文化产业 +5G 等方面有新突破；针对我国在文化产品、文化品牌打造上存在创新动力不足，与高科技的结合度不高，有知识

产权的高附加值文化产品较少等问题，国家和地方政府应鼓励支持各地文化企业重点打造体现我国历史文化、民族民俗文化、地域文化、创意文化的文化精品，提高对俄文化贸易产品的质量和效益。提高推广宣传文化品牌的意识，大力推进文化品牌创建工作。坚持高起点谋划、高标准建设，加快培育文化新品牌，放大品牌效应，增强发展动力；针对文化企业走出去时国际竞争力不强，鼓励文化企业参与谋划对俄文化产业合作重大项目，与俄方政府文化主管部门、相关企业洽谈合作事宜，力争在对俄文化大项目合作方面实现新突破，带动文化企业做大做强；积极开展中俄对接口岸间的区域性文化交流与合作，促进边境口岸城市文化展览、文艺演出合作，加快完善工作机制，着力拓展对俄文化贸易，以增进了解，消除文化误解，努力开创文化产业合作双赢局面。

（三）推动人文领域合作产业化，助力中俄文化产业合作快速发展

中俄在教育、文化艺术、传媒、体育、旅游等人文领域的合作较为成熟，已经初步形成产业化发展规模，应在现有合作基础上，将这些领域的合作与中俄文化产业化合作相结合，助力中俄文化产业合作快速发展。在教育领域，以中俄已经建立的11个高校联盟为基础，在合作办学、学历互相认证、教学教材出版等领域广泛开展合作，借助东北地区俄语教学的优势，扩大高校语言教学领域的合作。文化艺术领域，在中俄系列活动年基础上，中俄当前已经有诸多成熟的文化艺术合作项目，如中俄文化艺术周、中俄油画艺术展、中俄文化大集等，应将现有零散的文化艺术合作项目纳入统一的管理体系，每年各地统一规划，一方面提升合作层次水平，一方面避免同质化，并能形成资源合力，便于产业化发展。疫情下，中俄之间的系列人文活动都将延后，为此可以组织云端文化艺术交流活动，创新交流模式，同时也便于疫情下两国的民间往来。传媒合作领域，中俄媒体应担负起客观真实报道有关疫情进展的职责，利用中俄媒体合作，做好疫情下两国人文合作领域的宣传、推广，以此丰富媒体合作的内涵。同时，应继续通过联合打造品牌节目，使媒体合作向产业化发展。在体育合作、旅游合作方面当前也存在全

国各地都在开展对俄合作，但相互缺乏紧密联系的问题，应以产业化发展为目标，集中创办更多中俄体育赛事，形成常态化办赛机制，除红色旅游合作系列活动外，集中打造中俄特色小镇旅游、中俄冰雪游、中俄健康保健游等联合活动，以推动中俄旅游产业化。人文领域的产业化发展，可以有效助推中俄文化产业合作快速发展。

（四）完善相关研究机构建设，为中俄文化产业合作提供智力支持

目前，我国还没有独立的研究中俄文化产业合作的机构，对此的研究都分散在全国各地的高校和科研院所，这对中俄文化产业合作的现实发展非常不利。我国应抓住中俄文化产业发展契机，完善相关研究机构及人才队伍建设，以实现中俄文化产业合作平台机制创新及相关的理论研究，为中俄文化产业合作提供智力支持；应在东北、长江中上游地区、北京、上海、天津等地以社会科学院或高校为依托，建立中俄文化产业合作研究中心，集中专业的研究人员，进行专门的研究，为对俄文化产业合作提供战略性、系统性理论支撑和数据信息统计。有关中俄文化产业的数据信息非常零散，亟须建立相关的数字化服务平台。同时，我国应注重人才的培养。文化产业具有跨专业、跨学科、跨行业的特点，这方面人才的培养，既要靠学校教育，更要靠社会的持续教育。一方面，应鼓励和培养更多科研人员从事中俄文化产业合作研究，大力支持中俄科研机构联合培养这一领域的专门人才；另一方面，黑龙江省、北京、上海等具备俄语教学优势的地区，应加大对懂俄语的文化产业领军人物和中青年人才的培养和扶持力度，鼓励和引导各个领域文化艺术人才创新创业，建立良性的文化产业人才评价机制。我国应充分发挥各地高等院校、科研院所、文化企业、基地园区的优势，推进产学研联合培养人才，让更多优秀的专业人才投身于中俄文化产业中。

专 题 篇

B.9 哈尔滨国际科技成果转化平台建设情况报告

董伟俊*

摘 要： 在中俄关系的新时代，黑龙江省应在与俄罗斯等国开展科技合作交流的基础上，借鉴深圳市“中国国际高新技术成果交易会”的经验，以“中俄地方合作交流年”为契机，依托黑龙江省科研合作优势和哈尔滨对俄合作中心城市地位，将科技交流合作摆到突出位置，强化合作机制创新，深挖合作潜力，提升合作水平，合力建设以哈尔滨为中心的国际科技成果交易转化平台，使之成为面向未来、面向中俄，更好对接“一带一路”倡议，服务中国东北振兴和俄罗斯远东大开发的特色鲜明、机制灵活的国际化科技成果转移转化载体，努

* 董伟俊，黑龙江省社会科学院院长，黑龙江省经济发展研究中心主任，研究员。

力将中俄地方间地缘毗邻优势、经济互补优势和科技研发优势转化为密切合作、高质量发展的新优势。

关键词： 中俄科技合作平台　科技研发和成果转化　科技创新

近年来，中俄两国政治关系不断深化，经贸合作不断加强，两国领导人在国际重大问题上达成一系列共识，两国关系处于史上最好时期，进入新的时代。中俄建交 70 多年后的今天，两国已经成为互信程度最高、协作水平最高、战略价值最高的新型大国关系。近年来，在两国元首的战略引领和亲自推动下，中俄全面战略协作伙伴关系处于历史最好时期，两国地方政府间交流合作发展迅速，远东地区已成为黑龙江省的重要合作伙伴，省区间科技人文领域务实合作不断取得新进展。在这个背景下，进一步深化中俄地方合作，合力建设以哈尔滨为中心的国际科技成果交易转化平台，积极发展国际科技成果交易转化等新业态、新经济，使之成为面向未来、面向中俄，更好地对接"一带一路"建设，服务中国东北振兴和俄罗斯远东大开发的科技成果转移转化载体，努力将中俄地方间地缘毗邻优势、经济互补优势和科技研发优势转化为密切合作、高质量发展的新优势。

一　科技研发和成果转化具有坚实支撑

黑龙江省始终高度重视科技研发和成果转化，采取综合措施促进企业主体培育、科研人员激励和科技成果转化。一是通过"科技型企业三年行动计划"促进科技企业发育成长。新一轮科技型企业三年行动计划取得新成效，全省新登记且有纳税申报的科技型企业 4970 家，有 1721 家企业入库登记为全国科技型中小企业；新认定高新技术企业 445 家，总数达到 1150 家，增长 23.8%；新增销售收入 5 亿元以上的创新型领军企业 9 家，新增估值 5 亿元以上的创新型领军企业 9 家；新增科技企业孵化器、众创空间 24 家，总数达到214家，在孵企业5062家。2018年，全省高技术制造业增加值增长11.2%，比GDP增速高6.5个百分点。[①] 二是通过顶层设计加强科研和科技成果转化支撑保护。2014年至今，全省共出台科技创新创业政策性文件16个、地方法规2个、计划规划5个。其中，出台了《关于进一步发挥高层次人才作用促进科技成果产业化的若干意见》《关于大力促进高新技术成果产业化的意见》，新修订了《黑龙江省科技进步条例》，重新制定了《黑龙江省促进科技成果转化条例》，科技成果转化实现有法可依；制定了《黑龙江省科技成果使用处置收益管理改革的实施细则》，激发广大科技人员转化科技成果主动性。2018年，全省新增省级科技创新基地144家，总数达到740家；全省获专利授权17950件，增长12.31%。[②] 三是设立多个技术转移服务机构平台。目前，黑龙江省共设立11家国家级技术转移示范机构、22家省级技术转移示范机构、20家技术合同认定登记机构，建设4家国家级创新驿站区域站点和基层站点，以及多个高校、科研院所、科技型企业等创新主体平台。[③] 其中，省科技大厦入驻研发和科技服务机构101家，省科技服务业联盟组织开展服务活动109次，组织了黑龙江大学、东北林大、哈工大、哈工程和省气象局等专场成果发布对接会和科技成果奖励展、高新技术成果市地巡回展，营造科技成果转移转化氛围。

二　区域科技创新和对外科技合作取得扎实进展

黑龙江省不断密切与外埠市场联系，提高相关展会和科技活动的系统性和连续性，既注重国内省市之间的相互协作，也注重全面加强以俄罗斯为重

① 《黑龙江省科技工作会议召开 去年全省获专利授权17950件》，https://baijiahao.baidu.com/s?id=1629326721643494014&wfr=spider&for=pc，最后访问日期：2020年6月8日。

② 《黑龙江省科技工作会议召开 去年全省获专利授权17950件》，https://baijiahao.baidu.com/s?id=1629326721643494014&wfr=spider&for=pc，最后访问日期：2020年6月8日。

③ 《2017年黑龙江省技术合同成交额达150.75亿元》，http://hlj.ifeng.com/a/20180122/6321755_0.shtml，最后访问日期：2020年6月8日。

点的独联体、东北亚各国的交流合作，努力形成科技成果开放开发和转移转化大格局。一是国内科技合作不断拓展。加强与广东省对口合作联系，组织科技部门专题培训、挂职交流、实地互访等科技交流活动，深圳市龙岗科技创新产业园、前海创投孵化基地落地哈尔滨，黑龙江省科技厅与中国商飞北研中心签署了战略合作协议、与吉林省签署了科技合作协议。二是国际科技合作不断深化。黑龙江省在对外科技合作方面具有得天独厚的优势，尤其是与俄罗斯、乌克兰、白俄罗斯等国家建立了良好的合作关系。2018 年，先后联合举办第 4 次中俄工业与技术合作洽谈活动，在哈尔滨举办第 7 届“中国·哈尔滨国际科技成果展交会”，累计签订技术合作协议 84 项。黑龙江省有 7 个项目列入国家政府间科技创新合作计划，新增 3 家国家国际科技合作基地，全省总数达到 21 家。

三　科技成果转化平台建设具有坚实基础

针对市场机制缺失，导致“科研主体想做不能做，市场主体能做不愿做”、大批科技成果在转化时的“最后一公里”瓶颈问题，探索创新，形成了多种科技成果转移转化模式。一是“政府引导，高校承办”模式。由省科技厅和哈尔滨工业大学共同成立了黑龙江省工业技术研究院，主要依托哈尔滨工业大学的科研实力和资源，促进科技成果转化和产业化。二是“省 + 市 + 高校”模式。由黑龙江省、哈尔滨市和哈尔滨工业大学三方共同组建哈工大机器人集团，将哈尔滨工业大学在机器人领域的学科、人才、技术、产业等优势资源充分整合，促进成果转化释放。三是“政企校基金”模式。最具代表性的是哈尔滨市科技局与东北农业大学共同出资成立“哈尔滨市食品产业研究院及运营公司”，创建了“政府部门单位（留人平台）＋企业（市场化运营平台）＋基金（社会参与平台）”新型科技成果转化形式，搭建了留人和科技成果转化相兼顾的市场化模式。2018 年，全省登记科技成果 1582 项，成果应用率实现 88.14%；技术合同成交额突破 170 亿元，增长 12.8%。

四 哈尔滨建设科技成果交易转化中心具有比较优势

近年来，哈尔滨经济和社会发展稳中有进，被国家授予“中国最具竞争力区域金融中心城市”等荣誉称号，随着知名度和影响力的不断增强，哈尔滨正由一个以工业为主的城市转变为综合性、多功能的现代化城市。一是发展地位重要。作为省会城市，黑龙江省提出“把哈尔滨建设成为东北亚具有重要影响的现代化城市和哈长城市群核心城市”的目标要求，确定了统筹推进国家先进制造业、高新技术产业、绿色食品产业、通用航空产业和健康服务业“五大基地”的重要使命，赋予了哈尔滨龙头带动作用。二是科技实力雄厚。截至2018年，全市现有普通高校51所，成人高校11所，具有研究生培养资质的科研机构8所；拥有9个国家级企业技术中心和121个省级企业技术中心，全年共签订技术合同3206项，成交额154.2亿元，增长13.2%；科技成果转化“市场导入”试点启动实施，全年转化校所科技成果359项，新增各级各类科技企业孵化器46家。三是对俄合作中心城市建设稳步推进。哈尔滨市地处东北亚经济腹地，是中国与俄比邻的最大中心城市，是各省通往俄罗斯的重要桥梁。中俄博览会、哈洽会、哈科会等展会是重要的对俄商贸平台和俄罗斯及独联体国家高新技术向中国转移的重要渠道，已经成为服务东北亚的经贸合作、科技创新和产业升级平台。哈尔滨市相继建立了中俄科技合作及产业化中心、对俄工业技术合作中心、特种材料及特种加工研发基地4个对俄科技合作中心、4个对俄专业技术中心和2个国家级产学研合作基地。俄罗斯是与哈尔滨市建立友城最多的国家，哈尔滨市与哈巴罗夫斯克市、雅库茨克市等多个城市建立了友好城市关系。

五 以哈尔滨为中心打造黑龙江国际科技成果交易转化平台具有重要现实意义

建设国际科技成果交易转化平台，发挥其集先进技术成果交易、产品展示、高层论坛、项目招商、合作交流于一体的综合作用，既是国家、地区间，科研机构、企业和科研人员主体间等相关方高新技术领域对外开放的重要窗口，也是推动高新技术成果商品化、产业化、国际化以及密切各层次各领域经济技术交流与合作的重要通道。一是从新闻资讯、创新创业项目到共享经济，展示、体验、技术、项目、市场、资金、人才等资源方面，在方便用户获取新闻信息、科技资讯的同时更有效进行多方位对接，真正实现利用“互联网+”让园区与企业、企业与企业、企业与客户、企业与人才、人才与资金、资金与项目等进行交互融合。二是在为企业提供技术、市场、资金、人才对接的同时，通过线上平台打通线下需求，助力个人、项目及企业实现与产业、资本、信息等要素无缝对接、实时流通，促进科技创新成果的落地转化和转移交易。三是通过平台整合有关优势资源，打造全方位、多维度的企业生态运营服务体系，实现最高效的资源对接与匹配，促进资源共享，进而成为实实在在的竞争力。此外，还能吸引大批金融机构、贸易企业和从业人才等不断涌入相关国家和地区，带动制造业、加工业、服务业、建筑业、旅游业等关联产业发展；也能吸引总部机构和企业研究机构落地，促进产业升级，推动智能城市建设以及物联网经济等现代服务业发展。

六　关于国际科技成果交易转化平台的建设构想

以哈尔滨为中心打造黑龙江国际科技成果交易转化平台，是全面落实中俄两国元首共识、深度参与“一带一路”建设、立足中俄和省区科技、区位优势构建新体系、拓展新领域、发展新业态的重要路径，应本着开放、合作、互利、共赢的理念，以“多边合作、市场运作”为原则，以“科技成果转移交易+科技成果就地转化”为路径，通过建设互联互通、线上线下的国际化科技成果转移转化平台，把国际、地区和各领域间的科技成果集聚起来，合力打造面向中俄、辐射东北亚地区的科技成果国际中转和交易转化高地。

（一）平台组成模块

主要建设集“展示、交易、服务、共享、交流”等模块为一体、线上线下相融合的综合性平台。

（二）整合供求资源

系统梳理相关方现有科技平台、科技成果等要素资源和科技成果、产品需求，进行统一整合和对接。

（三）确定运行方式

先期由政府引导，组织专业化团队（集团或公司）负责平台的建设、管理、运营；待成熟后，转为“市场化管理、政府考核”模式，将平台管理经营权交给市场，政府则主要负责做好相关配套服务工作。

（四）细化模块分类和功能

一是线上线下展示功能，以平台为载体，将梳理好的科技成果在平台进行展示；二是线上线下交易功能，保证经济活动顺利进行，促进能够转化的科技成果及时就地转化，将未能就地转化的科技成果通过平台方便进行交易，平台则通过获取“中介费”创造商业价值，推动成果交易向国际化迈进；三是拓展多渠道转移转化形式，建立“成果＋技术员”、企业订制等方式的转移转化体系；四是强化服务功能，建立完善知识产权保护、职业经理人、项目咨询服务、孵化器建设、科技成果鉴定、上市辅导、金融服务、融资担保、资金监管等市场化服务体系。

（五）加强多边多方多领域科技交流合作

一是推动“中俄工业与技术合作洽谈会”和“黑龙江省与斯维尔德洛夫斯克州工业与技术交流合作洽谈会”向纵深发展，深化对白俄罗斯、乌克兰、韩国、日本、英国及中国港澳台地区的科技合作，积极开发对以色列的科技合作渠道。二是整合哈尔滨、深圳和莫斯科、叶卡捷琳堡的资源，建

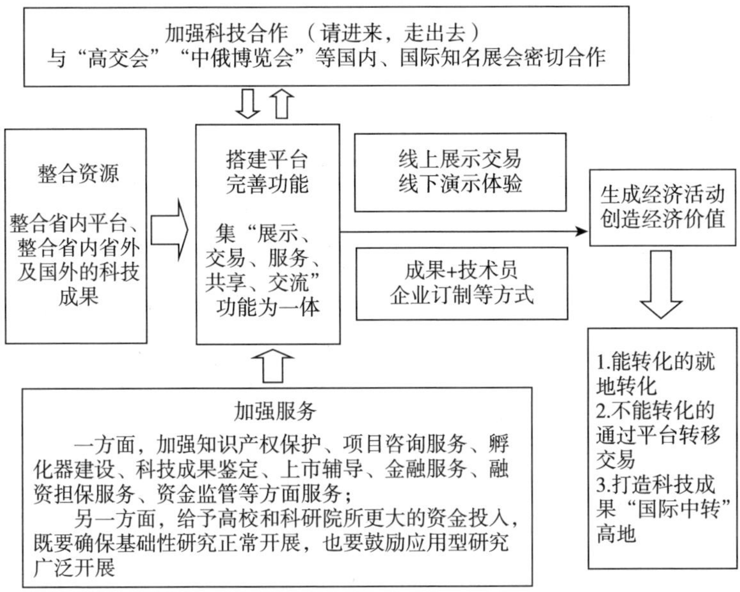

图1　国际化科技成果转移转化平台模块组成及运行流程

资料来源：作者自制。

设中俄“两国四地”联合创新中心，为巩固对俄科技合作中心省份地位提供坚实支撑。三是依托我省主要校院所在对俄科技合作中的资源优势，深化与俄罗斯、北京、上海等知名大学校所的科技合作，共建创新载体，加强技术交流和国际高端成果的引进消化吸收再创新，吸引一批国际高端技术成果转化项目落地。四是深入实施“中俄博览会”“哈尔滨国际科技成果交易会”等展会走出去战略，打造将国际高新技术成果请进来、将国内高新技术产品走出去的“国际班列”。五是把握与广东省对口合作的机遇，学习借鉴深圳“中国国际高新技术成果交易会”办会经验，密切成果共享对接，打造南有“深圳高交会”，北有“哈科交平台”的南北联动会展模式，为提高国际科技成果转移转化和高新技术产业化效率做出努力。六是积极引进国内外重点科研机构、高校成果通过平台落地转化，鼓励相关高校、科研院所、科技型企业在中国广州、深圳等地建立研发机构，积极参与并融入“粤港澳大湾区”建设，促进科技成果转化和产业化拓展。

B.10
“一带一路”背景下中俄金融合作路径分析报告

马友君*

摘　要： “一带一路”倡议是新时代我国对外开放重要举措，也为我国对俄金融合作搭建了创新平台。在中俄战略协作伙伴关系进入新时代的背景下，迎来了新的发展机遇，不仅区域合作需要金融支持，大项目合作和远东开发都离不开金融合作。为此，双方需要在人才培养、机制和模式创新等方面探索新路径，实现新突破。

关键词： “一带一路”　金融合作　远东开发　直接投资　区域合作

在“一带一路”实施过程中，金融合作是与俄罗斯等沿线各国主要合作内容之一。随着与“一带一路”沿线国家贸易额不断加大，投资和产业领域将成为中俄重要的合作内容，这就要求在金融合作方面与之相配套，推出适销对路的金融产品，为两国企业和产业及投资合作提供金融支持，是促进两国全面合作重要保证。

一　“一带一路”推进有利于两国金融合作

苏联解体以来，中俄两国贸易合作由小到大，由沿边合作逐渐向一般贸

* 马友君，黑龙江省社会科学院东北亚战略研究院首席专家、犹太研究中心主任，研究员。

易转变，近30年的经济合作使双方的贸易额增长近20倍，是中国发展对外合作贸易额增长最快的国家之一，在我国对外贸易额中的比例不断上升。尤其两国在能源合作、基础设施建设及大项目合作中积累了丰富的经验，为推进我国“一带一路”建设与欧亚经济联盟对接提供了合作平台，也为两国的金融合作提供了发展方向，特别是未来中俄产业合作离不开金融产品的支持，具有相得益彰的紧密关系。

（一）“一带一路”推进为中俄金融领域合作提供了契机

2015年，习近平主席提出以“政策沟通、设施联通、贸易畅通、资金融通、民心相通”作为“一带一路”的任务和目标，以此为基础与沿线国家开展广泛合作，得到各国积极响应。在“五通”中，包括资金融通在内的金融合作发展迅速，2014年，中国在宣布出资400亿美元成立丝路基金的前提下，每年都不同程度增加，截至2017年，丝路基金已经增资近1000亿元人民币，投资金额近110亿美元（2018年统计数据）。实际出资金额约77亿美元，并出资20亿美元设立中哈产能合作基金。在“一带一路”建设中，我国政府除了设立丝路基金外，还成立了亚洲基础设施投资银行，而且得到了世界很多国家积极响应，其中不仅有发展中国家，还有西方发达国家，如法国、德国和意大利等。截至2019年，亚投行成员国已经破百，成为世界金融领域重要成员之一。根据《2019亚洲基础设施融资报告》所描绘的未来发展前景，在当前世界经济发展面临严重挑战的背景下，未来亚投行在新兴市场还具有很大的发展空间，例如，对于改善南亚和中亚地区的交通基础设施建设具有重要的意义。截至2018年底，亚投行已经在世界13个国家，投资30多个项目，投资额超过61多亿美元。2017年，中国对外直接投资流量前10位国家和地区分别是中国香港、英属维尔京群岛、瑞士、美国、新加坡等。其中前10位国家和地区占中国直接投资流量的33.8%。投资额最大的中国香港占我国对外投资流量的57.6%，其后就是英属维尔京群岛，占比12.2%。后10位国家分别是印度尼西亚、俄罗斯联邦、卢森堡、瑞典、老挝、泰国、法国、越南和柬埔寨等国。在所有对外投资前20位国家和地区中，俄罗斯占第12位，直接投资流量15.5亿美元，占1%。[①] 2017年中国在俄罗斯投资存量138.72亿美元，占中国投资苏联解体后经济转型国家投资存量的一半以上。其后就是哈萨克斯坦75.61亿美元，占27.5%；塔吉克斯坦16.16亿美元，占5.9%；吉尔吉斯斯坦12.99亿美元，占4.7%；乌兹别克斯坦9.46亿美元，占3.4%；土库曼斯坦3.43亿美元，占1.2%。2017年中国对经济转型国家投资存量总额为274.93亿美元，占存量总额的1.5%。

（二）“一带一路”推进为中俄金融合作搭建了平台

2019年，中俄两国合作进入“新时代”，其内涵包括很多内容，既包括传统意义上的经贸合作，也包括尚在起步阶段的金融合作。中俄在金融领域合作步伐不断加快。2014年召开的首届中俄博览会期间，中俄两国专家学者在黑龙江省金融办主办和哈尔滨银行承办的“中俄跨境电子商务支付产品交流及合作研讨会”上，就中俄跨境电商支付问题进行了广泛的交流与合作。中国企业迫切希望通过与俄方金融机构开展“银银合作”，创新金融服务产品，拓展投融资市场，助推中俄企业间的交流合作。为进一步加强两国金融部门的合作，2015年在哈尔滨市成立了由哈尔滨银行与俄罗斯联邦储蓄银行牵头发起设立的非营利性、开放性跨境金融合作组织，即中俄金融合作联盟。截至2018年，联盟成员扩展到80家单位，涉及中俄两国金融领域各个部门，主要是银行、信托、基金、保险等部门。在联盟框架内，两国金融机构每年都举办不同形式金融圆桌会议，就两国金融合作出现的问题进行广泛的磋商，提出切实可行的对策建议。

（三）“一带一路”推进为两国金融合作开创了新合作模式

创新性地发展中俄金融领域合作，助力两国经济领域全面发展一直是两国金融合作的主要内容之一。在“一带一路”框架下，我国已经成立了

---

① 中华人民共和国商务部、国家统计局、国家外汇管理局，《2017年度国家对外直接投资统计公报》，http://fec.mofcom.gov.cn/article/tjsj/tjgb/201809/20180902791493.shtml，最后访问日期：2019年12月20日。

“亚投行”和“丝路基金”，但这是针对整个沿线国家的。当然，俄罗斯也是“一带一路”金融合作重点地区之一。在国家层面，两国总理定期会晤分委会之一“中俄银行合作分委会”，主要体现在研究解决两国银行间的具体合作与技术协调，在长期经济合作中，中俄两国建立了良好的合作机制，其中包括在金融领域的合作机制建设，特别是两国的银行高层互动频繁，为两国的金融领域合作奠定了良好的发展基础。尽管两国央行签署的各种有助于推动双边金融合作的协议在实践中未必都能够得到贯彻执行，但这并不能抹杀两国央行为此而付出的努力。① 不仅国有银行积极开展对俄金融领域合作，中国商业银行也在积极努力，扩展在俄罗斯金融服务范围。虽然 2020 年世界范围内发生严重的新冠肺炎疫情，但中俄两国金融合作仍在有序推进。据统计，2020 年两国贸易合作中，美元使用率历史性低于 50%，而且下降的趋势还很明显，中俄两国贸易去美元化已经是大势所趋。除此之外，中俄两国银行也纷纷在对象国设了分支机构，积极开展金融领域合作，如俄罗斯外贸银行、外经银行、工业通信银行和天然气工业银行等金融机构都在北京或者上海设立了代表处或分行，而中国银行、中国工商银行、中国进出口银行等也在莫斯科和圣彼得堡及远东地区开展金融领域合作，两国的金融领域服务得到社会各界积极评价。

（四）“一带一路”建设有效地推动了中俄金融与企业间实质性地合作

近年来，中俄两国银行间合作频繁，与企业间合作也进入到实质性阶段。2016 年，哈尔滨银行为了使企业与俄罗斯银行对接，组织了 10 多家中国银行与俄罗斯银行业沟通，就加强两国金融领域密切合作迈出实质性步伐。哈尔滨银行已经成为国家指定的经营人民币与卢布兑换业务的专业银行。哈尔滨银行利用独特的地缘优势，早在 2008 年就尝试在中俄沿边地区

① 刘军梅：《中俄金融合作历史、现状与后危机时代的前景》，《国际经济合作》2010 年第 1 期。

开展人民币与卢布现钞兑换业务，2009 年开出了境内首笔卢布结算的信用证。目前，黑龙江省在俄罗斯已经建立了 18 个境外经济园区，在开展对俄贸易和产业合作方面，哈尔滨银行发挥了重要作用。至 2019 年，哈尔滨银行与俄罗斯跨境调运人民币总额高达 1.95 亿元，调出现钞 70 亿卢布，人民币与卢布现钞调运已经初步常态化，成为保障两国沿边地区经贸合作重要因素，对于加快人民币与卢布自由兑换发挥了重要作用。2016 年在海南举办的中俄金融联盟合作创新论坛上，来自中俄金融界和企业界近百人，就两国金融合作及与企业间实质合作进行了广泛交流，并签署了《支持俄罗斯远东及西伯利亚地区超前发展金融合作协议》《俄罗斯联邦储蓄银行企业大学人才培训交流合作协议》，在两国金融领域产生深远影响。为了充分利用中国金融市场，俄罗斯企业也在积极探索。2017 年俄罗斯铝业联合公司首次在上海发行熊猫债券，规模达到了 10 亿元人民币。这是俄罗斯企业首次在中国境内发行债券，对于拓展人民币海外业务具有开创性的作用。2016 年 9 月 2 日，哈尔滨银行与俄罗斯开发与对外经济银行及中俄金融联盟 10 几家单位签署银团贷款协议，根据协议未来贷款主要用于两国基础设施建设和重点项目，尤其在推进“一带一路”倡议与欧亚经济联盟对接过程中重点领域的大项目合作等。中俄金融领域务实合作有利于加快推进“一带一路”倡议和俄罗斯的“欧亚联盟”构想进程。①

二　“一带一路”背景下中俄金融合作发展机遇

2019 年 6 月，中俄领导人确定了两国战略协作关系进入“新时代”，并提出了到 2025 年两国贸易额达到 2000 亿美元的目标。中俄关系新时代的重要标志就是“务实合作、提档升级”，这为两国金融合作的提质增效带来了新机遇。

① 哈尔滨银行：《创新对俄金融业务 助力“一带一路”发展》，《中国银行业》2017 年第 1 期。

（一）新的战略定位为两国金融合作带来发展机遇

在深化两国经贸合作的同时，发展两国的投资合作将是未来两国合作重要内容，在以往金融合作的基础上，要提升两国金融合作的水平，为两国的投资合作提供金融支撑。

（二）区域合作发展需要金融合作助力支撑

特朗普政府积极推行“美国优先”战略，在世界范围内发动贸易争端，破坏了多边世界贸易规则，对整个世界经济产生严重影响，使世界经济在摆脱金融危机和新冠肺炎疫情影响方面更加艰难。面对美国咄咄逼人的架势，中俄合作是稳定世界经济的压舱石，也是维护世界稳定的积极因素。中俄近年来双边合作取得积极进展，在2020年新冠肺炎疫情期间，中俄两国贸易合作所受影响不大。2019年两国的贸易额历史性地达到了1107亿美元，2020年前三季度，中俄贸易额为788.4亿美元，同比只下降了2%，而中国对俄罗斯出口不降反升，达到358.8亿美元，同比增长0.1%。更有甚者，2020年前10个月，俄罗斯对中国农产品出口总额达32亿美元（约合211亿元人民币），同比增长24%，占俄罗斯出口总额13.9%。中国已经成为俄罗斯农产品重要金主，特别是冷冻鱼（占出口37%）、葵花籽油（占出口16.4%），还有豆油、禽肉和虾蟹等，说明双方的贸易合作即使在世界重大疫情下也没有受到太大影响，这在整个世界经济大滑坡的背景下实属不易。2019～2020年是中俄科技合作创新年，两国将有近1000项科技合作项目，由于2020年新冠肺炎疫情，两国的科技必然受到不同程度的影响。黑龙江省是中俄沿边地区重要人文领域交流合作舞台，每年举办不同类型的人文交流活动促进了两国交流合作，如“黑河文化大集”已经连续举办了10届，除此之外，还举办不同形式的体育和文化赛事，对于双方加强了解，增进互信具有重要作用。尤其2020年两国沿边界河大桥相继建成，围绕着桥头经济区、沿边自贸区片区和跨境合作区建设推进，两国沿边产业合作进入新阶段，为区域金融合作发展迎来新契机。

（三）两国大项目合作需要加快金融合作步伐

2019 年，中俄两国贸易额接近 1107.5 亿美元，实现了历史的突破。黑龙江省对俄贸易额 1865.9 亿元，其中，出口 349.4 亿元，增长 18.8%；进口 1516.5 亿元，增长 4.2%。黑龙江省一直是对俄贸易大省，20 多年来位置没有改变，但金融项目下的投资合作，尤其对产业发展的金融合作动作不大，效果不佳。在两国合作进入“新时代”有利时机，中俄大项目合作也取得积极进展，经过斯科沃罗季诺通往中俄石油管道复线已经完成，每年向中国供应原油超过 3000 万吨，占中国进口原油比例由 2016 年的 6% 上升到 2019 年的 11%。西线通过蒙古国每年 5000 万吨的石油管线谈判也在有序进行，届时俄油占中国进口石油的比例将大幅度提升。东线 380 亿立方米的天然气管道在 2019 年 12 月 2 日已经正式投产。据俄罗斯卫星通讯社 11 月 3 日报道，俄罗斯天然气股份公司 10 月份给中国日均输气量环比增长 17%，预计 2025 年将最终实现 380 亿立方米的目标。而通过蒙古国“西伯利亚力量 2 号”西线天然气管道和远东输气管道也在积极筹划之中。靠近北冰洋的亚马尔项目中国也积极参与，中国积极态度得到了俄罗斯方面高度认可，也签署了 1478 万吨液化天然气长期销售协议。从发展趋势来看，未来中俄两国在能源、农业和矿产资源开发及基础设施建设方面还有很大的合作空间，对金融产品需求也相应地增加，这对于两国金融合作具有积极促进作用。

（四）俄罗斯远东开发离不开金融合作

由于乌克兰危机导致俄罗斯与西方国家关系恶化，进一步加剧了俄罗斯金融危机。俄罗斯经济不景气，卢布大幅贬值，由 2013 年 1 美元兑换 35 卢布到 2020 年 11 月兑换 77.29 卢布，而且上涨空间受阻，因此导致俄罗斯资金大量外流。2018 年全俄吸引外资 1401 亿美元（同比减少了 7.0%），但资金流出 1313 亿美元，实际外资利用只有 87.9 亿美元（见表 1），① 比 2017

① Регионы России. Социально – Экономические Показатели 2018，Статистический Сборник，Москва 2019.

年减少了近7成。远东联邦区近年来吸引外资乏力，2018年只有55.9亿美元，同比减少了46.3%。2011~2018年全俄外资下降了55.7%，而远东联邦区形势稍有好转，只下降了32.1%。其间远东地区超过百亿美元外资投资的年份只有2015、2016和2017年，其中外资投入最多的年份是2016年，达到116亿美元，占当年全俄外资总额8.4%。远东联邦区吸引外资最多的是萨哈林州，最高年份2016年吸引外资83.0亿美元，占全俄外资的6.0%，占远东联邦区的71.5%。只是2018年外资突然下降，同比减少了55.1%。除此之外就是滨海边疆区和后贝加尔边疆区，2018年分别达到4.88亿和3.51亿美元。但远东联邦区吸引外资总额是西伯利亚联邦区的1.3倍。远东联邦主体除了萨哈（雅库特）共和国、哈巴罗夫斯克边疆区、阿穆尔州等下降外，其他主体都有不同程度的增长，其中增幅最大的萨哈林州，2011~2017年增长1.6倍，比整个远东高出40个百分点。从远东开发的实际效果来看，远东开发取得实际效果很小的原因很多，但缺乏金融支持是重要的原因之一。远东超前区建设推进和远东开发进入实际阶段，为远东开发与中国金融合作提供了发展契机。

表1　2011~2018年俄罗斯及远东联邦区外资直接投资情况

单位：百万美元

	2011年	2012年	2013年	2014年	2015年	2016年	2017年	2018年
全俄(亿美元)	2351	1611	1937	1464	1340	1378	1506	1401
远东联邦区	8228	7527	7818	8248	10576	11595	10417	5590
布里亚特共和国	1	5	274	7	30	75	86	26
萨哈(雅库特)共和国	704	1383	379	228	203	207	154	129
后贝加尔边疆区	88	242	332	111	964	1347	335	351
堪察加边疆区	13	17	13	47	6	2	24	1
滨海边疆区	485	565	369	717	700	872	831	488
哈巴罗夫斯克边疆区	322	75	1070	108	65	544	283	200
阿穆尔州	802	717	762	1005	633	360	471	288
马加丹州	297	27	761	0,0	758	7	8	5
萨哈林州	4771	4662	4421	5825	7197	8295	7874	3535
犹太自治州	114	1	0,0	63	49	19	220	162
楚科奇自治区	720	80	42	255	204	149	131	250

资料来源：Поступление прямых иностранных инвестиций в Российскую федерацию. Регионы России. Социально - Экономические Показатели 2018，Статистический Сборник，Москва 2018.

三 “一带一路”框架下中俄金融合作发展路径

由于欧美对俄罗斯的经济制裁还没有解除的迹象，俄罗斯受经济制裁的拖累导致经济增长速度迟缓，对于百姓生活水平的影响也逐渐显现。美国总统特朗普贸易保护主义大行其道，过去俄罗斯倒向西方的战略将无法实施。未来“向东看”已经成为俄罗斯的既定国策，其中加强与中国在内的亚洲国家合作是提振俄罗斯经济重要途径之一。但是，俄罗斯目前最大的问题是经济总量低，2018 年俄罗斯 GDP 总量约为 10.6 万亿元人民币，增速 2.3%，而我国广东省 2018 年 GDP 为 9.73 万亿元，二者差距不大。俄罗斯外贸进出口额占中国外贸总额 14.9%，中国占俄外贸总额 14.2%。从中俄未来发展趋势来看，扩大中俄贸易额最有效的手段就是加强产业高科技合作。由于 2014 年乌克兰危机，俄罗斯受到西方国家制裁尚未解除，对俄罗斯在欧洲市场融资，发行债券带来严重影响，而且俄罗斯经济近年来不景气，导致资金大量外流。为了弥补在资金领域的重大缺口，加强与中国金融领域全面合作成为俄罗斯战略选择，也是缓解俄罗斯金融压力重要手段。

（一）打造跨境企业对俄投融资服务性平台

近年来，两国区域合作取得了积极进展，借助国家间举办国家年的活动推动沿边地区开展务实合作。中俄沿边各省区为发展地方合作都先后出台了区域发展战略。为深入拓展“一带一路”建设，黑龙江省提出了“一窗四区”发展思路，其中重要一项就是建设中俄跨境经济合作区。在对俄合作方面，吉林省也在积极建设中俄珲春—哈桑跨境经济合作区，通过园区建设，推动吉林省对俄产业合作健康发展，积极对接“滨海 2 号”，通过通道建设，打通吉林对俄出口“最后一公里”，同时积极推进在沿边地区建设粮食加工区、旅游合作区和木材加工区，发展外向型产业集群。为培育跨境产业，急需打造对俄投融资服务性平台。投融资平台所筹集的资金，大部分用于对俄跨境产业项目建设。可以肯定地说，缺少沿边地区产业合作，对俄金融合作就很难落地实施。对俄投融资服务性平台对中俄双方都是一个机会，问题是如何抓住机会，通过平台金融领域的合作，促进两国金融合作，提升金融合作规模和水平。这样就可以减轻筹措资金的压力，以减少融资平台的融资规模。

（二）成立中俄联合项目投资基金

俄罗斯远东开发和中蒙俄经济走廊建设及中国东北振兴都离不开金融领域的支持，反之，没有金融领域的介入，任何规划和措施也只能是纸面上的规划，难以落地实施。为了有效地使金融与两国产业合作有效对接，建议成立中俄联合项目投资基金，就双方重大项目和重点领域实施金融倾斜，给予全面的支持和协助。投资基金要有顶层设计和谋划，要得到两国政府层面国有银行大力支持，不能脱离政府监管，但基金要企业化运作。同时要整合资源，针对目前两国已经建立金融合作机制和平台要广泛利用，如丝路基金、中俄地区合作发展投资基金等。在地方层面也要与地方政府积极合作，尤其与地方商业银行共同合作，最好能使商业银行注入资金，增加基金容量，介入两国重点企业和重点项目，努力推进两国经济贸易发展，实现互利共赢、优势互补。

（三）建立两国金融合作信息交流机制

中俄两国金融体制和机制存在很大差异，导致两国在金融信息合作和交流方面还存在很多障碍性因素，更主要的原因是两国至今也没有建立金融交流合作的有效机制，尤其在企业需求和银行信贷服务方面。双方合作存在的空白点，严重影响了两国银行对双方企业的投资与信贷。因此，建立两国金融信息交流合作机制势在必行。一是要建立有效沟通渠道，打通影响信息交流的障碍因素，使双方都能够利用金融信息渠道沟通信息。二是要确立合作的有效机制。金融合作也是经济合作重要组成部分，其发展离不开机制的保障，要建立两国金融信息报送机制，长时间搜集整理从而形成系统的经济金融信息库。三是要建立重点项目沟通机制。未来两国大项目合作将成为经济合作重要内容，针对重点项目、重要项目，金融服务要提前介入，始终保持与项目紧密联系，做到全方位立体服务，同时，针对可能出现的金融风险点要及时提醒双方企业，尽可能减少由于金融服务不到位给企业带来不必要的麻烦和影响，提醒各经济界人士及时做好应对措施，减少经济波动给经济商贸活动带来的负面影响。

（四）加快培养金融复合人才是促进合作有效手段

人才储备是保障中俄金融合作的有效途径，也是未来两国金融领域合作的难点之一。苏联解体后，由于俄罗斯经济不景气，现在不仅中国内陆地区学习俄语人员减少，而且沿边地区学习俄语的人数也逐渐减少，而精通金融又掌握俄语的复合型人才更是凤毛麟角。随着两国经济合作全面发展，经贸俄语复合型人才出现断档，因此，加强俄语人才培养是促进两国金融合作的重要保障。一是要设立俄语培训基地。利用黑龙江大学俄语学院和黑河学院外语学院建立我国特有的金融俄语培训基地，每年定向招收有意愿从事金融俄语的人才，重点培养。二是联合培养。双方从经济合作需要出发，就双方共同感兴趣的专业培养人才，尤其利用深圳中俄大学平台为两国培养更多的实用型人才。三是互派留学生。自苏联解体以来，中俄两国互派留学生，加强教育合作已经成为实现相互交流的一项重要措施，要广泛利用留学生资源，每年选派一定比例的留学生从事金融方面的学习，长期坚持不懈，必然能够培养出一大批既懂俄语又熟悉金融的复合型人才。

B.11

“一带一路”倡议与欧亚经济联盟构想对接背景下中俄交通运输合作分析报告

陈秋杰*

摘　要：“一带一路”倡议与欧亚经济联盟对接背景下，中俄两国跨境基础设施互联互通取得重大进展，物流通道建设正在逐步完善。目前，在两国交通运输合作中俄方存在运力亟待提高、吸引外资能力不足、项目落实难等问题；中方则存在口岸运输网欠发达，对俄方心理诉求关注不够，缺乏语言和专业精通的双料交通人才等问题。未来，中俄在联手共建“冰上丝绸之路”，推动高铁、地铁及加强跨境基础设施建设等领域合作前景广阔。

关键词：“一带一路”倡议　交通运输　基础设施　跨境合作

“一带一路”倡议是新时代中国坚持对外开放的全新战略，欧亚经济联盟是俄罗斯、哈萨克斯坦、白俄罗斯、亚美尼亚、吉尔吉斯斯坦等国家组成的经济联合体。俄罗斯是欧亚经济联盟的主要推动国，也是制定重大战略决策的主导国。该联盟的重要任务是简化成员国的关税壁垒，建立商品流通的统一空间。欧亚经济联盟确立的统一空间对中国具有极大吸引力，也与“一带一路”倡议的初衷不谋而合。正是多国合作共赢的发展理念将“一带

* 陈秋杰，博士，黑龙江省社会科学院俄罗斯研究所副研究员，主要研究俄罗斯东部地区问题。

一路”倡议与欧亚经济联盟密切联系在了一起。2015 年 5 月，中俄两国签署《中华人民共和国与俄罗斯联邦关于丝绸之路经济带建设和欧亚经济联盟建设对接合作的联合声明》。2018 年 5 月，中国与欧亚经济联盟签署经贸合作协定，对于推动“一带一路”倡议与欧亚经济联盟对接具有里程碑意义。“一带一路”倡议与欧亚经济联盟对接可以确保中国商品运输到欧洲的最短路线，在提高通关速度的同时减少货物运输时间，并创造性地将亚欧两大洲的多个国家紧密地联系在一起，对亚欧大陆的经济发展和繁荣稳定产生重要影响。“一带一路”倡议与欧亚经济联盟对接离不开交通运输的互联互通，打通物流通道、改善基础设施条件、提高运输能力是当前中俄交通运输合作的主要任务和目标。

一　中俄交通运输合作现状

近年来，中俄两国在交通运输领域的合作稳步发展。“一带一路”倡议为两国的深入合作提供新的契机，“一带一路”倡议与欧亚经济联盟对接为多边合作赢得了更多优势。现阶段中俄在交通运输领域的合作主要表现在以下两个方面。

（一）跨境基础设施互联互通取得重大进展

中俄两国拥有漫长的陆地边界线，跨境基础设施的连通关乎两国全方位合作能否顺利进行。随着“一带一路”倡议与欧亚经济联盟对接不断推进，中俄在跨境基础设施建设方面取得可喜成绩。

1. 跨境管道运输和敷设进展顺利

能源合作一直是中俄合作的重要领域，中俄输油（气）管线的谈判可谓一波三折，中俄双方按照谈判最终确定的原油管线和天然气管线走向敷设的管道基本按时完工。近年来，管道运输在中俄交通运输合作中发挥的作用日益增强。

原油管道确保年输油 3000 万吨。2018 年初，中俄原油管道二线开始从漠河向大庆林源输送原油，它与2011年投产的漠大原油管道并行敷设。这条管道的建成投产，为我国"一带一路"倡议的实施提供了能源支持，同时也在一定程度上优化了我国石油产品的供输格局。由此，中国经管道运输从俄罗斯进口的石油量从原来每年1500万吨增至目前的3000万吨，[①] 对于保障我国能源安全具有重大意义。截至2019年3月21日，中俄漠大原油管道已经累计接收俄罗斯原油1.45亿吨，[②] 它将与新建的中俄原油管道二线共同完成每年3000万吨的输油量。

天然气管道敷设顺利。中俄东线管道项目包括俄罗斯境内的西伯利亚力量管道和中国境内的中俄东线天然气管道。位于俄罗斯境内的西伯利亚力量管道始于科维克金气田和恰扬金气田，途经俄东部地区的三个联邦主体，即伊尔库茨克州、萨哈共和国和阿穆尔州，最终抵达布拉戈维申斯克，管道长度约为3000公里。位于我国境内的中俄东线天然气管道始于中俄边境的黑河市，途经黑龙江、吉林、内蒙古、辽宁、河北、天津、山东、江苏、上海9个省区市，终点为上海市。其中，新建管道长度为3371公里，利用原有管道1740公里。我国境内的新建管道工程于2015年6月开工建设，分北段（黑河—长岭）、中段（长岭—永清）和南段（永清—上海），预计2024年全线实现通气。北段工程已于2019年10月完工，标志着我国东北方向的首条管道天然气进口通道正式打通。12月2日，中俄两国领导人视频连线见证了中俄东线天然气管道投产通气的历史时刻。由于新冠肺炎疫情肆虐，中段和南段工程曾短暂停工，2020年2月，两路段已经相继复工。中俄东线天然气管道工程是目前世界输送压力最高、输送距离最长的天然气管道工程。除干线外，还计划在黑龙江境内修建明水、大庆两条支线。按照中俄东线管道购销合同，每年将引进380亿立方米天然气。[③] 也就是说，从2020年

---

① 《三年蝉联中国最大原油供应国 俄罗斯对华出口原油大增近70%》，http：//www.sohu.com/a/291377208_130887，最后访问日期：2020年10月15日。

② 《中俄（漠大线）原油管线安全平稳运行3000天》，《黑龙江日报》，http：//epaper.hljnews.cn/hljrb/20190322/2.html，最后访问日期：2020年10月14日。

③ 《中俄东线天然气管道工程启用多项新技术》，《黑龙江日报》，http：//epaper.hljnews.cn/hljrb/20190624/1.html，最后访问日期：2020年10月14日。

后的30年内，俄罗斯将向中国供应1万亿立方米的天然气，成为中国市场一个稳定可靠的供应方。

2. 跨境机场设施升级改造

中俄总理定期会晤机制对交通运输合作，特别是航运合作给予特别关注。2019年7月23日，在中俄总理定期会晤委员会第23次运输合作分委会民航工作组会议上强调，今后中俄双方将互相开放中国东北、内蒙古地区与俄罗斯远东地区之间的直达航空运输市场准入，允许双方航空公司根据市场情况开辟航线航班。① 这为“一带一路”建设中加强两国毗邻地区空运基础设施的互联互通提供了政策保障。中国对俄通航的大中城市机场及附属基础设施现代化程度普遍较高，能够满足对俄航空合作的需要，个别机场根据实际情况进行扩建和改造升级。哈尔滨作为中国对俄合作的前沿中心城市，已经成为除北京外，对俄通航线路最多的城市。目前，哈尔滨已开通到达俄罗斯莫斯科、圣彼得堡、新西伯利亚、叶卡捷琳堡、符拉迪沃斯托克、哈巴罗夫斯克、雅库茨克等多条航线，奠定了哈尔滨在对俄合作中的重要空中交通枢纽地位。为满足不断增长的客货业务需要，2015年太平国际机场开始进行扩建工程，包括改建T1航站楼、扩建T2航站楼、新建T3航站楼、增建机场跑道、规划中央航站区、建设配套综合服务设施等。预计2020年改建工程完成后，哈尔滨机场的航站楼面积从13.5万平方米增加到23万平方米。到2030年，机场可满足年旅客吞吐量6500万人次、货邮吞吐量80万吨、航班起降47.8万架次的需求。②

俄罗斯实行“向东转”战略后，不断加强对远东地区中心城市的机场基础设施建设。普京在2019年的国情咨文中指出，未来6年内俄罗斯将对60多座机场进行扩建，其中特别强调了对华航空合作密切的远东地区的几个机场，包括对哈巴罗夫斯克、南萨哈林斯克和堪察加彼德罗巴甫洛夫斯克

---

① 《中俄签署航空运输谅解备忘录》，http://www.caacnews.com.cn/1/1/201907/t20190726_1278427.html。

② 《哈尔滨机场各项扩建工程有序推进》，https://www.sohu.com/a/249625904_100095947，最后访问日期：2020年10月23日。

国际机场将进行现代化升级改造。[①] 自 2015 年设立符拉迪沃斯托克自由港以来，符拉迪沃斯托克的国际地位迅速提升，在对华合作中的作用不言而喻。目前，符拉迪沃斯托克机场正在对跑道进行改造升级，并建设机场酒店群等配套基础设施。符拉迪沃斯托克在原有至中国北京、天津、上海、哈尔滨、大连航班的基础上，自 2019 年 6 月底开始，又陆续开通飞往南京、宁波、西安、武汉、杭州、北戴河的航线。哈巴罗夫斯克国际机场的升级改造项目包括建设紧急救援站、地表污水处理设施及安装具有安防设备的机场围栏等基础设施。此外，远东第三大城市布拉戈维申斯克市的伊格纳季耶沃机场正在落实机场国际航站楼的改造项目，改造后国际航线运输乘客数量将增加 1.5 倍，到 2025 年机场可满足年旅客吞吐量 25 万人次。[②]

3. 跨界江基础设施项目进展顺利

跨黑龙江大桥项目接近尾声。位于中国黑河与俄罗斯布拉戈维申斯克之间的中俄跨黑龙江公路大桥项目早在 1995 年就开始论证，直到 2016 年大桥才正式开工建设，“一带一路”建设成为大桥开工建设的推动力。这座桥梁是我国首次在高纬度寒冷地区建造的钢结构矮塔斜拉桥，也是中俄界河上第一座中俄合作建设的跨境公路大桥，具有标志性意义。2019 年 5 月，黑河大桥实现合龙，同年年底或者第二年年初将验收交工。2019 年，黑河口岸进出口货物为 74.3 万吨，同比增长 28.3%，[③] 创历史新高；旅客出入境人数突破 100 万人次，为 2013 年以来同期最高纪录。[④] 大桥建设前，黑河和布拉戈维申斯克之间的货物运输夏季使用摆渡、冬季依靠冰上和浮箱固冰通道，交通短板显而易见。大桥建成后，在中俄“双子城”之间将形成一条连接纽带，实现两地间稳定而可靠的全年不间断跨境运输。跨黑龙江铁路桥

① 《普京：俄罗斯需加快基础设施现代化 将大举扩建机场》，http://www.ccpit.org/Contents/Channel_3974/2019/0221/1129008/content_1129008.htm。

② Инвестиции в инфраструктуру Дальнего Востока. М. 2019. с. 102.

③ 《黑河口岸进出口货运量 2019 年创历史新高》，https://www.thepaper.cn/newsDetail_forward_5577445，最后访问日期：2020 年 10 月 23 日。

④ 《黑河口岸 2019 年旅客出入境人数突破 100 万人次》，http://www.hlj.xinhuanet.com/klj/2019-12/21/c_138648134.htm。

连接着黑龙江省的同江市与俄犹太自治州的下列宁斯科耶，这座大桥是中俄间的首座跨江铁路大桥。2019 年 4 月，大桥主体工程已经完工。原本预计 2020 年 4 月可实现通车，但由于新冠肺炎疫情突发，通车时间尚无法确定。同江大桥建成将形成一条南连东三省，辐射全国，北接俄罗斯远东地区，辐射俄罗斯腹地的国际联运货物铁路大通道。① 跨江桥项目的建成通车有利于形成新的国际联运通道，可以加强两国间的商品融通和人员交流，也表明两国在跨境基础设施建设方面取得了重大进展。

跨界江索道开工建设。2019 年 7 月，黑河—布拉戈维申斯克跨黑龙江索道开工修建，这是中俄两国间的第一条跨境索道。规划索道全长 972 米，运行速度可达到每秒 7 米，设计能力为全年可运输 600 万人次。索道预计在 2021 年初开通运行，游客乘坐跨江索道只需在 10 分钟之内便可实现单次过境，通关效率会大大提高。索道是跨越黑龙江的捷径，可以解决跨境游客冬走浮桥、夏乘轮船、春秋乘坐气垫船的不便，实现全年不间断地人员往来，能够更安全、更快捷地运送两地游客。跨江索道建成后，必将拉动游客数量增长，也将进一步加强黑河与布拉戈维申斯克市，乃至黑龙江省与阿穆尔州的旅游合作。

（二）物流通道建设逐步完善

“一带一路”倡议与欧亚经济联盟对接对物流通道建设提出了更高要求，如何在新形势下不断完善原有物流通道、构建新的物流通道，成为摆在中俄两国面前的共同课题。

1. “中蒙俄经济走廊”构想逐步实施

基于“一带一路”推进建设的“中蒙俄经济走廊”构想，与“滨海 1 号”项目相连，能够形成连接包括日本在内的东北亚地区和欧洲的陆海联运通道。“中蒙俄经济走廊”在中国境内有两条铁路通道：一是华北通道，从京津冀到呼和浩特，再到蒙古和俄罗斯；另一个是东北通道，从大连、长

① 吕萍：《黑龙江省边境口岸发展现状》，《俄罗斯学刊》2015 年第 2 期。

春、哈尔滨到满洲里出境进入俄罗斯。具体来说，建设“中蒙俄经济走廊”需要落实三国之间的基础设施互联互通和跨境运输通道畅通的10多项方案，包括实施铁路运输走廊的现代化改造项目。以西北通道为例，这条铁路运输通道起自中国天津，途经北京、张家口、乌兰察布，从二连浩特出境到蒙古国的扎门乌德、乌兰巴托，从苏赫巴托进入俄境，从纳乌什基抵达乌兰乌德的铁路运输走廊。在这条运输走廊中，中方一段铁路运力较高，甚至多段铁路已经实现高铁运营，即使是中蒙交界的二连浩特—扎门乌德铁路宽轨联络二线也已于2012年开通，运力从原来的日通行8.5对列车增加到16对。因此升级改造的重点是俄蒙境内的铁路线，尤其是俄蒙交界的纳乌什基至苏赫巴托线路由于机车老化、车皮短缺等问题致使运力较低。在公路方面，现有的连接中蒙俄三国的亚洲公路网主要有两条，一条是亚洲公路网3号线（AH-3），即从中国天津出发，途经北京、河北、内蒙古，从二连浩特口岸出境进入蒙古国的扎门乌德口岸，经沙音山达、乌兰巴托、达尔汗等地，从阿勒坦布拉格口岸出境进入俄罗斯的恰克图口岸，终点抵达乌兰乌德；另一条是亚洲公路网4号线（AH-4），即从中国新疆的红其拉甫出发，途经喀什、乌鲁木齐，从塔克什肯口岸出境进入蒙古国的布尔干口岸，经科布多、巴彦乌列盖，连接俄罗斯的戈尔诺阿尔泰斯克、巴尔瑙尔直抵新西伯利亚的公路。这两条国际公路运输通道在“中蒙俄经济走廊”中发挥着中转运输作用。从AH-3和AH-4公路目前的状况来看，中方境内基本实现高速公路化，基础设施条件比较优越。相比之下，蒙古国和俄罗斯境内的公路网应该提档升级，口岸基础设施需要升级改造。2019年7月初，中蒙俄三国在满洲里举行了《关于沿亚洲公路网国际道路运输政府间协定》联委会第一次会议，宣布中蒙俄国际道路运输正式启动，这是对“中蒙俄经济走廊”建设的重要支撑。在《协定》框架内，俄蒙两国境内的公路基础设施建设和升级改造正在逐步落实，中蒙俄国际道路运输走廊的畅通和提速指日可待。

2.“滨海1号”“滨海2号”项目推进落实

俄罗斯“滨海1号”和“滨海2号”国际交通运输走廊是与“一带

一路”倡议相对接的重大项目，也是“中蒙俄经济走廊”的重点项目。2017年7月4日，在中国领导人访俄期间，中俄两国签署了《发展“滨海1号”和“滨海2号”国际交通走廊合作备忘录》。“滨海1号”和“滨海2号”国际交通运输走廊途经俄远东超前发展区的中心——符拉迪沃斯托克自由港。根据《自由港法》，自2016年10月1日起，这里的检查站实行昼夜工作制和“一个窗口”的边检制度，对自由港的入驻企业实行自由关税区制度、货物预先电子报关制度，运行对外经贸活动的参与企业走绿色通道。①

一直以来，黑龙江、吉林作为我国对俄合作的前沿，与出海口的平均距离超过1000公里，导致物流费用成本较高。取道滨海边疆区的“滨海1号”和“滨海2号”货运路线，可以实现黑、吉两省的“借河出海”构想，能够将陆路货运距离缩短200~500公里，运费降低10%~40%，作为替代线路具有一定的吸引力。“滨海2号”在运输距离上，从长春、吉林、延吉三市去往俄罗斯港口的运距均短于去往大连港的运距。以吉林市为例，上述运距可缩短276公里，而从延吉出发运距则可缩短876公里。据俄罗斯滨海边疆区政府发布消息，截至2019年初，经“滨海1号”国际交通运输走廊的运输量增长80%，从2136个6.1米标准集装箱增至3934个，而经“滨海2号”的运输量增至2145个标准集装箱。② 预计到2030年，通过“滨海1号”“滨海2号”国际交通运输走廊转运的货运量可以达到年过货量4500万吨，其中“滨海1号”可达到年过货量700万吨，“滨海2号”可达到3800万吨，③ 包括2300万吨粮食（小麦、大豆、稻米）和1500万吨其他货物。

对于中方来说，“滨海1号”“滨海2号”项目的吸引力在于，可以为中国东北省份打开取道俄罗斯境内通往海洋最短距离的出口。但需要投入资

---

① 萨佐诺夫、陈晓：《中俄区域和欧亚交通运输走廊建设分析》，《西伯利亚研究》2018年第5期。

② Объем грузоперевозок по МТК《Приморье－1》вырос почти в 2 раза，https：//www.primorsky.ru/news/164469/.

③ 张丽、闵融融：《中俄东北跨境铁路运输走廊构建刍议》，《东北亚学刊》2019年第1期。

金对俄罗斯港口设施和沿线道路改造升级，发展和提高运输走廊的运力，还需要制定相应的优惠政策，把其他线路运输的货物吸引到“滨海 1 号”和“滨海 2 号”国际交通运输走廊上来。

3. 哈俄、哈欧班列有序运行

哈欧班列是由哈欧国际物流股份有限公司推出的从哈尔滨出发，终点到达欧洲的国际货运班列。自 2015 年 6 月首发以来，哈欧班列每周发一班，目前已经开通到达马拉舍维奇（波兰）、汉堡和杜伊斯堡（德国）、泽布鲁日（比利时）、明斯克（白俄罗斯）班列，并实现常态化运行，是黑龙江省在“一带一路”建设过程中构建的主要国际物流通道之一。截至 2019 年 8 月，哈欧班列累计发运 882 班次、51488 标箱，货物总价值 20 亿美元。① 哈欧班列开通以来，承担着将中国生产的沃尔沃整车、高新技术产品、轻纺及日用品等远销欧洲，再从欧洲进口汽车零配件、高端日用品、木材等的任务，同时也为地产商品打开了销路。例如，黑龙江地产的亚麻产品一直受到欧洲市场的青睐，之前经大连港海运周期需要 40～60 天时间，哈欧班列可以实现 3 周抵达目的地，大大缩短了运输时间。哈欧班列主推汽车配件及整车、装备制造行业运输业务，在众多中欧班列中被称为“汽车专列”，同时着重发展进出口高附加值产品运输，保证了班列货量增长的底舱货源。

除哈欧班列外，自 2016 年 6 月起，哈俄班列实现运营常态化，相继开通哈尔滨经满洲里出境到达新西伯利亚、彼尔姆，终点抵达叶卡捷琳堡班列，以及哈尔滨到比克良等地班列。2019 年又开通从俄罗斯梅尔基站始发，途经谢利贡、普里阿穆尔斯卡亚、哈巴罗夫斯克、列索扎沃茨克等主要铁路站点，然后经绥芬河口岸入境到达哈尔滨的新班列。它与原有的满洲里线路形成互补，使哈俄班列实现在俄罗斯境内的全覆盖。哈俄班列的俄线进口板材、纸浆班列已形成固定周期发运，并逐步建立起以哈尔滨为中心，辐射全国的板

① 丝路评论：《哈俄班列增开新线路 梅尔基—绥芬河—哈尔滨班列顺利开通》，《生活报》，http：//www.beltroadwaynews.com/pinglun/11420.html，最后访问日期：2020 年 10 月 14 日。

材、纸浆集散中心，提升了哈尔滨在对俄合作的中心城市地位。自哈俄班列开通以来，已累计发运352列、25150标箱，货物总价值4亿美元，[①] 位于东线中欧班列发运前列，并已逐渐形成了“哈俄班列”跨境物流通道品牌效应。

表1 哈俄班列概况

始发站	终到站	班列首发时间	首班列运输货值（万美元）	途经站	主要运输商品
哈尔滨	叶卡捷琳堡	2016.03.12	154	满洲里、新西伯利亚、彼尔姆	汽车配件
哈尔滨	比克良	2019.05.11	750	满洲里、后贝加尔斯克、伊尔库茨克	机械设备
梅尔基	哈尔滨	2019.08.13	10	哈巴罗夫斯克、绥芬河	板材、纸浆

资料来源：《首班哈俄班列抵达叶卡捷琳堡》，http://hlj.people.com.cn/n2/2016/0312/c220027-27919303.html；《哈俄班列“哈尔滨—比克良”成功开行》，https://www.sohu.com/a/313335250_99960365，最后访问日期：2020年10月23日；《哈俄班列增开新线抵达哈尔滨》，http://hlj.people.com.cn/n2/2019/0818/c220027-33261006.html。

哈欧、哈俄班列之所以能够实现常态运营，与铁路运输固有的优势及先进的服务理念密不可分。首先，相比海运，铁路运输具有运输时间短、风险低、安全性高等优点；相比空运，哈欧、哈俄班列的运输成本合理，产销双方“按需生产”，解决了以往的货物积压问题，使生产和运营成本得以下降。其次，班列严格控制运输时间，基本不存在受自然环境、气候等因素延误情况，运输时间以小时计算。最后，班列能够利用现代物流信息化平台，对货物做到全程监控和数据化管理，客户可对班列进行实时定位，随时了解班列的运行情况，清楚货物所在位置。

哈欧、哈俄班列是在中俄全面加强合作时期推出的中欧班列东部通

① 丝路评论：《哈俄班列增开新线路 梅尔基—绥芬河—哈尔滨班列顺利开通》，《生活报》，http://www.beltroadwaynews.com/pinglun/11420.html，最后访问日期：2020年10月14日。

道。它以哈尔滨作为中心节点，涵盖运输、仓储、通关、集散等多种功能，并以东北为基地、辐射华东华北华南的国际物流通道综合平台，实现中国各地与俄罗斯远东及腹地、欧洲国家的货物流通。哈欧、哈俄班列与我国广州、青岛、南京、重庆、厦门、武汉、郑州等地发往俄罗斯及欧洲的其他中欧班列遥相呼应，构成中俄经贸合作中的重要物流通道。

二　中俄交通运输合作存在的问题

中俄交通运输合作中，俄罗斯基础设施相对落后，致使很多跨境合作项目在俄境内进展不够顺畅。远东地区是俄罗斯对华交通运输合作的前沿地区，表现出来的问题具有代表性。归结起来，远东在交通运输合作中存在的主要问题有三个。

一是运力亟待提高。2018 年，俄远东联邦区铁路运输货物 8460 万吨，公路运输 9750 万吨，航空运输 10 万吨，海洋运输则高达 2.005 亿吨。[①] 远东铁路运输的货物中煤炭占 36.6%，石油产品占 21.6%，木材占 10%，水泥占 2.5%，黑色金属占 1.4%。远东港口装卸的货物中煤炭所占比例高达 50%，大部分煤炭从西伯利亚地区经贝阿铁路或西伯利亚大铁路运输到远东港口，然后再出口到我国东南沿海地区。2018 年，远东铁路经港口转运的出口商品数量达 9890 万吨，占出口总量的 1/3。大宗能源产品的对华出口急需完善和提高远东铁路和港口基础设施的运力。目前，远东几大港口已经接近运力极限或处于超负荷作业状态：2018 年，远东最大的海港——东方港——利用率高达 99.1%，波谢特港为 113.9%，瓦尼诺港 78%。预计到 2030 年，俄罗斯出口的煤炭数量将占亚太市场总份额的 13%。远东港口的升级改造、扩大运能迫在眉睫。受运输瓶颈制约，远东地区一些潜力巨大的能源产地无法将产能全部开发。例如，萨哈共和国（雅库特）的埃利金煤

① Инвестиции в инфраструктуру Дальнего Востока. М. 2019. с. 13.

田、图瓦共和国的乌鲁格赫姆煤矿煤炭储量丰富，但由于交通不便无法开发全部产能，需要修建通往矿区的铁路支线刺激产能提高。还有许多贝阿干线沿线地区的煤矿、铁矿、铜矿等都由于铁路运力低而无法满负荷开采。[①] 2018 年 5 月，普京签署总统令，规划未来六年的发展蓝图，即 2024 年前俄联邦的战略发展任务和目标，其中铁路部门计划将贝阿干线和西伯利亚大铁路的运力提高到 1.82 亿吨。

二是引资能力不足。尽管俄罗斯政府推出了“优先发展远东”战略构想，但就经济多项指标来看，远东仍处于俄罗斯各联邦主体垫底位置，即使是布里亚特和外贝加尔边疆区的加入也没能改变远东经济落后的局面。受西方国家对俄实行经济制裁影响，俄罗斯政府实行了一系列刺激远东经济发展的利好措施，并将基础设施建设列为远东的优先发展方向之一。2018 年，远东地区财政预算名义投入到基础设施共 934 亿卢布，同比增长 11%；远东基础设施投资额占全国各地区总投资额的 7%，同比增长 0.8%。根据普京提出的发展蓝图，涉及远东联邦区交通基础设施的项目包括完善当地港口、建造破冰船、扩大贝阿干线和西伯利亚大铁路的运能等几大任务。2019 年 2 月俄政府颁布《2024 年前俄罗斯重大基础设施改扩建综合计划》（以下简称《计划》），将重大基础设施分为两大板块，即“交通运输基础设施板块”和“能源电网基础设施板块”。俄联邦计划投入 6.35 万亿卢布用于交通基础设施建设，分配到各联邦区的资金占 51%，其中中央联邦区占比最高，达到 26%，南部联邦区、伏尔加联邦区各占 6%，乌拉尔联邦区 4%，远东、西北联邦区各占 3%，西伯利亚联邦区占 2%，北高加索联邦区占 1%。按照《计划》，到 2024 年前，用于发展远东地区交通基础设施的资金约为 1680 亿卢布。很显然，仅靠这些有限的资金无法完成远东地区的多项重大基础设施项目建设，缺口部分的资金就需要通过多种方式进行融资。然而，由于俄罗斯在投资方面的法律法规尚不够健全，部分法规出台耗时过长，致使一些外国投资者感兴趣的优质投资项目错失最佳投资时机。此外，俄罗斯

① Инвестиции в инфраструктуру Дальнего Востока. М. 2019. с. 14.

自2012年加入WTO以来，有关吸引外资方面的法律法规尚处于完善和修改阶段，因此导致一些法律法规改动频繁，且相关规则、制度在制定和修改过程中不够透明，令很多外国投资者感到无所适从。在过去的十年时间里，远东制定的交通基础设施建设领域的投资项目不少，但能达成意向并最终落实的项目并不多。中方一直有意投资远东交通基础设施建设，比如，多家公司积极参与“滨海1号”和“滨海2号”国际交通走廊的基础设施、远东港口、公路、铁路建设等项目的招投标中，也有企业多次与俄地方政府商议投资事宜。除中国外，印度和日本也有意投资远东基础设施项目。相较而言，之前参与远东港口建设、机场扩建项目的韩国和新加坡两国的投资兴趣有所减弱，也从侧面表明了远东的项目吸引力和融资能力不尽如人意。

三是项目落实难。中俄两国是世界上拥有陆地边境线最长的邻国，开展交通运输合作潜力巨大。然而，两国间合作的大项目数量少且进展缓慢是不争的事实。以跨黑龙江公路桥——黑河大桥为例，早在1995年两国就签署《中华人民共和国政府和俄罗斯联邦政府关于共同建设黑河—布拉戈维申斯克（阿穆尔河）大桥的协定》。但直到2016年12月，黑河大桥才开始正式开工建设。纵观20多年的黑河跨江大桥谈判史，一直是中方积极主动、俄方推诿拖延为主基调。究其根本原因，一方面，俄方缺少修建跨江大桥的主观能动性，普遍认为大桥的预期收益和使用率低。有俄罗斯学者指出，“如果仅仅是俄方向中国出口能源和原材料，中方向俄出口轻工产品，由于俄远东市场极其有限，因此不可能有很好的经济效益”。[①] 另一方面，俄罗斯的政府决定在地方难于执行。在修建大桥谈判过程中，中俄两国分别于1995年、2006年、2013年几次将大桥建设项目列入政府间协议中，但每次协议签订后，中方都会积极落实，而俄地方政府却总是以政府高层意见分歧、建桥资金无法落实等各种借口拖延，最终导致大桥项目直到2016年年底才得以落实。

① 刘爽、马友君、钟建平：《中俄沿边地区基础设施建设状况考查及分析》，《欧亚经济》2017年第1期。

在对俄交通运输合作中，相较于俄方，中方的基础设施现代化程度高，资金相对充裕，且项目推进速度快，但也存在制约合作的诸多问题。从中方角度来看，需要考虑以下三方面的因素。

一是口岸运输网欠发达。中国已经成为当今世界上交通运输网最为密集的国家之一。然而，对俄口岸主要分布在黑龙江、吉林、内蒙古三个边疆省份，处于我国运输网的“神经末梢”，无法建立起像枢纽城市一样四通八达的“动脉”运输网。以黑龙江省的黑河口岸为例，应该说，无论是从口岸基础设施还是通过能力来看都属于我国对俄合作的大型口岸。但直到现在，省会哈尔滨通往黑河的北安—黑河段铁路仍然是地方铁路。这段铁路早在1989年就建成通车，经过多年运行路基已经老化，设备陈旧，运输能力大大受限。随着中俄原油管道和东线天然气管道工程相继竣工，黑河跨黑龙江公路大桥开通在即，对货运能力的要求将日益提高，这时黑河铁路运能差、时速低等短板问题暴露无遗，成为制约“一带一路”建设和互联互通的瓶颈。满洲里、绥芬河口岸过货量在对俄口岸中位列前茅，虽然它们的铁路状况好过黑河，甚至已经拥有通往其他城市的高速铁路，但仍然面临着处于“神经末梢”的境地。只有打通俄罗斯市场，解决制约运力提高的换轨等问题，才能发挥对俄口岸在“一带一路”建设中的重要节点城市作用。

二是对俄方的心理诉求关注不够。首先是落差心理。曾经的苏联是超级大国，现在的俄罗斯虽然继承了苏联的衣钵，但经济实力已不能与苏联时期同日而语。尽管如此，俄罗斯仍以大国自居，不愿甘为人后，喜欢扮演世界上“独一无二”的救世主角色。在很多俄罗斯人的心中，是不愿意承认曾经的中国“小弟”已跃升为世界第二大经济体的。其次是戒备心理。多年来中方学者反复强调的“中俄资源优势互补”，让俄罗斯人误以为中国是认准了俄罗斯的资源才会与之合作，因此不愿在地广人稀的远东地区修路架桥，让更多的资源输出到中国。俄方或出于边境安全，或出于经济安全考虑，认为中俄目前的交通基础设施可以基本满足两国之间的人员、货物流通，不需要再新建桥梁扩大人流、物流规模。受这种言论影响，俄方常常表现出对合作缺乏积极性，致使一些基础设施项目的谈判屡屡受挫或停滞。此外，“黄祸论”在俄罗斯远东甚至欧洲地区还是影响着一部分人。殊不知最新的数据表明，在远东地区的外国人口中占据第一位的是来自中亚（主要是乌兹别克斯坦和塔吉克斯坦）的移民，他们的人数已经远远超过了中国人。最后是利益至上心理。国与国交往遵从的都是利益至上原则，只有对本国有利的项目才具有吸引力。中方在设计、落实一些交通运输合作项目时，由于没有设身处地地考虑俄方的经济诉求，很有可能导致项目搁置甚至夭折。

三是缺乏语言和专业精通的双料交通人才。中俄开展交通运输合作的基础是人才，人才的基础在教育。目前，在中俄高校的交流合作中，虽然已经取得了一些成绩，如北京交通大学与圣彼得堡国立交通大学联合创办的中俄交通学院，大连海事大学与涅维尔斯基国立海事大学开展经济学的双学历教育等，但远远不能满足中俄两国交通运输合作中对交通专业和语言双料人才的需求。此外，两国交通运输领域的相关企事业单位也没有建立起长期、稳定的人才交流和培训，因此在落实具体项目时经常会由于双方不熟悉对方的业务和工作流程而产生不必要的麻烦。特别是中国具有技术优势的高铁领域、道桥建设领域，俄罗斯拥有传统优势的轨道交通等领域，只有在优势领域里培养出懂语言的专业人才，才能为今后的两国合作奠定坚实的基础。

三　中俄交通运输合作的前景

俄罗斯总统普京曾指出，开发远东是俄罗斯的优先发展方向。俄罗斯远东开发与中国东北老工业基地振兴战略不谋而合，在“中蒙俄经济走廊”构想中俄远东和中国东北是重要的参与地区，特别是在“一带一路”倡议和欧亚经济联盟对接背景下，中俄在交通运输领域合作前景广阔。

首先，交通基础设施的互联互通符合两国的政治需求，中俄联手共建“冰上丝绸之路”。当前俄中关系处于历史最好时期，特别是俄罗斯面对西方国家的制裁压力不断增大，我国与美国的贸易摩擦持续升级，这样的国际环境直接或间接地促成了中俄在经济领域有望展开更为密切的合作。俄罗斯是中国“一带一路”倡议的重要伙伴国，同时，“一带一路”倡议又为中国打开了与欧亚经济联盟合作、与俄罗斯共建“冰上丝绸之路”的大门。2017 年 7 月，中国国家主席习近平与俄罗斯总理梅德韦杰夫达成共识，“要开展北极航道合作，共同打造‘冰上丝绸之路’”。“冰上丝绸之路”将成为中俄两国共同探索的新的交通运输合作目标。

中俄共建“冰上丝绸之路”的核心是北方海路，没有北方海路的畅通就没有“冰上丝绸之路”的持续繁荣。北方海路指俄罗斯北部海岸线沿北冰洋，从新地岛喀拉门到白令海的普罗维杰尼亚湾之间的船舶通航水域。它是将俄罗斯的欧洲部分与远东地区连接起来的最北航线，也是连接欧洲与亚太地区、北美西部的最短海上路线。北方海路的大部分路段位于北冰洋水域，有些只有一至两个月的通航期。近年来由于全球气候变暖，适宜航行时间增加，北方海路的开发潜力大增，吸引多国广泛关注。中国提出“一带一路”倡议后，在俄罗斯实施的首个特大型能源项目——亚马尔液化天然气项目——就位于俄罗斯境内的北极圈内，中石油和丝路基金在项目中占股分别为20%和9.9%。2018 年 10 月，亚马尔液化天然气首次用时 20 天经北方海路运输到中国江苏，比传统经苏伊士运河节省 20 天时间。[①] 2019 年 7 月,更是实现了从俄罗斯萨别塔港经北方海路运抵天津的最短 16 天的新纪录。除运输液化气外，2019 年 10 月，俄罗斯首次尝试经北方海路向中国运输总重量达 2.3 万吨的矿物肥。此次运输共 30 天，比经苏伊士运河运输减少 15 天，比绕经非洲好望角节省 25 ~ 30 天。[②] 可以说，未来中俄在共同开发北方海路、共建“冰上丝绸之路”上的前景十分广阔。

其次，交通基础设施的互联互通符合两国的战略合作需求，有望在高铁、地铁建设方面展开合作。中国自改革开放以来，用 40 多年的时间在交通基础设施建设领域积累了可供俄方借鉴的宝贵经验，并且在高铁技术等领

---

① 《中国首船亚马尔液化天然气交付中国石油》，http：//www.sohu.com/a/242354136_626761，最后访问日期：2020 年 10 月 23 日。

② Мультимодальный маршрут через Северный морской путь, https：//www.gudok.ru/freighttrans/？ID = 1480113，最后访问日期：2020 年 10 月 23 日。

域已经达到世界领先水平。俄罗斯正处于产业升级的转型阶段，交通基础设施的发展势必要跟上步伐，未来俄罗斯的交通基础设施拥有不可估量的发展潜力。

俄罗斯土地广博，交通运输网相对稀疏，铁路是重要的交通工具，东部地区的西伯利亚大铁路、贝阿干线陆续实现电气化。近年来，俄罗斯有意修建高速铁路，改善国内的运输状况。2014 年 10 月，中俄两国签署“高铁合作备忘录”，拟建一条莫斯科至北京的高铁，作为新丝绸之路的一种方案。北京—莫斯科高铁的第一段铁路计划实施莫斯科—喀山高铁项目，之后继续延伸到中国境内。到 2016 年底，俄罗斯铁路公司已经联合中方公司完成了选址等工作，比预计的施工时间表有所推后。更让人意想不到的是 2019 年 3 月底，俄《生意人报》报道莫斯科—喀山高铁项目有可能搁置甚至取消，这使中俄高铁领域的合作面临着某种不确定性。取而代之，自 2019 年 4 月开始，普京批准启动莫斯科至圣彼得堡高速铁路设计工作。截至目前，俄罗斯最终的决定我们还不得而知，但分析莫斯科—喀山高铁项目被叫停大致有以下几个原因：首先是资金问题。工程总造价高达 240 亿美元，即使中国部分出资，受西方制裁的俄罗斯经济也很难筹措到其余资金。其次是客流量问题。俄罗斯地广人稀，莫斯科到喀山之间虽属人口密集区，仍无法确定高铁的客流量。因为高铁造价高，票价定低虽可以保证客流，但必将以高铁亏损作为代价；而票价定高则会无人乘坐，更难收回成本。再次是成本问题。高铁的铁轨、动力分布与普通铁路不同，因此不能使用原有铁路线，势必造成一定的浪费，导致成本偏高。最后是迫切性问题。建设莫斯科—喀山高铁并非俄罗斯迫在眉睫需要解决的问题。俄罗斯不像中国，一线城市人满为患，发展高铁势在必行。莫斯科人口数量超千万人，但高铁途经的喀山、下诺夫哥罗德等城市人口都只有 120 多万人。况且现在的莫斯科—喀山铁路时速也可以达到每小时 130 公里，两地间的航空、公路运输可以弥补铁路运输的不足，因此修建高铁不具有迫切性。我们当然希望莫斯科—喀山高铁项目最终能够顺利实施，中方也能如愿参与到高铁的建设中。但一旦莫斯科—喀山高铁项目夭折，我们也应积极总结经验教训，争取今后能够有更大的胜算参与到对俄交通运输合作中。除莫斯科—喀山高铁外，中俄跨境地区也是推行高铁合作的重要关注地区。目前绥芬河至符拉迪沃斯托克、牡丹江至符拉迪沃斯托克的高铁项目都在进行可行性研究和前期论证。

尽管中俄高铁合作项目前途未卜，但在地铁建设领域中俄合作发展潜力不容小觑。2017 年 1 月，中国铁建股份有限公司中标莫斯科地铁的第三换乘线路，即“大环线”西南段项目。目前项目进展顺利，预计 2020 年竣工。2019 年 2 月，中国铁建获得莫斯科地铁第三换乘线路东段盾构工程建设合同；4 月，又获得莫斯科地铁西南线项目施工合同。三次地铁订单合同额达 576.4 亿卢布。这表明，中国成熟的盾构技术得到了俄方的认可，中国先进的地铁施工技术及设备在俄罗斯基建市场大有可为。莫斯科地铁建于斯大林执政时期，是全俄乃至欧洲地铁的典范，第三换乘环线项目是莫斯科市的重点民生项目，中国铁建集团能够参与其中是对传统欧洲地铁市场的挑战，也将为中俄在基建领域的合作谱写新的篇章。此外，俄罗斯圣彼得堡市也对中国企业参与地铁建设项目表现出兴趣，未来有望开展合作。

最后，以跨江桥建成为契机，中俄在远东地区跨境交通运输领域合作将不断深入，实现从交通基础设施的互联互通到两国全方位合作的战略布局。黑河、同江跨黑龙江大桥项目是中俄双方在“一带一路”倡议对接合作框架下，推动交通基础设施领域务实合作的重要内容，是中俄跨境通道建设的历史性突破。两座大桥开通后，将形成新的国际公路、铁路大通道，实现中俄地方城市之间的连通。预计大桥通车后，黑河与布拉戈维申斯克市之间的年均客运量将达到 140 万人次，货运量将达到每年 300 万吨,① 比目前分别增长 2 倍和 10 倍。同江大桥的设计过货能力将提升到 2100 万吨。② 黑河、同江两座大桥建成后，可进一步促进黑龙江省与俄远东地区基础设施互联互通，形成向东连通俄远东人口稠密地区，向西进入俄腹地和欧洲各国，向南可至中国内地、东南沿海、港澳台地区、朝鲜半岛、日本、东南亚各国的新

---

① 《中俄黑龙江大桥合龙》，https：//www.sohu.com/a/319391405_ 120051348，最后访问日期：2020 年 10 月 23 日。

② 燕楠、李亚、王喆：《黑龙江省对俄货运通道建设研究》，《对外经贸》2017 年第 6 期。

的国际运输大通道。

跨界江大桥的建成可以作为中俄跨境合作的典范，推动其他跨境基础设施建设项目稳步推进。目前中国铁建、交建集团等大型企业已经陆续进入俄远东基础设施建设市场，正在或者即将达成合作，详情见下表。

表 2　2019～2020 年中国投资远东基础设施建设的具体项目

投资商	投资领域	在远东已建或有潜力投资项目	2019～2020 年在俄投资潜力(亿卢布)
山东高速集团有限公司	公路建设	2018 年 9 月签署承建《哈巴罗夫斯克绕城公路第 13 至 42 公里》协议	100～200
中国中铁东方国际建设公司(中国中铁国际集团的分公司)	铁路建设	2018 年 4 月,与俄远东吸引投资和出口支持署签署协议,拟建设牡丹江至符拉迪沃斯托克高铁项目。项目总长 380 公里,投资约为 120 亿美元。 2018 年 8 月,提议建设绥芬河至符拉迪沃斯托克 180 公里高铁,项目估价 70 亿美元	30～50
中国铁建股份有限公司(CRCC)	铁路运输	2018 年 9 月签署跨勒拿河大桥建设备忘录,项目价值 600 亿卢布	300～400
中国交通建设股份有限公司(CCCC)	公路、港口建设	参与俄罗斯湖多功能集群建设(200 亿卢布,2018 年); 2017 年 7 月签署共同发展"滨海 1 号"和"滨海 2 号"交通运输走廊备忘录	200～400
中国投资有限责任公司(CIC)	铁路运输,公路建设	参与跨黑龙江铁路桥项目建设	100～200
中国国家开发银行(CDB)	铁路运输,公路建设	2015 年,与俄对外经济银行签署向远东和西伯利亚投资 80 亿美元的框架协议;与俄对外经济银行签署为期 15 年的支持远东投资项目的框架协议,协议总价值 500 亿卢布(约 8.5 亿美元)	2000
中国铁路工程总公司(CREC)	铁路运输	有意参与"滨海 1 号"和"滨海 2 号"国际运输走廊建设	400～600

资料来源：Инвестиции в инфраструктуру. Дальний Восток. М，. 2019. с. 78 –79。

由于俄方资金短缺，目前上述的大部分项目进展缓慢。近年来，中国交通运输领域的快速发展让中方有信心、有能力投资俄交通基础设施市场，大部分的中国意向投资方是大型国有银行、国有企业和国家投资基金。中国投资者常采取与金融挂钩的模式，即中资银行提供贷款给中国建筑公司或供应商完成在俄投资项目。未来两年内，中国向俄罗斯基础设施投资潜力为3150～3850亿卢布，远东可利用的中方资金大约会占到1/4。相对于韩国扩建哈巴罗夫斯克机场并拥有机场10%股份，日本购买哈巴罗夫斯克机场10%股份和投资东方港、瓦尼诺港，新加坡投资符拉迪沃斯托克机场等项目，中国在远东交通基础设施建设中合作涵盖的范围更广、投入资金更多，与远东开展合作也是最具有诚意的。因此，未来中俄无论是在远东还是欧俄地区的交通运输领域的合作前景都十分广阔。如果能制定出符合中俄双方利益的合理投资方案，必将推动今后两国跨境交通运输领域的进一步合作。

四 对策建议

在“一带一路”倡议与欧亚经济联盟对接背景下，中俄两国为进一步深化中俄交通运输合作，应着重在以下三个方面加强合作。

一是要多层次加强两国交通运输领域对接发展，为实现中俄区域合作、地方合作的互联互通提供运输保障。中俄两国政府高度重视将“一带一路”倡议与俄罗斯的北方海路开发战略对接，将中俄合作开发利用北方海路提升到共同打造“冰上丝绸之路”的构想。事实证明，中俄在北极亚马尔液化天然气项目上的双赢合作，已经展现出两国共建“冰上丝绸之路”的美好前景。

虽然到目前为止，“冰上丝绸之路”概念的内涵、外延并没有明确定义，需要在中俄两国乃至多国的合作中不断充实和完善。但我们能够确定的是，俄罗斯提出的“滨海1号”和“滨海2号”国际运输走廊以及北方海路开发涵盖其中。因此，中方企业应抓住这两条交通走廊建设的有利时机，在“滨海1号”和“滨海2号”沿线，尤其是中俄边境地区、铁路中转站、港口等关键节点开发园区平台，吸引中俄日韩等国家的企业入区，建设集商贸、物流、中转、保税等功能为一体的大型物流园区。

除国家层面的战略合作外，应加强地方层面的沟通和合作。作为中国对俄合作的最前沿，东北三省应充分研究如何利用地缘优势加入"冰上丝绸之路"构建中，继续巩固和建设通往符拉迪沃斯托克、扎鲁比诺等港口的海上通道。中国东北三省应紧紧抓住构建"中蒙俄经济走廊"的历史机遇，加快落实我国"东北振兴"与俄罗斯"远东开发"的政策对接，改变东北三省长期以来形成的"边缘经济区"和"资源供应区"地位，将其打造成中俄两国乃至东北亚、亚太地区的开放开发试验区。为此，黑龙江、吉林两省可采取"借港出海"策略，利用俄罗斯的符拉迪沃斯托克、扎鲁比诺等港口打通出海大通道。辽宁省应进一步利用大连等港口，发挥带动作用，打造东北对外合作的新高地。此外，在中俄油气合作中，应该让东北这个国家重要石化工业基地在自俄进口油气产品的落地加工方面发挥作用，扩大石化工业产业链。①

二是抓紧落实中俄两国间的交通运输合作重要项目，以大项目推动两国交通基础设施的互联互通。目前，中俄两国间已经或正在落实的交通运输合作大项目包括中俄原油管道项目、东线天然气管道项目、跨黑龙江铁路桥（同江大桥）项目和跨黑龙江公路桥（黑河大桥）项目。这些大项目的落地实施必定会带动两国边境地区交通基础设施的稳步发展，为两国经贸合作的跨越式发展奠定基础。

黑龙江省作为对俄合作的桥头堡，在大项目推动下享受的国家红利也最多。应在全力推进、落实大项目的同时，积极发展省内的航空、铁路、公路、水路运输，以省会哈尔滨作为交通枢纽，建成辐射黑河、绥芬河、同江及满洲里等对俄重要口岸，与俄罗斯远东、西伯利亚、乌拉尔等多个地区及莫斯科等地保持频繁的航空运输联系的交通运输网，加速实现我国对俄合作的提档升级。

此外，借助推动中俄交通运输合作的重点项目，深入研究俄方在交通运输领域，特别是基础设施建设领域的项目，准确定位双方能够开展合作的方

---

① 姜毅：《对发展中俄边境地区口岸经济的思考》，《欧亚经济》2017 年第 6 期。

向。例如，目前俄远东地区的交通基础设施重点项目除黑河大桥、同江大桥的后续收尾工程项目外，还包括完善远东地区航空货运网项目（12 亿卢布）、瓦尼诺—霍尔姆斯克客货火车轮渡建设项目（98 亿卢布）、改善哈巴罗夫斯克机场项目（49 亿卢布）等；未来 2 ~ 5 年，远东地区重点发展的大项目包括建设连接俄大陆和萨哈林岛的铁路桥，即连接谢利欣和内什的跨涅韦尔斯科伊海峡铁路桥项目（5403 亿卢布）、符拉迪沃斯托克环城公路项目（1000 亿卢布）、雅库茨克跨勒拿河大桥项目（800 亿卢布）及阿穆尔州跨结雅河大桥项目（200 亿卢布）等。

三是加大两国交通人才培养和交通技术合作力度。在“一带一路”倡议与欧亚经济联盟对接的背景下，交通运输领域的合作已然成为中俄两国务实合作的新亮点。中俄两国的交通类大学应紧跟时代步伐，发挥教育在行业转型升级的基础性和前沿性作用，依托已经建立的中俄交通大学校长联盟，通过共建研发中心、共选优质课程、联合培养学生等途径打造中俄交通运输合作的智力平台。中俄交通类大学可招收联合培养学生，学生在进入大学后，采用“2 + 3”的方式学习，即在国内学习 2 年、再出国学习 2 ~ 3 年的灵活学习模式，毕业时这些学生可以获得中俄两所高校颁发的两个毕业证。在联合培养方面已经有学校率先垂范，它们的经验值得推广。自 2015 年起，北京交通大学与俄罗斯圣彼得堡国立交通大学就开展了本科双学位项目，两校每年都会选派优秀大学生到对方学校学习进行联合培养。探索“互联网 +”、人工智能等新形式开展远程教育，让中俄两国高校利用先进的教学方式培养出既懂语言、又掌握交通运输专业知识的人才，为两国未来的深入合作储备人才。此外，通过定期举办中俄交通合作论坛、国际会议、研讨会等形式加强两国交通从业人士间的交流与学习。自 2014 年首届中俄交通大学校长论坛举办以来，已经连续召开了 5 年。2019 年 10 月，第六届论坛在北京召开。可以说，论坛已经成为中俄交通类大学合作的重要载体，为中俄交通类高校在科技人文领域的深度合作做出贡献，为两国的交通建设提供国际化视野，更为“一带一路”倡议对接交通领域的人才培养注入新的活力。组织两国大型企业间交通运输管理人才的培训与进修，让他们走出国门，走进对象国的施工第一线，将专业知识与实地考察紧密联系，准确找出合作中存在的问题及解决方法，为今后两国更宽领域的合作建言献策。还可以通过开展国际联合攻关，组织专业人士深入考察物流领域的经济腹地范围、物流量，做出科学的预测。[①] 此外，应培养一批对中俄交通合作项目进行深入研究的专家，能够对某个或某些项目真正做到认真调查和跟踪研究，切忌“一窝哄”“人云亦云”，这样才能找到中俄合作中的症结所在，提出行之有效的解决办法。

纵观俄罗斯的交通运输发展史，20 世纪缔造的辉煌令世人瞩目：20 世纪初，建成通车的西伯利亚大铁路创造了在高纬度地带修建世界最长铁路的纪录；20 世纪 30 年代，苏联在莫斯科建成世界领先水平的地铁，直到今天，莫斯科地铁仍是人类地铁建设史中创造的奇迹。无论是西伯利亚大铁路，还是莫斯科地铁都为世界交通运输业的发展做出了重大贡献，为包括中国在内的许多国家提供了可借鉴和学习的经验。进入 21 世纪，受俄罗斯整体经济形势影响，交通运输领域的发展很难有较大起色。与俄罗斯形成鲜明反差的是，中国改革开放 40 多年以来经济飞速发展，带动交通运输业快步前进。现今，中国已经拥有了世界上最发达的铁路网，地铁建设速度及规模、高铁技术、跨江桥梁建设等均居于世界领先水平。除先进的技术和施工速度外，中国还拥有资金实力，相信未来两国在交通运输领域的合作前景不可估量。这就需要中俄双方能够秉承互信原则，取长补短，实现共赢。

① 朱永浩：《中俄铁路运输通道发展现状及存在的问题》，《俄罗斯学刊》2015 年第 1 期。

B.12

中俄行业合作中的调节机制分析报告*

周晓辉**

摘　要： 随着中俄新时代战略协作伙伴关系的确立，体现新时代内涵的中俄全方位合作也在不断充实其内容。然而，在合作深入到行业层面时，中俄两国在各自行业发展方面表现出了诸多的差异，最突出的是在调节机制方面。中方在不断弱化政策调节机制的同时，探寻加强行业自身调节机制建设的路径，而俄方行业自身调节机制已处于相对成熟的阶段。中俄要想在具体行业领域中实现实质性合作，就必须在“存异”基础上达成广泛的有效“共识”，为双方相关行业实现深度合作提供必要的调解机制保障。

关键词： 中俄行业合作　行业自律　行业调解　调节机制

2018年9月，习近平主席首次出席在符拉迪沃斯托克市举行的俄罗斯第四届东方经济论坛，为中俄全方位合作带来了新机遇。然而在这种全领域的合作背景下，中俄两国各行业在开展深度合作过程中仍存在着亟待解决的问题，这些问题主要是由于双方在行业发展方面所面临的不同状况所决定的。中俄两国在调解各自行业发展的手段和路径方面存在差异，然而在深化

* 本文是黑龙江省哲学社会科学研究规划项目“解读《俄联邦自律组织法》及其对中俄深化跨境产业合作的影响”（项目编号：18GJE483）的阶段性成果。

** 周晓辉，博士，哈尔滨商业大学马克思主义学院副教授，硕士研究生导师。

两国经济合作的过程中必须在“存异”基础上达成有效的“共识”，为双方相关行业合作提供必要的调解机制保障。

一　现阶段中俄行业合作中调解机制的确立基础

中俄两国在行业发展领域有着各自不同的调解机制，这是由两国不同的行业发展状况所决定的。在双方开展行业合作的过程中，单一地采用任何一方的调解机制都是不合理的。按照共建共享的原则，中俄合作双方应在充分考虑“差异”的基础上确立适宜各方的调解机制，而在这一确立过程中要实现“两个克服”。

（一）要克服调解手段的差异

目前，中俄两国在行业调解手段方面的差异是显而易见的，为适应双方合作的需要，应该在共商共建的情况下加以克服。

中国行业调解手段主要以“政策”形式为主，“公约”形式为辅。当前，中国各级政府正在实施“放管服”改革，客观上弱化了对行业发展的政策调解手段，但是相较行业自身调解手段而言，仍然占据着主导调解地位。“政策”调解的优势在于把握行业发展的宏观大方向，而对影响行业发展的微观层面问题无法企及。因此，“政策”调解需要有，但是更应加强行业的自我调解手段，以解决更多微观层面的问题。

中国行业自身调解机制正处于初建阶段，主要通过自愿签署行业“公约”的手段来实现对参与主体的自我调解。不过，公约只是参与主体共同信守的行为规范，具有自觉自愿的属性，相比法律而言，公约的约束力有限。同时，关于公约的执行状况，没有一个专门的组织、机构来对成员遵守公约的状况进行客观评估，更谈不上对违反公约的行为如何处罚等问题了。这就导致，很多时候“公约”只能流于形式。

例如，2004 年 6 月 18 日，我国为了适应互联网时代带来的新变化，制定了一部《中国互联网行业自律公约》。公约的执行机构是中国互联网协会，其机构属性属于社会组织。这是我国在行业自律规范方面的一次有益尝试，旨在建立起我国互联网行业的自律机制，规范从业者行为，依法促进和保障互联网行业健康发展。只是作为一项行业自律规范，该公约缺乏必要的约束力，互联网行业从业者可以自愿加入该公约，自觉遵守该公约的自律规则，也可以随时退出公约而不会造成任何人、财、物损失。遵守这个公约完全变成了从业者的自觉行为，对于整个行业的实践和发展缺乏必要的约束力和公信力。[①] 即便如此，这种公约也不是所有行业都有，建立类似"公约"的行业屈指可数。

再比如，为进一步规范国内旅游市场，2019 年 4 月 19 日，海口市旅行社协会携手 13 家旅行社协会成员单位，代表海南全省 500 余家旅行社及分支机构在海口签订一项行业自律公约。该公约旨在统一行业标准、统一行业管理、改善行业形象、规范成员单位经营、共同遵守行业自律公约，提高游客的满意度。然而，此举只局限于一地，对于整个全国旅游市场来说，要想实现全国旅游行业发展的标准化尚需时日。这就是"公约"形式的局限性，无法实现全社会推广，不具有普遍的约束力。[②]

而俄罗斯行业调解手段主要以"自律"形式为主，"制度"形式为辅。这里需要指出的是，"自律"调解手段是俄罗斯联邦法律所赋予的。法律作为一种制度体现，对整个社会具有普遍的约束力。"自律"调解手段被上升为制度设置上的考量，使得俄罗斯行业发展在自身调解手段上要远远优于我国。2007 年 12 月 1 日，俄联邦政府通过《俄联邦自律组织法案》（№ 315 - Φ3），截至 2018 年 11 月 8 日，俄联邦注册的各类自律组织达 1360 个。[③] 同时在俄罗斯，行业规范的制定、实施和监督都由专门的组织，即行业自律组织（合法的组织形式）来实现。俄罗斯的行业自律组织实际发挥

① 《中国互联网行业自律公约（全文）》，http：//www. china. com. cn/chinese/PI - c/590141. htm。

② 《海南全省 500 余家旅行社分支机构签订行业自律公约》，http：//www. hi. chinanews. com. cn/hnnew/2019 - 04 - 19/488271. html。

③ Всё о саморегулировании，http：//www. all - sro. ru/catalog? page = 14，最后访问日期：2019 年 12 月 23 日。

着行业保护、行业协调和行业监管等重要职能。

世界经济发展史已经证明：在经济发展水平较低的阶段，粗放型特征明显，对不可再生的物质资源依赖程度高。[①] 当前，俄罗斯国内经济发展现状正是如此，在经济发展过度依赖不可再生资源的条件下，就更加需要“自律”，不能无节制地攫取物质资源。而细化到行业发展角度，俄罗斯也正是这么做的，每个行业都有着必须遵守的标准和规范——自律组织的主要职能（《自律组织法》第六条）。这就是为什么俄罗斯放着很多自然资源任其自然损耗也不积极开发的原因。

同时，以“制度”形式实现的行业自律，实际上是赋予了行业自律组织以一定的强制执行力，代替国家机构实施一部分国家职能。这种强制执行力迫使社会实践参与者必须接受这一“游戏规则”，以规范的形式、统一的标准、相同的底线开展社会实践。具体流程就是：首先，必须组建一个行业自律组织（经国家登记机构登记注册）并加入其中，以保证实践活动的合法性。俄联邦政府对一些行业实行强制规范政策，从业企业或人员必须加入本行业自律组织，否则不允许从事相关行业实践活动。其次，各行业自律组织在全体会员参与的条件下制定本行业实践规范、标准，并给予相关资质认证。上面我们提到，虽然俄联邦政府没有对所有行业实行强制规范政策，但是，由于行业自律组织具有制定行业标准，授予资质认证的权力，因此各行业的从业企业或人员实际上都必须要加入相应的行业自律组织，以获取从业相关资讯和资质认证。再次，各行业自律组织对全体会员单位或个人的实践进行监督，并建立仲裁机构对会员之间和会员与第三方之间的纠纷实施仲裁。行业自律组织的仲裁机构具有权威地位，仲裁的依据为俄联邦相关法律，以及行业自律组织的内部规范。最后，各行业自律组织向全体会员强制收取赔偿基金，用于会员单位或个人对第三方所造成的财产损失，关于赔偿基金的使用，行业自律组织具有全权。

① 陈凯：《生产服务需求的影响因素研究——基于跨国数据的动态面板系统 GMM 估计》，《经济问题探索》2017 年第 5 期。

由此，中俄行业合作要想在调解机制的确立方面有所作为，就必须要克服双方在调解手段方面的差异，共同寻找适宜两国行业发展情况的调解手段。

（二）要克服调解路径的差异

目前，中俄两国在行业发展调解路径方面也存在着差异，这种差异更多地表现为选择调解路径的不同。就行业发展的调解路径而言，应该是越多选择越好，因为多措并举的调解措施才能更好地起到调解作用。

中国行业调解的主要路径体现在政策性路径上。而在行业自身的自我调解路径上体现不足。中国改革开放以来，市场经济的构成要素得到了快速发展，同时围绕市场经济运行模式而设计的制度环境也在不断创建和完善。但是，在社会主义市场经济体系构建的同时，计划经济的构成要素仍在一定程度上发挥着作用。并且，人们的意识、习惯、价值观等也还未完全适应市场经济发展模式，因此，中国的改革是在逐步解决计划经济与市场经济相结合这一世界性难题的过程中不断探索和不断尝试的实践过程。当前，政府的“放管服”改革，正在减少政府对资源配置的人为干预，加强市场对资源配置的作用，最终减少对行业发展的制度性调解。

然而，如果一味地依赖市场，盲目地夸大市场经济所带来的激励作用，而极少论及市场经济的约束效应，这只能加大盲目性所带来的不利后果。但是，如何来适时的强调市场的约束力呢？根据国外的经验，我们开始关注社会治理第三方——行业协会、商会的发展，即加强行业发展的自我调解。只是，当前我国的行业协会、商会的发展还很不成熟，无法对市场参与者实施有效的约束。换句话说，目前我国支持行业协会、商会在行业发展中发挥自我调解作用的制度环境还不完备，第三方社会治理的实际效果还无法得到显现。也正是在上述迫切的社会需求推动下，学界对发展、完善行业自身调解机制的研究逐渐活跃起来。

俄罗斯行业调解的主要路径体现在行业自身的调解路径和制度调解路径上。具体来说，行业自身调解体现在行业自律层面上。俄罗斯的市场经济是在摧毁传统计划经济体制的基础上建立起来的，这种“休克疗法”式的制度变迁使俄罗斯的市场经济面临着巨大的制度真空，同时，激进的方式使市场经济的激励功能被无限放大，约束功能被大大弱化。导致的结果是，出现资源被高度垄断、贫富差距拉大、失业剧增和经济衰退等不利局面。“自我调解”问题正是在这样一个时代背景下被置于社会视野中，有学者甚至认为，强调“自我调解”是俄罗斯对传统的一种回归。以“合法”形式存在的行业自律组织，处于政府和市场参与主体之间。一方面，对市场参与主体实施约束力，强调市场的约束功能，使市场的参与主体都能按照一定的标准和规范开展实践；另一方面，代表市场参与主体向各级政府机构表达意愿，左右政府相关经济政策的制定，使市场的参与主体能够在更加有利的经济环境中开展实践，引导市场激励功能的发挥。关于行业自律组织在各类市场上的表现越发被世界各国所关注，它们在维护行业发展权益和会员权益方面的优异表现尤为突出，例如，俄罗斯外汇行业自律组织 CRFIN 宣布，将 Intrade24 列入黑名单。主要是因为 CRFIN 通过调查发现，Intrade24 存在着虚假宣传，通过向投资者鼓吹高回报、高收益，来借此吸引潜在的投资者，Intrade24 不切合实际的虚假宣传欺骗了众多投资者。此外，Intrade24 公司还存在着信息不透明等问题，并且 Intrade24 对于投资者有所隐瞒相关信息。同时，CRFIN 建议潜在的投资者为了资金安全考虑，应远离 Intrade24 公司，提醒所有的投资者应明白外汇交易中不可能保证持续收益。CRFIN 作为俄罗斯的非营利机构和行业自律性监管组织，其宗旨是促进和完善俄罗斯场外外汇（OTC）市场的透明度，保护参与者的利益。①

而制度调解体现在相关法律规范层面上。应该说，转型期的俄罗斯在制度设置过程中很多时候是源于制度制定者的自然回应，即对制度需求的一种自然回应，以遏制日益恶化的社会局势。在实践倒逼制度建设的过程中，有关行业发展的制度性调解举措陆续出台。2002 年 10 月 26 日通过的俄联邦法

① 《俄罗斯外汇行业自律组织将 Intrade24 列入黑名单》，http：//www. cngold. com. cn/zjs/20141225d1896n36339990. html。

第127－Φ3号《俄联邦破产法》、2007年12月1日通过的第315－Φ3号《俄联邦自律组织法》、俄罗斯经济发展部2010年7月8日第284号“关于保持仲裁者自律组织统一国家登记程序”的命令等；据最新《俄罗斯联邦城市规划法》的要求，很多建筑领域的自律组织规范应做相应的调整，按要求核发专业认证许可，并将联邦机构所需文件清单一并上报登记备案；自2011年8月4日起，如果不是消费信贷合作社自律组织成员，那么就无权从信用合作社成员（股东）那里吸引资金，也无权接受新的信用合作社成员（股东）进入信用合作社；等等。所有这些法律法规为俄罗斯对行业发展实施制度调解提供了依据。

另外，这里还需要进一步指出的是，行业自律制度是俄联邦政府实施社会治理和经济治理的制度体系的一部分，它与其他制度是融会贯通的，不是孤立的个体。例如，为了适应网络时代虚拟经济发展的现实，在《俄联邦破产法》中对电子平台运营商自律组织的职能做出了专门规定，避免或减少对消费者权益造成的损害。[①] 俄联邦政府希望发挥的是制度合力，因此，任何一项制度的设计都不应被孤立于整体制度体系来看待。试想在这样一个整体制度体系长期作用下，一些最基本的规则、规范（如自律）必将被社会实践者内化为习惯、观念或价值观的一部分，从而左右具体的实践趋向和抉择。

二　现阶段中俄行业合作中调解机制采用的形式

目前，在中俄开展行业合作的过程中，共建共享调解机制主要通过“两种缔结”形式来实现：

（一）缔结“盟约”的形式

“盟约”形式是中俄两国在“存异”基础上达成的一种共识形式，这种

① 127 – Φ3 – Саморегулируемая организация операторов электронных площадок. http://kodeks.systecs.ru/zakon/fz – 127/glavaVI/st111 – 1.html.

形式实际上更接近于“公约”调解形式，其调解效力不强。更重要的是，这种“盟约”调解形式多体现为原则层面的调解，对相关合作细节中产生的问题缺乏调解效用。

“盟约”调解形式侧重合作的横向调解。换句话说，“盟约”强调对所有加盟企业、组织、个人的调解作用。因此，“盟约”形式一般可以跨领域、跨行业。例如，2015 年 10 月，中俄两国为适应贸易自由化的发展趋势，由中俄双方 35 家金融单位牵头组建了中俄金融联盟，并在中国黑龙江省哈尔滨市正式举行了第一届中俄金融联盟成员大会，会上双方签署了推进中俄本币结算意向书、人民币银团拆借主协议、衍生品交易合作协议等多个合作项目，这是中俄两国在金融领域内谋求更广泛融通的一次有益尝试。截至目前，中俄金融联盟的成员单位已经发展到 68 家，其中，中方成员 32 家，遍布中国 19 个省、24 个市；俄方成员 36 家，18 家总部位于莫斯科，18 家在俄远东及西伯利亚地区设有分支机构。中俄金融联盟的成员涵盖银行、保险、基金、信托、资产管理公司、咨询公司、融资租赁、评级机构、行业协会等十多类金融机构，联盟影响力及带动作用日益凸显。①

“盟约”调解形式侧重合作的原则性调解。比如说，中俄两国在医药领域的合作就是本着造福双方民众，维护民众健康的原则开展的，并不是直接谋取双方合作的经济收益。据了解，2018 年 11 月 23 日，中俄两国在中医药领域组建了创新合作联盟，中国多家药企和医药科研单位参与其中，而俄罗斯也有多家医院、医科大学和医疗中心参与其中，该联盟得到了中国驻俄罗斯大使馆的支持。中医药中俄创新合作联盟首批成员单位共 30 家，中方机构 16 家，俄方机构 14 家。其中，一些中医药领域的科研单位为该联盟提供了必要的智力支撑，如莫斯科谢切诺夫国立第一医科大学、中国医学科学院药用植物研究所、俄罗斯（莫斯科）中国传统医学实践发展中心、图瓦

① 《金融联盟架起中俄合作“金桥”》，http：//www. sohu. com/a/283882365_ 99962390，最后访问日期：2019 年 12 月 23 日。

州立大学、中国长春中医药大学、莫斯科物理技术学院以及全俄中医师协会。中医药是中华文明的瑰宝，不仅越来越得到医学界的认可和肯定，也在逐渐走向普通民众。随着中俄关系的不断发展，中医药在俄罗斯的影响力也在显著提升，中俄双方会适时地抓住机遇，继续加强双方在中医药研发和应用领域的交流，让中医药更好地为俄罗斯民众服务。[①]

（二）缔结“谅解备忘录”的形式

“谅解备忘录”形式是中俄两国在相互“谅解”的基础上达成的一种解决合作细节问题的共识形式。在谅解备忘录中，除保密规定、终止程序、标准适用、费用分摊、排他性谈判、争议解决条款之外，其余条款对合作双方都不具备约束力。

“谅解备忘录”形式侧重合作的纵向调解。换句话说，“谅解备忘录”形式强调对合作过程中细节问题的调解作用。“谅解备忘录”形式侧重于在具体业务领域和合作方式上的调解，因此，调解的内容相对具体。例如，2011 年 1 月 18 日，中国机械工业联合会和俄罗斯机械制造商联盟在北京签署合作谅解备忘录。该合作谅解备忘录将双方在机械工业技术领域的相关法律设置为调解合作的共同法律框架，并对双方开展合作的主要业务领域和主要合作方式做出了具体规定。[②] 可以说，该合作谅解备忘录是针对中俄两国在机械工业领域的交流合作而设立的，其目的是要促进中俄机械产品领域技术和经贸合作取得更大进步。

又如 2018 年 10 月 12 日，俄罗斯金融自律组织与中国全国金融市场投资协会签署了谅解备忘录。该谅解备忘录为双方在国际金融市场中开展正常的工作关系提供了必要的基础，使双方能在既定的协议框架内开展合作，切

① 《中医药中俄创新合作联盟正式成立》，https：//baijiahao. baidu. com/s？ id = 1618022825189428550，最后访问日期：2019 年 12 月 23 日。

② 《中机联与俄罗斯机械制造商联盟签署合作谅解备忘录》，http：//www. pharmjx. com/news/14703. html，最后访问日期：2019 年 12 月 23 日。

实维护双方参与金融市场的投资主体的利益。[①] 可以说，谅解备忘录的内容非常具有针对性，其目的是促进中俄两国在金融领域的合作取得切实收益。

“谅解备忘录”形式侧重合作的细节性调解。这一调解形式可以非常具体地体现在选择适用标准、解决争议等方面。例如，2016 年 9 月，中俄两国在标准计量认证领域签署了《关于计量领域合作谅解备忘录》。根据该合作谅解备忘录的内容，中俄双方针对计量领域中所涉及的计量单位原级标准联合比对、计量领域研究、能力提升、信息交流等具体问题给出了明确的规定，并确定了制定相关程序和工作计划、创建联合项目、召集会议、组织培训等事项的具体工作方式。该谅解备忘录的签署，为两国突破在计量领域中存在的技术壁垒提供了沟通基础，促使中俄两国在计量领域的合作进入了一个新阶段。[②]

又如 2019 年 8 月 22 日，中俄双方签署了《中俄会计准则合作备忘录》和《中俄审计监管合作备忘录》，为中俄两国在会计审计监管领域开展合作提供了必要的实践基础，标志着两国正式建立了相互认同的会计和审计监管合作机制。上述谅解备忘录的签署，将为两国各类行业企业实现跨境发债，以及两国金融市场互联互通提供必要的制度保障和政策便利，也为中国与其他国家，尤其与金砖国家开展跨境会计审计监管领域的合作提供了新的典范。[③]

三　现阶段中俄行业合作中调解机制的确立状况

目前，中俄行业合作中调解机制的确立状况还处于逐步普及的状态，已确立的调解机制也处于不断完善的状态，因此，现阶段中俄行业合作中调解机制的确立状况基本处于“两个亟待解决”的发展层面上：

---

① Финансовая СРО подписала Меморандум с китайскими партнерами，http：//www. all – sro. ru/news/finansovaya – sro – podpisala – memorandum – s – kitaiskimi – partnerami_ 182843815，最后访问日期：2019 年 12 月 23 日。

② 《中俄签署〈关于计量领域合作谅解备忘录〉》，http：//www. weighment. com/newsletter/year2016/m9/2738. asp。

③ 《中国财政部：中俄正式建立会计审计监管合作机制》，https：//www. sohu. com/a/336179015_120058819，最后访问日期：2019 年 10 月 23 日。

（一）调解的范围亟待延伸

现阶段，由于受到调解路径的限制，调解机制发挥作用的层面仅限于“盟约”“谅解备忘录”所涉及的具体参与主体。然而，处于“盟约”“谅解备忘录”以外的中俄合作主体还有很多，它们还处于一种近似于“裸奔”的状态，应该尽快将它们同样置于受保护、受监督的状态下。

合作双方的实践主体应实现应管尽管。换句话说，就是要将所有参与合作的主体都囊括其中。现阶段主要途径是要加大具有开拓业务能力的社会组织的工作力度，最大限度地将合作双方的实践主体联合起来。如中俄电子商务促进会（China Russia Electronic Commerce Promotion Association，CREP，简称商促会）。商促会是由中国电子商务协会牵头，经过与俄方相关部门、相关协会和企业进行深入交流和研究，达成共识，由工信部下属的中国电子商务协会批准的全国性社团组织，其业务活动受中国电子商务协会的指导，并受国家民政部、工信部和商务部的监管。该协会于 2017 年 1 月在北京成立，总部设在北京。业务范围：中俄电子商务促进会业务涵盖贸易投资、海关、金融、税收、交通、能源、农业、科技、电信、环保、卫生、教育等领域；中俄电子商务促进会业务对象为俄罗斯，同时覆盖上合组织和金砖五国，并逐步扩大到“一带一路”沿线国家。①

同时，为了使所有参与合作的实践主体都能主动地参与进来，还应该加强合作双方在国家层面上的宣传与引导。要让所有国际合作的参与主体认识到，只有参与到双方达成的调解机制框架下，才能更有效地降低风险，才能更好地拓展合作的广度和深度，才能更有保障地获得合作收益。应该说，国际行业合作是大势所趋。中俄两国都应站在国际视野下探讨各自行业的发展。因此，使所有参与两国合作的实践主体都具备国际视野是非常必要的，也是将所有参与主体都置于调解机制框架下的有效途径。

---

① 《中俄电子商务促进会》，https：//baike. baidu. com/item/中俄电子商务促进会/20631536，最后访问日期：2019 年 12 月 23 日。

合作双方的实践主体应实现应调尽调。换句话说，就是将所有参与主体的实践都置于可调解的范围内。现阶段主要途径是通过构建能够提供专业服务的开放式平台，最大限度地为参与合作的实践主体实施调解。例如，2018年2月2日，中俄投资与法律服务合作平台在俄罗斯莫斯科格林伍德园区会展楼宣布成立，这一平台将聚拢中俄两国的律师，通过加强交流合作、优势互补，共同为俄罗斯的中国企业提供贴身法律服务，保障它们在俄罗斯国家经济活动的合法性和安全性。① 这种开放式的专业服务平台将为合作双方的实践主体提供随时随地的服务。

又如2019年1月18日，中俄地方商协会联盟在中国黑龙江省哈尔滨市宣布成立，这是一个为促进中俄地方合作而建立起来的专业平台，通过这个平台双方拟开展合作的参与者们能够获取重要的相关信息与资讯，实际上该平台起到了将中俄两国商协会间的信息、资源和市场进行有效整合的作用。作为倡导并发起成立该联盟的中俄商会代表，中国黑河国际商会、中国大连国际商会、黑龙江省安徽商会、阿穆尔州工商会、黑龙江省河南商会，以及5个业已建立的中俄商协会，共同谋划建设了平台的工作机制，以切实达到双方资源共享、合作共赢，更好地发挥好平台的功能优势和桥梁纽带作用。可以肯定的是，中俄地方商协会联盟的成立，积极推动了中俄地区之间的务实合作，必将为中俄相关企业的发展壮大搭建起更广阔的合作空间，创造出更多的共赢商机等。② 可以说，利用好提供专业服务的开放式平台，能够有效地缓解现阶段中俄合作的诸多参与主体所面临的调解机制缺失压力。

（二）调解的过程亟待完整

现阶段，由于受到调解方式的限制，所能采用的调解手段多局限于事前

---

① 《2018年首届中俄投资与法律服务合作先锋论坛暨俄罗斯中国总商会法律分会授牌仪式成功举行》，http：//www. sohu. com/a/222173487_ 99947706，最后访问日期：2019年12月23日。

② 《中俄地方合作再谱——中俄地方商协会联盟成立大会在哈举行》，http：//www. heihe. gov. cn/info/1187/97029. htm，最后访问日期：2019年12月23日。

的规范、指导，而事中的问责、事后的追责都没有明晰。在中俄两国全方位深度合作的时代背景下，双方应在进一步完善调解机制方面实现突破，补足事中问责和事后追责部分。

合作双方的实践活动应实现全过程调解。换句话说，就是将完整的合作过程置于可调解范围内。现阶段主要途径是使调解作用贯穿于合作的整个过程。2019 年，为适应中俄两国合作的不断深入，中国国内的互联网 + 检验检测电商平台——牵翼网与俄罗斯联邦工商会“联盟鉴定”（SOEX）组织达成了关于促进中俄双方进出口产品检测认证的战略合作协议，以此推动中俄检验检测认证机构、进出口企业、经销商及相关组织的全面合作。其中，俄罗斯联邦工商会“联盟鉴定”（SOEX）是俄罗斯工商会的子机构，也是当前俄罗斯最大的独立鉴定机构。其下属的分支机构众多（有 37 家分支机构分布在俄罗斯各大城市及港口），拥有工作经验在 10 年以上的专业鉴定专家 300 余名。[①] 该协议的签署，有利于合作双方将合作的全程置于专业监管之中，保障合作达到双方预期。

合作双方的实践活动应实现常态化调解。换句话说，就是将完整的合作过程置于随时随地的调解状态下。现阶段主要途径是设立常设性的常务调解机构，使调解功能处于常态化状态下，能够及时有效地对合作中出现的问题实施调解。例如，2010 年 7 月 6 ~7 日，中俄标准、计量、认证和检验监管常设工作组第八次会议在陕西省西安市召开。根据双方商定的例会制度，该常设工作组会议每年要在两国之间轮流举办。自常设工作组成立十年来，双方务实合作不断取得重要进展，为双边经贸增长提供了有力支持。合作双方在汽车、电子仪器、服装、烟花爆竹和智能电网等领域均确立了计量、认证、监管等标准，以对合作过程中出现的问题及时进行解决。[②] 可以说，这种常设性的机构能够为合作双方的实践活动实施常态化的调解，有利于保障合作的顺利进行，并使合作双方的权益得到切实的保障。

---

① 《中俄检验检测机构合作，两国实验室、第三方检测机构借“一带一路”加强交流》，http：//www. whb. cn/zhuzhan/kjwz/20191227/311008. html。

② 《中俄标准计量认证和检验机构召开会议》，https：//www. caigou. com. cn/news/201007136. shtml。

综上所述，中俄两国要在全方位多领域合作过程中实现实质性的突破，必须在共商共建的基础上确立调解效力更为全面、调解范围更为完整的合作调解机制。虽然，全球新冠肺炎疫情的暴发给国际合作形势带来不利影响，但是中俄两国都应站在历史正确的一边，以开放、合作、共赢的胸怀谋划发展。

B.13
中俄跨境环保合作发展报告

张　梅*

摘　要： 20 世纪 90 年代，中国与俄罗斯开始开展环保合作。进入 21 世纪后，随着两国政府对边境环境保护认识与合作的逐步加深，中俄环保合作迅速发展，两国高层之间和地方政府之间也逐步建立了长效合作机制。双方在跨境环境监测、建立自然环境保护区、保护生物多样性、开展生态教育等方面的合作取得了一系列积极成果。随着中俄新时代全面战略协作伙伴关系的建立，双方的环保合作会得到更加深入地发展。在未来的合作中，应以友好坦诚、务实合作的态度，加强沟通、增进理解、提高互信，在合作中注意加大对界江的保护力度、鼓励建立中俄民间环保合作组织，并做好环保宣教工作。

关键词： 中俄环保合作　环境治理　自然保护区　生态保护

随着新时代全面战略协作伙伴关系的建立，中俄两国关系进入了新的历史时期，各领域合作也迎来快速发展。从中国来看，党的十八大将生态文明建设纳入“五位一体”总体布局当中，党的十九大确立“美丽中国”为中华民族追求的新目标。从俄罗斯来看，2017 年是由普京签署法令确定的俄罗斯生态年，2018 年又颁布了国家发展目标和战略任务《生态工程（2018 ~

* 张梅，黑龙江省社会科学院俄罗斯研究所副研究员。

2024年)》，确立了2024年前的环保战略目标与措施，提出了降低大型工业中心的大气污染程度等一系列新举措。这都为两国环保合作的开展提供了更广泛的契合点。在这一背景下，中俄毗邻地区的生态环保合作面临着新形势和新机遇。如何开展好新时代中俄跨境生态环境保护合作，对于促进中俄全面战略协作伙伴关系、实现“一带一路”对接、拓展生态建设国际合作具有重要的现实意义。

一　中俄两国的环保政策和投资情况

中国与俄罗斯都是生态资源大国，也是资源消耗大国。在全球环境和资源保护浪潮不断高涨的今天，两国在环保领域的每一个动向对全球的环保进程都举足轻重。而环境政策作为解决环境问题的有力工具，对两国环境问题的解决也起着越来越重要的作用。随着经济不断发展和政策不断完善，两国对环保领域的投资也逐年增加。

（一）中俄两国的环保政策

中国环境保护工作起步并不晚，一些基本政策和重要方针很早就提出了。早在1981年我国就发布了《国务院关于在国民经济调整时期加强环境保护工作的决定》，1984年5月8日国务院又印发了《关于环境保护工作的决定》。我国经济社会发展在不断取得新成就的同时，也付出了巨大的生态环境代价，生态环境成为经济社会发展的短板。随着环保意识的不断增强和对生态环境污染问题认识的不断深化，我国的环保政策也不断调整。1990年12月5日国务院颁布了《关于进一步加强环境保护工作的决定》，1996年发布了《国务院关于环境保护若干问题的决定》。此后，北京奥运会成为我国深化环保领域工作的一个契机，2005年发布了《国务院关于落实科学发展观加强环境保护的决定》。2007年我国将环保支出科目正式纳入国家财政预算后，先后发布了《关于加强培育和发展战略性新兴产业的决定》（2010年)、《国务院关于加强环境保护重点工作的意见》（2011年)、《大气污染防治行动计划》(2013年)、《水污染防治行动计划》(2015年)、《十三五规划纲要》(2016年)等一系列政策法规促进环境污染治理行业的发展。2018年1月1日,《环境保护税法》开始执行,这是我国首部环境保护方面的税法。2019年4月,《关于从事污染防治的第三方企业所得税政策问题的公告》发布,对符合条件的从事污染防治的第三方企业按减15%的税率征收企业所得税,环保方面的法规政策不断得到完善。2020年的新冠肺炎疫情暴露了城市卫生体系存在的问题,这将使政府更加重视对环境卫生的监督政策。

俄罗斯的环保工作开展得更早,冷战后俄罗斯就认识到环保工作的重要性,1977年已将环保和生态安全的概念写进了宪法,1991年制定了《俄联邦土地法典》和《自然环境保护法》,开始关注保护、开发土地资源,合理利用土地方面的立法,确立了社会与自然和谐发展的立法理念。随着经济复苏和社会转型发展,俄罗斯在环境保护方面做出了很大努力,制定了一系列相对完备的环境保护政策,包括各种联邦法律,如《俄联邦水法典》(1995年)、《俄联邦生产与消费废物法》(1998年)、《俄联邦大气保护法》(1999年)、《俄联邦土地法》(2001年)、《俄联邦环保法》(2002年)等。俄总统和政府还以联邦总统命令、指令和联邦政府决定、指示的形式颁布了一些规范性法律文件,如《2025年前俄联邦生态安全战略》《俄联邦2012~2020年国家环境保护规划》《俄联邦2017年生态年活动计划》《俄联邦生态工程(2018~2024年)》等。俄罗斯还出台了一系列规范性制度,如生态审计制度、生态税收制度、生态保险制度、生态许可制度、环境影响评价制度等,保障了公民对良好生态环境的享有权。目前,俄罗斯已拥有比较完善的环境保护管理政策,具备了实施环境保护政策的各种条件,特别是政府部门与科研机构、环保组织的合作能力在提高。但俄罗斯环境保护政策的实施还存在管理机构设置不完善、资金不足、不能实现经济发展与环境保护的良性互动等问题。

(二)中俄两国在环保领域的投资

21世纪初,中国对环保领域的投资并不是很多。2003年,中国对环境污染治理的投资为1627.7亿元,占国内生产总值(GDP)的1.2%;2005年,中国对环境污染治理的投资为2388.0亿元，占国内生产总值的1.3%。随着经济发展和城镇化、工业化过程不断加快，能源开发力度加大和工业企业生产体量的增加，中国环境污染治理压力与日俱增。近年来，我国用于环境污染治理的投资总额呈现曲折上升的态势。为了准备2008年北京奥运会，中国在环保领域投入了大量资金。2008～2014年，中国对环境污染治理的投资占国内生产总值的比重一度接近甚至超过1.5%。2014年，我国环境污染治理投资达到了近几年来的最高点，为9575.0亿元，2015年有所下降，2016年又有所回升，2017年达到了9539.0亿元，环境污染投资占国内生产总值的比重从2012年以来呈逐年下降趋势，2017年比重降至1.16%（见表1）。2018年以来，中国环境治理投资仍在保持高速增长，其中2018年上半年，环境监测专用仪器仪表制造业投资增长68.7%，生态资源监测投资增长61.5%。前三季度我国生态保护和环境治理业的投资同比增长33.7%，增速快于总投资28.3个百分点。2019年我国生态环保领域投资高速增长，1～11月，生态保护和环境治理业投资增长36.3%。其中，生态保护业投资增长62.9%，水污染治理业投资增长37.8%，固体废物治理业投资增长27.0%。此外，环保监测专用仪器仪表制造业投资增速高达62.4%。[①] 但是，尽管我国在环保领域的投资逐年增多，环境保护问题仍然很尖锐，2020年暴发的新冠肺炎疫情也暴露了部分城市在环境卫生方面的差距。

表1　中国环境污染治理投资情况

	2007年	2008年	2009年	2010年	2011年	2012年	2013年	2014年	2015年	2016年	2017年
总额(亿元)	3387	4490	4525	6654	6592	8253	9037	9575	8806	9219	9539
GDP总量(万亿元)	27	31	35	41	49	53	59	64	69	74	82
占GDP比重(%)	1.25	1.45	1.30	1.61	1.35	1.56	1.52	1.49	1.28	1.25	1.16

数据来源：根据国家统计局数据、《中国社会统计年鉴》数据计算得出。

① 国家统计局：《固定资产投资平稳增长 短板领域投资不断发力》，http：//www.stats.gov.cn/tjsj/sjjd/201912/t20191216_1717809.html。

俄罗斯对环境保护和合理利用自然资源的投资总体变化不大。2010 年用于环保和资源合理利用方面的固定资本投资额为 890.9 亿卢布，2012 年这一数字达到 1165.4 亿卢布（约合 38 亿美元），其中约 70% 的投资为企业自筹资金，超过 83 亿卢布的投资用于购买废料加工技术设备和资源的合理利用。2014 年后，几乎每年都超过 1500 亿卢布（2016 年有所减少，为 1396.8 亿卢布）（见表 2）。此外，俄罗斯一些大型矿产开发企业不断增加对环保研发领域的投入，特别是对那些开采条件复杂的油气田，由于使用了各种新的勘探方式和资源储备评价方法，研发投入不断增多。

表 2　俄罗斯对保护环境和合理利用自然资源的投资

单位：亿卢布

	2010 年	2011 年	2012 年	2013 年	2014 年	2015 年	2016 年	2017 年	2018 年	2019 年
投资总额	890.9	956.7	1165.4	1238.1	1586.4	1517.9	1396.8	1540.4	1576.5	1750.3

数据来源：根据俄联邦国家统计局数据计算得出，https：//www.gks.ru/。

二　中俄环保领域高层合作机制与地方合作机制

中俄环保合作 26 载，成果丰硕。在建立良好的高层合作机制和地方合作机制方面，两国生态合作已走向普遍化和常态化。

（一）中俄环保领域高层合作机制

中俄自 1994 年开始开展环保合作。1994 年 5 月，两国政府签署了《中俄环境保护合作协定》（以下简称《协定》）。《协定》规定双方将在平等互利的基础上，在大气污染和酸雨防治、水资源综合利用和水体保护、自然生态环境和生物多样性保护、环境保护宣传和教育、制定环境保护和自然资源利用的法规政策等 11 个领域开展合作，[①] 自此，中俄环保合作正式启动。

① 《中华人民共和国政府和俄罗斯联邦政府环境保护合作协定》，载国家林业局编《中国林业年鉴》，中国林业出版社，2014。

1996年确立战略协作伙伴关系后，两国高层会晤机制和成果中陆续引入了环保合作的内容。从1997年开始，中俄两国领导人签署的《联合声明》和《中俄睦邻友好合作条约》都强调要加强环保合作。2003年《中俄总理第八次定期会晤联合公报》和2004年《中俄总理第九次定期会晤联合公报》对加强两国环保合作做出了具体安排。2005年《中俄总理第十次定期会晤联合公报》正式提出，在中俄总理定期会晤机制下设立中俄环保合作分委会。2006年3月中俄《联合声明》进一步指出，成立环保合作分委会有助于加强双方的环保合作。同年，随着关于成立中俄环保合作分委会的议定书的签署，中俄环保合作进入了一个新阶段。分委会会议每三年轮流召开一次，并陆续建立了污染防治和环境灾害应急联络、跨界水质水体联合监测及保护、跨境自然保护区及生物多样性保护三个工作小组，确定双方环保合作为“一带一路”的一部分，将在上海合作组织、金砖四国、丝绸之路经济带和欧亚经济联盟框架内进行。2010年签订的《中华人民共和国东北地区与俄罗斯远东及东西伯利亚地区合作规划纲要（2009～2018年）》对中俄地区环保合作进行了规划。2018年，俄副总理在中俄总理定期会晤委员会第22次会议时指出，两国在跨境环境紧急反应机制合作方面取得初步成功，已经建立了必要的通知框架，双方在备忘录中明确了各自须履行的义务。①

（二）中俄环保领域地方合作机制

随着两国政府对边境环境保护认识与合作的逐步加深，地方政府之间也建立起了密切的联系和良好的合作机制。目前，黑龙江省与俄罗斯远东地区已达成多项共识，成立了联合工作组，建立了常态化的合作机制，将边界水质监测、环保标准文件交换、居民生态教育等设定为环保合作的常规内容，同时为合作工作提供一切必要的支持和保障，例如，出台政策为双方进行以

① Сотрудничество России и Китая в области охраны окружающей среды и рационального использования природных ресурсов будет развиваться. http：//www. mnr. gov. ru/press/news/sotrudnichestvo_ rossii_ i_ kitaya_ v_ oblasti_ okhrany_ okruzhayushchey_ sredy_ aktivno_ razvivaetsya/.

环保合作为主题的互访和在边境地区开展合法环保合作活动提供便利条件。2009年，中俄两国制定了《中俄黑龙江流域自然保护区网络建设战略》，黑龙江沿岸水资源、大气资源及生物多样性保护方面的合作取得了一定的成绩。2012年5月，黑龙江省黑河市与俄罗斯阿穆尔州签署了《2012~2013年国际合作规划》，明确了中俄有关黑龙江（阿穆尔河）部分流域的环保合作事宜。2016年，黑龙江省环境保护厅与俄哈巴罗夫斯克边疆区自然资源部共同签署了《开展边境环境保护合作会议纪要》。两国地方政府还定期组织环保专家进行交流，在交流中学习对方关于环保问题的生态政策和法律保障措施，建立业务往来。中国黑河中俄林业生态建设国际学术论坛至今已经举办了九届，自2008年开始，每2年举办一次，主要就绿色城市建设、城市绿化、森林资源有序开发利用等议题进行深入、务实、高效的交流和探讨。2017年，黑龙江省与哈巴罗夫斯克边疆区共同召开了环境保护合作会议，签署了《2018年黑龙江省与哈巴罗夫斯克边疆区环境保护合作会议纪要》，定于从2018年4月起，共同开展边境地区大气环境质量信息交流。①为推进该机制，2019年9月，俄哈巴罗夫斯克边疆区环境保护代表团访问黑龙江省，就环保科技产业合作达成初步意向。②

三　中俄跨境环保合作主要领域及成果

20多年来，中俄政府互谅互让、互惠互利，在环保领域开展了持续、深入的合作，取得了丰硕成果。目前，双方主要在环境监测、保护生物多样性、建立跨境自然保护区和生态教育等领域开展合作。

（一）环境监测

环境监测合作主要是中俄环境监测机构联合展开对环境质量状况的监视

---

① 《关于进一步开展对俄环保交流合作的报告》，黑龙江省政府信息公开网站，http://gkml.dbw.cn/web/CatalogDetail/98A05EE002E42119，最后访问日期：2020年6月15日。

② 《俄罗斯哈巴罗夫斯克边疆区环保代表团考察黑龙江省环保产业》，黑龙江省生态环境厅网站，http://www.hljdep.gov.cn/hjgl/kjbz/hjkj/2019/09/24735.html。

和测定，通过对反映环境质量的指标进行监视和测定，确定环境污染状况和环境质量的高低。2003 年，我国已开始加强与俄罗斯的地方环境保护合作与交流，其中联合环境监测是重点内容之一，主要是黑龙江（阿尔穆河）、乌苏里江界江的水体监测，近年又增加了大气监测。2006 年，按照《关于中俄两国跨界水体水质联合监测的谅解备忘录》，在中俄界河已开展的监测工作的基础上，两国共同制定并签署了《中俄跨界水体水质联合监测计划》，联合在额尔古纳河、黑龙江（阿穆尔河）、乌苏里江、绥芬河、兴凯湖开展监测。近年来，黑龙江省鸡西市与俄罗斯滨海边疆区连续多年共同开展跨界水体水质联合监测工作，跨界水体污染防治合作成果得到中俄双方的肯定。黑龙江省政府还与俄哈巴罗夫斯克边疆区、滨海边疆区以及萨哈林州开展了环保合作。与哈巴罗夫斯克边疆区签订了环保领域的合作协议，组织和开展联合监测空气质量、联合监测地表水水质和水生物资源，共同建立和运作特别自然保护区，保护跨界水体，保护和研究地区特有的动植物种群，交流绿色环保技术，回收利用生产垃圾，扩大两国垃圾处理企业的交往，建立合资企业；与外贝加尔边疆区政府合作，共同参与实施《黑龙江（阿穆尔河）流域的综合治理》环保项目；与萨哈林州政府在环境监测领域开展合作，就废物处理和有效回收的生产经验及环保领域（水资源、大气）的信息进行交流。① 总之，黑龙江省各级环保部门与俄方在协调跨界水体保护、监测及改善跨界水体水质以及通过联合大气监测改善空气质量等方面开展了卓有成效的合作，为保护跨界水域水体质量以及边境水域的渔业生产、资源养护、居民健康做出了贡献。

此外，目前中俄研究机构之间正在积极开展学术交流，交换环境影响评估方面的经验，审查具有重大跨境影响的项目。2018 年 11 月 1 ~ 2 日，中俄就大气和水污染自动控制问题进行了磋商。

---

① Официально утверждена Президентом Российской Федерации Д. А. Медведевым и Председателем Китайской Народной Республики Ху Цзиньтао 23 сентября 2009 г. в ходе встречи в Нью - Йорке. http：//www. chinaruslaw. com/RU/CnRuTreaty/004/201035210624_735729.

（二）建立跨境自然保护区

中俄两国有漫长的陆地边界，两国生态环境相互贯通，陆地、水域和空中的自然生态系统存在着天然的联系，因而在中俄毗邻区建立跨境特别自然保护区（ООПТ）意义重大，它可以集自然保护、科学研究、文化旅游、娱乐休闲为一体，尤其能促进松花江、黑龙江、乌苏里江等流域水质改善，保护好共同的区域生态环境。近年来，为保证两国跨境保护区内的自然生态环境得到绿色健康发展，黑龙江省在中俄跨境自然保护区建设上累计投资已超过 1 亿元人民币。[①] 2005 年，中俄黑龙江流域湿地自然保护区科研合作会议在黑龙江省兴凯湖召开，中俄专家就黑龙江流域湿地保护区不同领域开展合作和进行湿地资源科学考察、建设黑龙江流域绿色生物带达成共识，并决定在三江平原开展候鸟类观测工作。2008 年，根据中俄环境保护小组第三次会议提出的任务，中俄两国专家小组调查了边境地区的环境和生物多样性情况，进行了环境调查，分析了跨境环境问题和解决办法，最终制定了“联合建立黑龙江（阿穆尔河）流域跨境特别自然保护区战略”。[②] 2011 年，中俄两国开始着手在黑龙江（阿穆尔河）沿岸建立自然保护区，俄方在西蒙诺夫斯基自然保护区基础上建立了新的保护区，中方境内的自然保护区地处大、小兴安岭生态功能区内。2014 年 12 月，哈尔滨市环境保护局与中国上海合作组织环境保护合作中心签署了《中俄环保技术与产业合作示范基地战略合作协议》，面向北方地区和上合组织中的俄罗斯、中亚等五个国家，搭建环保科技研发综合平台、环保成果转化与服务平台和环保装备制造集成基地。[③]

---

① 《中俄共商环境保护问题 合作“绿色发展”》，黑龙江省生态环境厅网站，http：//www.hljdep.gov.cn/xwzx/hjyw/2015/10/2596.html。

② Рабочая группа по вопросам трансграничных охраняемых природных территорий и сохранения биологического разнообразия. https：//www.researchgate.net/publication/322256446_Doklad_o_rabote_po_vypolneniu_rossijsko-kitajskoj_Strategii_sozdania_transgranicnoj_seti_osobo_ohranaemyh_prirodnyh_territorij_bassejna_reki_Amur_v_2010-2016_gg_Report_on_Implementation_of_the_Sino-Ru.

③ 《中俄共商环境保护问题 合作“绿色发展”》，黑龙江省生态环境厅网站，http：//www.hljdep.gov.cn/xwzx/hjyw/2015/10/2596.html。

2014 年，在跨界自然保护区国际合作框架内，黑龙江省洪河自然保护区和俄犹太自治州巴斯塔克自然保护区就自然环境的保护和研究以及信息和科技协作签署了五年合作协议。[①] 目前，在中俄环保合作分委会框架内黑龙江省三江、洪河、八岔岛、兴凯湖国家级自然保护区与俄阿穆尔河沿岸自然保护区、巴斯达克、大赫黑契尔、百隆斯基和“豹之乡”等国家公园开展了跨境自然保护区合作，尤其注意保护东北虎（阿穆尔虎）及恢复候鸟的数量。截至目前，中俄两国已建立的跨境自然保护区共 7 个（见表 3）。

表 3　中俄主要跨境自然保护区合作情况

协议签订时间	名称	中方自然保护区	俄方自然保护区	位置	合作内容
1994 年	CMR—达乌尔国际自然保护区[①]	达赉湖（呼伦湖）自然保护区（内蒙古自治区）	达乌尔斯克自然保护区	中蒙俄三国交界处	保护达乌尔草原区各类野生动物及其赖以生存的自然环境
1996 年 4 月	兴凯湖自然保护区	兴凯湖自然保护区（黑龙江省）	兴凯湖国家自然保护区（滨海边疆区）	兴凯湖流域	保护该地区的动植物物种和自然生态系统，进行对动植物物种和兴凯湖自然保护区自然生态体系的监测，互派自然保护区管理人员、专家或代表团，定期组织科研和监测，组织野外和室内研究，共同出版刊物，举办科学讲座、研讨会、技术培训班等
2002 年 8 月	乌苏里江下游流域国际联合自然保护区	三江国家自然保护区（黑龙江省）	大赫黑契尔自然保护区（哈巴罗夫斯克）	乌苏里江下游	共同保护乌苏里江流域自然生态环境，使之保持连续性和互补性，保障东北虎等大型兽类可以在该地区自由活动
2007 年 9 月	—	八岔岛保护区（黑龙江省同江市）	巴斯达克保护区（犹太自治州）	黑龙江（阿穆尔河）流域	联合对水生和陆栖生物及其共同形成的湿地和水域生态系统进行保护

① Барашева Е. В.，ЛепаТ. П. Трансграничное сотрудничество：практика и перспективы. http：//res. bgu. ru/reader/article. aspx？ id = 22428.

续表

协议签订时间	名称	中方自然保护区	俄方自然保护区	位置	合作内容
2008 年	—	洪河国家级自然保护区（黑龙江省）	兴安斯基国际自然保护区（阿穆尔州）	黑龙江（阿穆尔河）流域	保护黑龙江（阿穆尔河）流域原始湿地生态环境，促进中俄两国毗邻地区生态环境的改善
2014 年 7 月	—	洪河国家级自然保护区（黑龙江省）	巴斯达克保护区（犹太自治州）	黑龙江（阿穆尔河）流域	交换珍稀鸟类东方白鹳、鹤类监测数据，开展雀形目鸟类环志工作并交换所得数据资料，交流森林、草甸湿地野外调查经验，建立统一的信息平台，联合开展环保行动和生态节日庆祝活动
2019 年 2 月	—	珲春东北虎国家级自然保护区（吉林省）[②]	雪松溪谷国际自然保护区和豹之乡国家公园（滨海边疆区）	中俄朝三国交界处	保护与恢复远东豹和东北虎（阿穆尔虎）种群

注：[①]该保护区是中国第一个跨国自然保护区，由中蒙俄三方联合成立，参与者还有蒙古国达乌尔自然保护区；[②]双方签署了合作谅解备忘录，但跨境保护区尚未建立。

资料来源：根据黑龙江省生态环境厅、吉林省生态环境厅、内蒙古自治区生态环境厅资料整理而成。

（三）保护边境地区的生物多样性

从世界范围来看，很多国家很早就已经认识到保护生物多样性的重要意义，从而采取一致行动共同应对日益严重的全球性生物多样性危机。中国东北地区和俄罗斯远东地区都是世界上生物多样性非常丰富的地区，中国和俄罗斯边境地区有很多珍稀野生动物，如东北虎（阿穆尔虎）和远东豹等，近年来由于人为活动的增加，森林消失和退化，野生东北虎种群和栖息地急速萎缩，因此开展国际合作是大势所趋。积极建立中俄跨境自然保护区，就地对中国东北和俄远东地区原生态的环境进行保护，既能使被保护的东北虎（阿穆尔虎）、远东豹等珍稀动物不用再花时间去适应环境，又能扩大其活动范围，保证其原有的特性和种群繁殖能力，使其实现恢复性增长。此外，为了进一步加强野生动物的保护力度，两国于2012年制定了《中俄联合保护跨境珍稀野生动物行动计划》，并率先启动了东北虎、东北豹（远东豹）跨境保护合作计划。2016年6月，中俄签署了《关于自然环境与自然资源保护和研究的跨境合作协议》，一致认为中俄黑龙江流域边界保护区网络的建立是促进流域生物多样性保护的重要前提。该协议涉及沿黑龙江、乌苏里江流域的中方14处、俄方12处保护区，以及非边境地区的中方七星河、南瓮河2处国家级自然保护区。以协议为基础，计划在未来3年里，以共同研究、保护中俄自然保护区的自然环境和自然资源为目标，初步形成珍稀生物保护、狍种群跟踪、兴凯湖动植物本底调查、生态旅游等9个合作方向。同时，双方将互派人员推进信息交换网络，完善并应用野生生物种群监测方法，积极开展反盗猎活动等7项工作内容。中俄还积极落实《黑龙江、乌苏里江边境水域合作开展渔业资源保护、调整和增殖的议定书》，2017年在抚远举行了黑龙江省与俄阿穆尔州边境水域联合增殖放流活动；[①] 2018年在同江举行了中俄边境水域联合增殖放流活动。[②] 这些活动对养护鲟鳇鱼等“两江”特有珍稀物种资源起到重要作用。2017年，中国环境保护部拨款35万元支持呼伦湖、兴凯湖、八岔岛、洪河、三江、珲春和汪清7处中俄跨境保护区开展生物多样性监测和国际交流与合作。[③] 2019年，东北虎豹国家公园管理局局长赵利与俄罗斯豹之乡国家公园管理局局长维克多·弗拉基米罗维奇在长春签署了《东北虎豹国家公园管理局和“雪松溪谷”国家自然生物圈保护区与“豹之乡”国家公园联合行政领导机构关于虎豹保护合作的谅解备忘录》。双方将在东北虎、东北豹保护以及国家公园管理等方面加强合作，并将根据备忘录框架，着手制订今后3年在东北虎、豹科学研究、生态监测、环境教育和生态体验等领域合作的具体行动计划。

---

① 《携手“一带一路”建设 共同推动绿色发展——中俄联合开展边境水域增殖放流》，中华人民共和国农业农村部网站，http：//www. moa. gov. cn/xw/zwdt/201707/t20170730_ 5764183. htm。

② 《2018年中俄边境水域联合增殖放流活动在黑龙江同江段举行》，中国农业信息网，http：//www. agri. cn/V20/ZX/qgxxlb_ 1/hlj/201808/t20180807_ 6212241. htm。

③ 李瑞农主编《中国环境年鉴》，中国环境年鉴社，2018。

（四）生态教育

俄罗斯具备完备的生态教育体系。虽然也存在一定问题，但其相关活动开展的丰富程度，国家组织、教育机构和普通民众对这一问题的重视程度都值得我们肯定和学习。近年来，黑龙江省与俄罗斯远东地区开展了一系列生态教育合作。2012 年 6 月，中俄首次在各自往返于界江的游船上举行儿童生态画展活动，以照片、油画等形式展示两岸的生态资源，让环保理念深入普通民众尤其是孩子们的心中。同时，双方还于 2013 年 3 月在俄罗斯阿穆尔州布拉戈维申斯克市举行“国际环保大会”。① 2017 年，黑龙江省与哈巴罗夫斯克边疆区共同组织开展两国青少年生态环保体验代表团互访活动，增进了两国青少年在保护自然生态、开展环境教育等领域的深入了解。2017 年 10 月，在哈尔滨举办了以“环境保护”为主题的宣传画展，中国黑龙江省、俄滨海边疆区、哈巴罗夫斯克边疆区、托木斯克州及日本富山县、韩国江原道、忠清南道参加了画展。

四　加强中俄跨境环保合作的对策建议

（一）以友好坦诚、务实合作的态度，加强沟通、增进理解、提高互信

黑龙江省与俄罗斯远东地区的跨界河流有数千公里长，界河两岸国情不同，发展状况也不同。俄远东地区人口稀少，经济发展较为缓慢，但生态环境比较好。相比之下，黑龙江省人口较多，经济发展速度较快，但同时也给环境造成了一定压力，如有突发事件处理不好很可能影响到俄远东地区。2005 年 11 月，松花江发生污染事件，黑龙江省政府及时采取相应措施成功阻止了污染向俄罗斯境内蔓延，没有影响俄罗斯居民用水。2017 年，俄罗

① 《黑龙江：中俄合作共谋边境生态保护》，凤凰网，http：//news. ifeng. com/gundong/detail_2012_ 05/29/14895308_ 0. shtml。

斯联合国环境署促进委员会副主席维克托·乌索夫在贝加尔国际生态水论坛上表示，委员会进行了一项探究邻近国家的跨境气流对贝加尔湖地区影响的研究。该研究显示，来自太平洋的湿润气流经中国北方边境时受到大气污染物的强烈影响，在后者的作用下降水集中出现在黑龙江流域，导致贝加尔湖流域降水不足。除燃煤电厂外，这些污染物也来自以焚烧方式处理秸秆等农业废弃物的做法。乌索夫强调说，俄方希望俄中对话能促使中方改用其他方式处理秸秆。[①] 我们要本着友好坦诚、务实合作的态度，加强沟通和合作，增信释疑。如确实是我方的问题，要不回避问题、不推卸责任、不指责对方，采取措施积极应对，主动承担一个发展中大国的责任。

（二）加大对中俄界江的保护力度

对黑龙江（阿穆尔河）、乌苏里江等中俄界江的保护，重点要做好以下工作：一是保护好界江流域的森林资源，减少乱砍滥伐现象，提高水源涵养区的生态功能，减少水土流失和污染。二是保护兴凯湖、乌苏里江等界湖界江流域的湿地。加强中俄边境跨国湿地额尔古纳湿地（根河湿地）、黑瞎子岛国家湿地公园等重点湿地建设，恢复湿地功能。三是加大界河流域沿岸污染综合治理力度。四是加快界河流域城镇垃圾处理厂建设，使界江流经地区城市生活垃圾处理水平得到有效提高。五是狠抓工业污染治理。取缔“十小”企业，加强重点行业源头控制，对国家明令淘汰、禁止的项目，高耗能、高污染和资源浪费、污染物不达标排放的项目，向水体排放重金属和持久性有机污染物的项目以及位于自然保护区核心区的项目一律不予批准。

（三）鼓励创建中俄民间环保合作组织

尽管中俄两国政府的环保合作开展得如火如荼，但双方民间环保组织的

---

① 《俄专家称中国大气污染导致贝加尔湖流域降水不足》，透视俄罗斯网，http：//big5. tsrus. cn/kuaixun/2017/09/16/659015。

合作却十分匮乏。中国民间环保组织本身起步较晚，获得的资金支持也较少，加之建立中俄两国之间环保组织还需要跨越语言障碍，难度更大，因此目前两国民间环保合作组织寥寥无几。尽管前路漫漫其修远，但我们还是应认识到民间环保组织在两国环保合作中不可替代的作用。可从两方面着手创建民间环保合作组织：一是成立两国环保合作协会，开展两国环保技术专家、科研机构、环保企业之间的交流，联合出版双语版《中俄生态环境保护法律和文件汇编》，使协会的工作成为政府间环保合作的有益补充。二是鼓励在两国青年人中，尤其是在留俄大学生中创建环保合作组织。通过他们的宣传树立良好的中国形象，使俄罗斯居民了解近年来中国在环保方面所做的努力和取得的成绩，从而争取为民间环保合作拓展更多的渠道。为此，两国非政府环保机构人士必须克服文化和语言障碍，努力了解和认知彼此国家的国情和文化。

（四）做好环保宣教工作

在信息时代，环境保护的宣传工作尤为重要，可以说，做好环保宣传与推进环保督察督政、强化污染治理同等重要。要充分认识中俄环保合作中宣教工作的必要性，把做好环保宣教工作与推进环保督察督政、强化污染治理放在同等重要的位置上。一要正确引导舆论导向。既要以更大的力度、更通俗的方式，宣传打好污染防治攻坚战的重要性、必要性和紧迫性，更要通过宣传发现问题、解决问题，对可能出现的负面舆情，以更加主动积极的态度去应对，及时发布权威信息，回应社会关切，为民众答疑解惑。二要打造环保宣传“矩阵”。充分发挥“一报一台一网”的宣传作用，特别是要创新宣传的方式方法，利用好微信、微博等新媒体平台。

B.14

中俄服务贸易合作发展报告*

戚文海　张吾乐**

摘　要： 当前全球经济贸易形式面临深度变革和结构转型，各个经济体之间的相互依存和合作程度日益深化，服务贸易在国际经济合作中发挥着越来越重要的作用，中国与俄罗斯作为世界上最大的两个经济转轨国家，都十分重视发展服务贸易与合作，两国服务贸易合作成了当前世界的一大关注热点。通过全面研究中俄两国服务贸易合作的现状、问题与趋势，对中俄服务贸易合作发展有较为全面、深入的了解和认识，同时以此来扩大两国的服务贸易需求和前景展望，对促进双边贸易合作发展具有重要意义，最终为中俄服务贸易的整体性合作提出了具有现实可行性的对策与建议。

关键词： 中俄服务贸易　服务贸易结构　国际竞争力

一　中俄两国服务贸易发展现状

在新时代的中俄新关系下，两国政治高度互信，为中俄带来了良好的贸易合作氛围，与时俱进地取得新成果，在已有成果的基础上不断加强双边服务贸易合作，提升两国贸易合作水平。

---

* 本文是国家社科基金重点项目“加快推进中俄经贸科技创新合作机制创新研究”阶段性成果之一。

** 戚文海，黑龙江大学欧亚发展研究院院长，教授，黑龙江省重点培育智库首席专家；张吾乐，黑龙江大学硕士研究生，俄罗斯学。

（一）中俄服务贸易合作的发展历程

从历史角度看，中俄经贸合作是从商品贸易开始发展的，随着时间推移，商品贸易依旧占据着两国贸易合作的主导地位，随着全球贸易的不断深化与发展，两国开展的服务贸易合作也成了新兴的贸易合作形式，推动了两国的经济协作。从服务贸易发展的历程来看，中俄两国服务贸易合作的发展跌宕起伏。例如，两国建交初期，服务贸易合作几乎没有太大进展，在苏联时期中俄贸易合作则更多是以政府主导型贸易为主，其中一些贸易合作更多是苏联对中国的援助。从1992年开始到1999年，中俄服务贸易合作的发展经历了一个短暂增长阶段和一个低水平徘徊发展阶段。2000年以后，中俄关系逐渐升温，两国国内的经济形势较好，处于初级阶段，双边贸易合作形成良性循环发展。随着2008年金融危机的来临，双边服务贸易合作形势也跟随经济状况的变差而相对低迷，严重束缚了中俄服务贸易发展规模。① 经济危机的低潮过去后，中俄两国经济开始慢慢复苏，两国的服务贸易合作也开始慢慢恢复和发展，服务贸易的规模和层次随之扩大化。因此，伴随着中俄两国服务贸易的快速发展，无论是其规模、增长速度还是对两国经济关系的影响，都值得我们密切关注和深入研究，这有助于两国服务贸易合作迈向更深层次、更高水平。

（二）中俄传统服务贸易发展现状

回顾中俄两国近年来在贸易合作领域的发展现状，两国贸易合作加速发展，建立了长效完善的合作机制。2018年两国贸易额达到了1000亿美元，这是两国近几年在贸易合作方面取得的较大突破，为两国未来合作奠定了坚实的基础，同时从贸易质量和结构上来看，2018年中俄经贸关系在质量上有所改进，贸易结构也有所优化。② 近年来，中俄两国十分重视发展服务贸

---

① Fomenko Ekaterina（卡佳）：《中俄两国服务贸易发展状况及影响因素分析》，哈尔滨工程大学，2012。

② 《建交70周年之际看中俄经贸合作前景》，https：//m. baidu. com/mip/c/s/marketing1. eastmoney. com/201905131121092714. html。

易行业，两国服务贸易一直都侧重于发展传统服务贸易行业，因此中俄服务贸易合作模式以及侧重领域开始转变，如旅游业、运输业、劳务、通信业等，让两国贸易合作实现双赢目标，进一步保证了中俄贸易合作关系始终处在良好的发展轨道中。[①] 中俄建交 70 多年来，随着良好的历史契机的形成，两国贸易发展形成了稳定的环境，两国也更好看到未来服务贸易合作快速发展和愈加完善的美好前景。在两国良好的政治环境下，除了在一些传统服务贸易合作领域继续稳步发展，在一些新型服务贸易合作领域两国也寻求可发展空间和潜力，随着双边贸易额的逐年扩增，中俄服务贸易合作实现了互惠普利。[②]

近几年，随着传统服务贸易的旅游、建筑、运输等行业在国家间服务贸易合作中的比重有所下降，新型的服务贸易在国家间贸易合作中的比重相对开始增长，但是对于中国和俄罗斯而言，服务贸易的领域侧重点各有不同，两国企业都更偏向转资金链和规避风险，其中，一些新兴的第三产业，例如，建筑、金融、通讯、计算机和信息服务等，仍旧处于发展初期，还具有较大潜力和空间。旅游、运输等传统第三产业在中国的贸易产业结构中相对发展较大，其进出口额占到贸易服务进出口总额的 55.5%，而这些产业在俄罗斯则占比更高，加上建筑与其他商业四大五五产业几乎占到服务贸易出口总额的 90% 和进口总额的 85%，而现代服务产业则在两国服务贸易行业中的所占比重都相对较小。

随着双边贸易呈稳步增长态势，旅游业成为两国相对发展较快的传统第三产业，尤其在中国与俄罗斯两国成功互相举办了“旅游年”后，对于彼此国家的人文历史、风俗民情有了更加深入的了解，充分考虑到彼此的互补贸易要素，大力发展旅游业获取符合双方可持续发展的贸易利益。与此同时，运输行业开始相应地蓬勃发展。中俄两国互为邻国，通过一系列交通项

① 吕思铭：《中俄服务贸易合作现状、发展潜力与对策分析》，《对外经贸》2015 年第 1 期，第 17～18、50 页。

② Виктор Христенко. Энергетическая стратегия России: Прорыв на Восток//Ведомости. 06. 02. 2006

目的推进让两国在铁路运输和货物输送方面更加便利化，让两国的服务贸易合作发展更加持续稳定健康，促进服务贸易产业结构的升级，让两国服务贸易合作快速发展和愈加完善。[①]

（三）中俄现代服务贸易发展现状

自“一带一路”倡议提出以来，中俄双边服务贸易合作开始市场规模扩大化，开始探索合作模式的新途径，其中新兴的现代服务贸易在中俄服务贸易合作中开始成为一大亮点。

近年来，中俄建立科技园区、高新技术产业开发区、中俄跨境经济合作试验区，对涉及的贸易、投资、知识产权等商业问题进行有效快捷地合作发展，在稳定外资外贸的基本盘方面发挥了重要的作用，为外资企业的投资提供便利化服务。通过这些项目的建立，以此为契机两国贸易合作提升带动和辐射能力，加大投资、金融等合作的影响力，可以形成产业规模和完善的产业链，降低国际化运作成本和风险成本，缓解双边贸易差带来的贸易摩擦问题。与此同时，中俄两国的劳务合作方面也有了更多项目进展，2000 年两国签订的《中俄短期劳务协定》，促进双边贸易投资和人员安全管理，提高两国合作的稳定性，促进贸易资源高效配置。[②]

中俄通过充分利用多边机制，为双边合作提供保障机制，两国现代服务贸易合作的比重开始上升，为两国国内市场创造更广阔的空间，也随着经济的发展从传统第三产业向新兴第三产业转换，扩大两国服务贸易的发展，消除进入彼此服务市场的障碍。中国服务贸易领域形成相互保护投资体系：2005 ~2016 年，我国服务贸易出口总额中，旅游、运输以及与货物贸易相关的服务贸易出口比重从 73.95% 下降为 48.95%，同时其他服务出口的比重上升了 25.01 个百分点，从 26.05% 提高到 51.06%；而其中上升最快的

① 吕思铭：《中俄服务贸易合作现状、发展潜力与对策分析》，《对外经贸》2015 年第 1 期，第 17 ~18、50 页。

② Лукин А. В. Идея《 экономического пояса Шёлкового пути 》и евразийская интерграция［J］. Международная жизнь，2014，№7.

是“其他商务服务”和“通信、计算机和信息服务”行业，十年间这两个行业出口分别上升了9.91个和9.23个百分点，这说明中俄现代服务贸易合作的范围越来越广，促进了货物、资本和服务要素间的自由流通。

二　中俄服务贸易合作中存在的问题与制约因素

近年来，中俄不断推出优惠政策吸引外资，两国贸易顺差日益扩大，贸易摩擦与利益冲突也不断增多，存在政策差异、服务贸易开放程度的不同、国内监管方面存在服务贸易壁垒等因素导致了中俄两国服务贸易合作程度不高。因此，本文通过分析比较中俄两国服务贸易发展现状及其中存在的问题和制约因素，指出服务贸易合作对推动两国经贸发展的重要意义，由此提出促进中俄两国服务贸易合作的新思路，提升两国服务贸易的国际竞争力。

（一）中俄服务贸易合作中存在的问题

首先，服务贸易合作的不断扩大与发展保持了两国的投资吸引力。虽然中俄服务贸易有一定的互补性，但两国大都基于自身优势进行产业间服务贸易，服务贸易的扩展程度和产业的加工深化程度都不够。但两国服务贸易发展水平较低，远不如各自国内货物贸易的发展，2015年中俄服务贸易进出口总额仅有31.8亿美元，其中，中国出口到俄罗斯的有16.6亿美元，中国从俄罗斯进口的有15.2亿美元，这与两国经贸发展迅速的状态不符合，制约了服务贸易行业的扩大化。

其次，中俄两国在服务贸易合作机制等方面仍旧处于初级探索和发展阶段，这也导致双方在服务贸易合作上还有很多需要解决的问题。中国与俄罗斯的服务贸易合作中的一些制度与法规都不够健全和完善，机制的局限性降低了两国贸易进行的效率。随着两国合作密切程度的增加，许多合作法律机制尚处于起步、初级或探索阶段，还没有发展到成熟的程度和满足中俄两国经贸关系稳定和健康发展的需要。在中俄两国服务贸易的合作过程中，贸易壁垒的时常发生让中俄服务贸易合作中经常出现一些问题。

最后，人民币结算弱化是当前中俄贸易合作中存在的问题之一。当前人民币结算方式时间长、效率低，不能解决双方货币头寸平补问题，相对而言，人民币清算平台建设滞后。两国还没有实现货币的自由兑换，人民币与卢布跨境交易的潜力还有待挖掘，需要两国政府与金融机构不断完善贸易结算的互换机制。

（二）中俄服务贸易合作中的制约因素

1. 中俄服务贸易合作中中国的制约因素分析

中国相对于一些国家的服务贸易中的问题之一是劳动力和人力资本等价格较低，使得贸易发展的积极性降低。中国服务贸易在当前的社会发展下，与一些发达国家相比，中国劳动力和人力资本的成本处于较低状态，然而在服务贸易成本高昂的情况下，这种低成本无法得到充分挖掘，同时中国服务贸易行业在进入20世纪90年代以后，服务贸易的增长速度超过了货物贸易的增长速度，但是无论从“质”上看，还是从“量”上看，都很难与发达国家相匹敌。

中国服务贸易相对其他国家前期发展时间较晚，发展领域侧重点更多是在传统第三产业上。通过一些数据表明，中国的旅游、运输和商业服务所占比重较高，占据了较大的进出口市场。中国服务贸易出口仍是以劳动密集型和资源密集型产业为主，是以传统第三产业为主的发展，在新兴产业方面的发展仍旧处于落后状态。同时运行合作机制的不完善，很难获得长期高效的投资回报，业务开发仍需加强，导致了中俄服务贸易合作的局限性，双边贸易合作会有投资资金不足、投资效益较低、投资风险较高等问题。

2. 中俄服务贸易合作中俄罗斯的制约因素分析

俄罗斯的服务贸易开放度不高，一直处于世界平均水平以下，对国际服务贸易市场依赖程度和参与国际服务贸易的程度均不高，缺少较大的国际竞争力。同时俄罗斯在服务贸易方面一直以传统服务业为主，加上俄罗斯国际投资环境的不确定性使其他国家进行贸易合作时，面临较大投资风险。

首先，俄罗斯在吸引外资方面存在着一定的“诚信”问题，俄罗斯投资环境不佳、俄方银行信用不佳、信息传递能力不佳、金融体系不健全，这些都会导致其他国家外资企业的投资受到一定阻碍，更偏向与投资环境好的国家合作，避免出现资金链熔断等金融风险问题。其次，俄罗斯的海关问题是另一阻力，“灰色清关”有着复杂的历史背景和发展过程，一时很难完全被取缔，但这却是其他国家外资企业进入俄罗斯投资的主要障碍之一。俄罗斯关税壁垒、贸易壁垒、海关腐败现象、关税手续复杂、清关效率较低等问题阻碍了服务贸易合作的发展，也为两国服务贸易合作增加了一定的挑战，在贸易过程中可能出现一些不确定的金融风险问题。最后，俄罗斯的“威权政府”在一些贸易合作中出现了“强制干预”，垄断程度较高；俄企业对政府市场的调控机制较为依赖，让外资企业在俄罗斯国内市场竞争较弱；投资环境较差，降低了外资企业进行投资的热情。①

三　促进中俄服务贸易合作发展的对策建议

（一）调整中俄两国服务贸易的发展战略

中俄两国在服务贸易合作中需要及时适度地调整发展战略，两国服务贸易的合作与金融环境还处在完善与发展的过程当中，一些发展战略还需要结合国情和已有实践继续调整。通过调整后，可以加大吸引外资的能力，为国家发展带来经济效益，改善第三产业结构，提高国际竞争力。

中俄两国的服务贸易的发展相对于西方国家起步较晚，因而在法律法规和金融合作机制等方面存在着一些不足和缺失的问题，并且也存在着与国际主流国家法律法规以及金融合作机制相冲突的情况，这也在中俄两国服务贸易合作的发展进程中形成了很多的阻碍。因此，中俄两国立法部门应该在遵守国际服务贸易相关规定之外，以自身国内情况为出发点，同时借鉴国外发

① 于文武、燕楠：《中俄自由贸易区建设中存在的问题及对策研究》，《对外经贸》2018 年第 5 期，第 21 ~ 23 页。

达国家服务贸易法规建设的优秀经验，不断加强和完善国内服务贸易法律法规建设。[①] 两国应建立健全完善的、高效率的相关产业协调和支持机制，以加快体制的推进和机制的改革，使新兴服务业的发展潜力得以充分发挥。

中俄通过调整服务贸易的发展战略，促进国家经济增长，改善经济结构，需要两国更好地提高自主创新能力，结合国情继续探索本国市场的服务贸易合作机制的完善路径与机制构建。

（二）促进服务贸易结构优化

服务贸易结构是研究服务贸易的另一个角度，指一定时期内服务贸易的构成情况。中俄两国服务贸易合作的重点一直放在传统服务贸易业上，两国应该继续发挥这些传统服务贸易业的优势，并进行不断完善和优化，扩大市场需求，改善市场竞争条件，提高政府的保障作用，从而促进服务贸易产业结构升级，为两国服务贸易合作提供更大的经济效益。同时中俄两国对于传统服务贸易应当有新兴理念，适当加入现代管理理念和技术手段，以此来实现传统服务贸易的创新，同时进行产业自主创新，提升国际竞争力，促进资源优化配置，加强经济现代化发展。

中国作为世界贸易大国，在货物贸易方面具有明显的优势，中俄之间商品贸易的发展也要明显优于服务贸易发展，而实际上，商品贸易的发展能在一定程度上提高服务贸易的比较优势，二者相互存进。因此，通过优化商品贸易结构，能够促进服务贸易的发展，依托中俄两国良好的商品贸易基础，做到中俄之间商品贸易与服务贸易共同发展。[②]

（三）加强中俄两国政府的保障作用

中俄两国当前处于经济转轨深化时期，随着俄政府的“入世”，为中俄两国提供了更多服务贸易合作的契机，让中俄两国服务贸易合作产业多样

---

① 赵书艺：《中俄服务贸易发展问题研究》，硕士学位论文，吉林财经大学，2016。

② 赵书艺：《中俄服务贸易发展问题研究》，硕士学位论文，吉林财经大学，2016。

化。两国应发挥市场配置作用，政府主导模式与市场运行能力并行。一是抓住重点合作项目，推动中俄服务贸易合作。政府对于服务贸易的监管应做到适度，适度的保护会更加有利于中俄两国服务贸易的发展，增强中俄两国服务业的国际竞争力，为中俄两国服务贸易合作提供一些保障作用。在中俄两国服务贸易合作走深务实的过程中，我们要注重加强两国政府的保障作用。在两国贸易合作规模扩大化的进程中，市场是合作的基础，而政府起到的则是纠正、激励和保障作用。通过加强中俄两国服务贸易合作的政府性保障责任，加强双方政治互信，两国应当抓住机遇，加快第三产业的结构升级，全面提升中俄两国贸易服务发展水平。

2018 年 11 月 7 日，中俄两国相关代表在北京签署了《中华人民共和国商务部和俄罗斯联邦经济发展部关于服务贸易领域合作的谅解备忘录》。根据该备忘录，中俄两国将在总理定期会晤委员会经贸合作分委会框架下成立服务贸易合作常设工作组，双方将加强在旅游、文化、体育、运输、服务等方面的合作，推动以服务贸易发展为目的的双边展会，加强双边服务贸易数据交换等。中俄双方通过签署备忘录，参与全球市场竞争，加快服务贸易产业的结构升级，提升两国市场环境能力与贸易环境能力。

（四）增强服务贸易的国际竞争力

随着生产社会化的发展，服务贸易在全球舞台上发挥着越来越重要的作用。中俄两国的服务贸易也相应拥有一定的国际市场规模，但相比于发达国家仍旧差距较大。中俄两国想要将服务贸易在全部贸易中的占比提高到全球平均水平，需要优化竞争环境，完善市场机制，保障经济现代化发展。

中俄两国当前服务贸易不均衡发展。进出口贸易额和居民人均消费可以在一定程度上反映该国家的市场规模，相比之下，俄罗斯的国内市场规模相对狭小。两国的服务贸易中更多的是传统服务业的合作，其中俄罗斯的垄断现象较为突出与复杂，两国企业技术相对发达国家较为落后，缺乏创新积极性，从而阻碍了两国服务贸易合作的规模得到较大程度的扩大。在全球市场竞争的激烈形势下，两国需要在各个领域全面发展，推动中小企业的投资合作，加大对企业的支持力度，为企业创造良好的投资环境和氛围，从而推动服务贸易的规模扩大化，进出口总额也不断增长，紧密两国经济伙伴关系。

中俄两国通过加强制度建设，制定重点发展领域，有效对两国外资企业进行组织保障，提高国际竞争力，对贸易合作系统构建进行调控，提升两国服务贸易的发展水平。

四　结语

本文有侧重地对中俄两国服务贸易进行研究，两国在传统与现代服务贸易的发展现状中各有自己的特点与问题，结合对中俄服务贸易合作问题和制约因素的深入研究，从而对提升中俄两国服务贸易的国际竞争力以及加强中俄双边服务贸易合作的问题提出对策建议。当前国际形势较为复杂，对于两国服务贸易发展有利有弊，制定有针对性的政策能够更好地让两国服务贸易蓬勃发展。传统第三产业在稳步发展的基础上更多获利，为其余经贸合作提供经济基础与发展模板。新兴第三产业则需要发挥优势，建立自己的特色产业与领域，以具有国际竞争力和地位，有利于刺激技术革新和产业结构升级，在世界这个大市场上发挥自己的优势特色，促进服务贸易合作的健康稳定持久发展。

B.15

社会组织在深化中俄多领域合作的分析报告

孙连庆 *

摘　要： 中俄新时代全面战略协作伙伴关系确立了双方深度融通的新目标。社会组织作为中俄两国都越发倚重的社会力量，已经逐步参与到双边合作的相关领域中，使双方的合作能够更好地落实到社会实践层面上，并呈现出越来越深入（由经贸合作层面向规范、习惯等民众认知层面）、越来越广泛（由经济领域向全方位拓展）的趋势特点。

关键词： 中俄合作　社会组织　行业标准　行业规范

社会组织是指由一定数量的社会成员按照一定的规范并围绕一定的目标聚合而成的社会群体。2019 年，中国已拥有社会组织 873316 个；俄罗斯已拥有社会组织 54533 个。[①] 虽然从数量上看，中国拥有的社会组织数量是俄罗斯的 16 倍，但从两国人口规模来考虑，双方相差并不大。

近年来，社会组织作为社会治理第三方的作用越发凸显，中国在党的十九大报告中指出，要"推动社会治理重心向基层下移，发挥社会组织作用，实现政府治理和社会调节、居民自治良性互动"，而俄罗斯更是在 2007 年后就将一些行政权力赋予了社会组织（制定行业标准、行业规范），以发挥其

---

* 孙连庆，博士，黑龙江省社会科学院俄罗斯研究所助理研究员。

① 中国社会组织公共服务平台统计数据和俄罗斯官方统计年鉴数据（数字俄罗斯 2019）。

社会治理效能。可以说，社会组织在中俄两国国内的实践越来越积极，并富有成效。

2019 年 6 月 5 ~7 日，习近平主席对俄罗斯进行国事访问期间，与俄罗斯总统普京共同签署了《中华人民共和国和俄罗斯联邦关于发展新时代全面战略协作伙伴关系的联合声明》，将两国关系提升到前所未有的高度，赋予了双边关系新的定位，确立了双边关系发展守望相助、深度融通、开拓创新、普惠共赢的新目标和新方向。其中，深度融通是发展新时代中俄全面战略协作伙伴关系的坚实基础。融通是目标，关键在于“深”。这里的“深”应该触及更多的社会层面，也必然触及社会组织的实践范畴。

实际上，早期中俄民间贸易中就有社会组织的参与，只是参与的社会组织类型非常单一，如商会，而且，当时的参与也只是单向参与，即中俄两国商会只在各自一方发挥组织、协调职能；如今的中俄合作早已超出了经贸合作领域，向全方位发展，参与其中的社会组织类型也更加多元化，如商会、学会、协会、联盟等，而且涉及的范畴也远远超出了经济、文化、科技、军事等诸多领域，合作的层次宽且深，这就要求参与其中的社会组织不仅要发挥调节自身的功能，而且要发挥增进合作双方谅解、互信的功能。

一 现阶段社会组织参与中俄合作进程的方式

社会组织本身具有国际交流的属性，因此，社会组织参与国际合作进程的事例很多，只是根据参与方式的不同，而表现出不同的特点和效能。中俄合作进程中社会组织参与的方式主要体现为“三种身份”。

（一）以组织者的身份参与

社会组织是国际合作主体的联合体。2006 年 1 月 24 日，在中国黑龙江省哈尔滨市举办了首届“中俄区域商会领导人峰会”，希望通过各类协会、商会等非政府组织间的交流与合作来加强中俄经贸合作，提档升级。峰会期间，中俄双方商会代表本着“携手合作，促进发展，共创未来”的宗旨和原则，进行了广泛、深入、务实的对话与交流，为进一步扩大彼此间的往来与合作、深化非政府间同盟伙伴关系、改善双边经贸往来状况，双方在达成认知共识的基础上共同签署了中俄区域商会《哈尔滨宣言》。当时，“中俄区域商会”的主要成员是中国黑龙江省哈尔滨市、吉林省长春市、辽宁省沈阳市和大连市的贸易促进会（国际商会）和俄罗斯远东及中部地区各主要州（共和国）、地区工商会。按照国际通行惯例，“中俄区域商会”成员都担负着发展和促进中俄双边经济技术合作的共同责任，是双方在相关区域内的工商界代表和相关区域间工商界相互交流沟通的桥梁纽带。①

社会组织是国际合作项目的开拓者。2007 年 11 月 6 日，中俄机电商会成立大会在莫斯科召开。会议通过了商会成立文件和工作计划，宣布中俄机电商会的正式成立以及各项工作的启动。该商会成立后，有效整合了中俄两国已有的经贸促进机制，与政府主管部门、金融机构、会员企业和两国毗邻地区地方政府开展了卓有成效的合作。通过对重点行业、重点企业和地区的调研，分析了中俄两国机电贸易领域存在的问题和发展潜力，向两国政府提交了政策性建议。同时，商会通过两国秘书处的有效沟通，推动两国企业的交流与合作，促成了一批代表两国在机电和高科技领域合作发展方向的项目。在商会的努力下，两国企业在民用航空、船舶制造、工程机械、能源设备等多个领域的合作已初见成效。②

（二）以服务者的身份参与

社会组织为国际合作提供专业类服务。2018 年 10 月 12 日，中俄双方为加强在金融领域的合作，由双方专业的协会（俄联邦金融自律组织协会、中国金融市场投资者协会）牵头签署了谅解备忘录，标志着中俄两国在国

① 《中俄 18 家商会共建经贸同盟首届中俄区域商会领导人峰会在哈召开》，http：//news. sina. com. cn/s/2006 - 01 - 25/01518071514s. shtml。

② 《中俄机电商会简介》，http：//www. cnruchamber. org/news/content - 220943. aspx，最后访问日期：2019 年 12 月 23 日。

际金融市场领域中的合作将迈上新台阶。目前，根据上述协议，俄联邦金融自律组织协会已与中国金融市场投资者协会建立了常态化的工作关系，为双方在金融领域的合作提供专业类的服务，并在双方业已达成的协议框架内，分区域地谋划金融领域的相关合作。可以肯定的是，中俄在相关领域的谅解和互认基础之上所开展的合作必将日趋走向深入。①

社会组织为国际合作双方提供普遍资讯服务。2019 年 1 月 18 日，中俄地方商协会联盟在中国黑龙江省哈尔滨市宣布成立，这是一个为促进中俄地方合作而建立起来的专业平台，通过这个平台双方拟开展合作的参与者能够获取重要的相关信息与资讯，实际上该平台起到了将中俄两国商协会间的信息、资源和市场进行有效整合的作用。作为倡导并发起成立该联盟的中俄商会代表，中国黑河国际商会、中国大连国际商会、黑龙江省安徽商会、阿穆尔州工商会、黑龙江省河南商会，以及 5 个业已建立的中俄商协会，共同谋划建设了平台的工作机制，以切实达到双方资源共享、合作共赢，更好地发挥平台的功能优势和桥梁纽带作用。可以肯定的是，中俄地方商协会联盟的成立，积极推动了中俄地区间的务实合作，必将为中俄相关企业的发展壮大搭建起更广阔的合作空间，创造出更多的共赢商机。②

（三）以监督者身份参与

社会组织对国际合作成果实施检测认证。2019 年，为适应中俄两国合作的不断深入，中国国内的互联网 + 检验检测电商平台——牵翼网与俄罗斯联邦工商会“联盟鉴定”（SOEX）组织达成了关于促进中俄双方进出口产品检测认证的战略合作协议，以此推动中俄检验检测认证机构、进出口企业、经销商及相关组织的全面合作。其中，俄罗斯联邦工商会“联盟鉴定”

---

① 《金融自律组织与中国合作伙伴签署了谅解备忘录》，http：//www. all - sro. ru/news/finansovaya - sro - podpisala - memorandum - s - kitaiskimi - partnerami_ 182843815，最后访问日期：2019 年 10 月 23 日。

② 《中俄地方合作再谱——中俄地方商协会联盟成立大会在哈举行》，http：//www. heihe. gov. cn/info/1187/97029. htm，最后访问日期：2019 年 10 月 23 日。

（SOEX）是俄罗斯工商会的子机构，也是当前俄罗斯最大的独立鉴定机构。其下属的分支机构众多（有 37 家分支机构分布在俄罗斯各大城市及港口），拥有工作经验在十年以上的专业鉴定专家 300 余名。①

社会组织对国际合作过程实施审计监督。2019 年 8 月 22 日，中俄双方签署了《中俄会计准则合作备忘录》和《中俄审计监管合作备忘录》，这是中俄在会计审计监管方面开展合作的里程碑事件，标志着两国正式建立了相互认同的会计和审计监管合作机制。这份备忘录的签署，将为两国各类行业企业实现跨境发债和两国金融市场互联互通提供制度保障和政策便利，也为中国与其他国家，尤其与金砖国家开展跨境会计审计监管领域的合作提供了新的典范。②

综上所述，社会组织通过上述身份，实际参与了中俄合作的具体过程。但是，对于社会组织来说，上述三种身份并不能诠释其参与国际合作的全部形式，只能体现出现阶段的参与状况，因此，在双方未来合作过程中社会组织的参与存在着很大的实践空间。

二　现阶段社会组织参与中俄合作进程的特点

通过对现阶段社会组织参与中俄合作进程的方式梳理，可以看出，社会组织在中俄合作进程中纵向参与的不够完整、横向参与的不够全面，导致参与的效果无法充分发挥。因此，现阶段社会组织参与中俄合作进程的特点主要体现为“三面不足”。

（一）全过程参与不足

就单项合作而言，社会组织在其中所扮演的角色并不完整，在合作项目

① 《中俄检验检测机构合作，两国实验室、第三方检测机构借“一带一路”加强交流》，http：//www.whb.cn/zhuzhan/kjwz/20191227/311008.html。

② 《中国财政部：中俄正式建立会计审计监管合作机制》，https：//www.sohu.com/a/336179015_120058819，最后访问日期：2019 年 10 月 23 日。

的前期论证、过程监督、效应评估等环节都缺少社会组织的参与。

通过对社会组织参与中俄合作方式的梳理，可以看出，绝大多数的社会组织参与只限于合作主体的组织、合作资金和技术支持、合作成果鉴定和审计等环节，社会组织并没有全程参与双方的合作进程，这就使得社会组织的参与过程带有明显的“碎片化”特征。

当然，导致社会组织参与“碎片化”的因素很多，但社会组织作为中俄两国都越发倚重的社会力量，应该完整地参与双方合作的进程。究其原因，即社会组织所能提供的服务、监督和保障是全方位的。

按照国际通行惯例，社会组织参与国际合作是有现实依据的。因为任何国际合作都会最终落实到社会个体层面，所以能够直接左右社会个体实践的除了制度环境，就是社会个体所属的社会组织（机构），特别是那些能够监督或审计社会个体实践的专业类社会组织（机构）。社会组织从专业层面对社会个体的实践实施标准化认证或规范指导。试想，如果国际合作能从最基本的标准和规范上达成深度共识，那么对顺利实施上述国际合作是非常有利的。近年来，中俄两国为了实现双方在经济合作领域的突破，确立了数百个国际合作大项目，然而这些大项目绝大多数仍停留在协议层面，无法真正落实，这不能不使我们对这些国际大项目的实施基础产生怀疑，如果这些大项目只停留在意向层面，双方在经济领域的合作则无法实现实质性突破。① 仔细研究上述问题，我们会发现，实际上这些问题涉及社会个体实践面临的有形和无形的制度环境，在双方开展合作的过程中，双方最先接触到的是部分有形制度体系，如国家法律、法规，其实有形制度体系中还包括行业规范、行业标准等，这就是说我们对有形制度环境有时认识不全面，另外，社会个体所面临的无形制度环境，如价值观、习惯、理念等就基本完全不了解。试想，两个不熟识的社会个体怎么能开展深度的合作呢，因为，在很多时候双方就同一问题的观点都可能会是大相径庭。在这种情况下，我们应该怎么办？

① 《中国企业在俄罗斯投资重点关注问题》，http://www.sohu.com/a/150060202_284463，最后访问日期：2019年10月23日。

只能通过更广泛的接触、融通，来补齐这些必要的认知。而最有效、快捷的途径就是加强双方各类社会组织的合作，特别是那些能左右合作发展方向的专业类社会组织间的合作，为双方合作构建起必要的、完备的运行环境。

（二）全方位参与不足

就全方位合作而言，社会组织在参与中俄两国全方位合作进程中的缺席状况普遍。中俄两国全方位合作面向两国国内的各个领域、各个层面，这就为社会组织参与双方合作提供了广阔的空间。而实际参与状况是，在很多领域、很多层面上都缺少社会组织的参与。

任何国际合作都不应该是一锤子买卖。合作的双方都应本着不断加深合作的理念开展合作，吸引双方更多的实践主体来参与合作。如果从深度和广度上实现了双方在各类社会组织层面的合作，那么它们各自所拥有的会员个体都具备了参与双方合作的资质和可能，由此势必为双方合作提供更多的可选择性和广阔空间。目前，中俄合作的成功案例多为“个案”，对于同一类或行业的中俄合作无法总结出普遍模式、路径，因此从中俄合作成功案例的总体数量上来说并不多，这样不仅影响中俄合作的深度和广度，而且对上述成功合作的“个案”向纵深发展也是不利的。试想，如果在双方相关专业类社会组织间建立合作机制的基础上，“个案”作为一个点，“以点立足，连片做大”就有了现实基础和强劲动力。

任何国际合作都应建立在互利共赢的基础上。为了确保双方合作实践主体的合法权益，非常有必要将合作双方都需要的基本服务进行有效对接。如中俄双方的境外企业和人员都会面临的遵守所在国法律问题、行业标准问题、社会责任问题等。当前，中俄双方境外企业或个人在遇到上述问题时，都只能寻求个别个体帮助，无法直接有效地解决上述问题。试想，如果双方实现了相关专业的行业协会、社会组织的合作，上述企业或个人就能像所在国公民一样享有同等的服务，随时随地维护自身的合法权益。当然，要实现上述专业类行业协会或社会组织的合作，需要双方共同商议并确立必要的合作协议，并在该协议的基础上开展合作。2018 年首届中俄投资与法律服务合作先锋论坛暨俄罗斯中国总商会法律分会授牌仪式在俄罗斯莫斯科格林伍德园区会展楼隆重举行。俄罗斯中国总商会法律分会的设立必将号召更多的中俄两国律师聚拢在这个平台上，加强交流合作、优势互补，共同为俄罗斯的中国企业提供贴身法律服务，保障他们在俄罗斯联邦国家经济活动的合法性和安全性。俄罗斯中国总商会法律分会将在全俄4000多位会员企业中开展包括但不限于法律宣传、依法治企、法律保障等会员活动，努力实现大幅降低中俄间投资、贸易法律风险，并迅速解决法律争端作为自己的实践目标。①

（三）参与效应发挥不足

就参与的效应而言，社会组织在参与中俄两国全方位合作过程中所体现的提升、拉动效应不足。全面的参与效应体现在直接的经济效应和间接的社会效应两方面。

社会组织的参与可以更好地保障合作双方实现既定的经济收益。社会组织由于其专业类别齐全，可以为国际合作的整个实施过程提供有效的联络、服务、监督等全方位服务，使国际合作过程能够更加顺利、通畅。目前，中俄两国的合作正在向全方位全领域发展，2019年双方在经贸领域的合作共创造了1109.19亿美元的收益，同比增长2.5%。未来，中俄双方在经贸领域的合作要力争突破2000亿美元。这些美好的愿景只有在两国社会各界通力合作的基础上才可能顺利实现，其中社会组织必然要占有一席之地。因此，中俄合作双方应该尽早地调动各类社会组织的积极性，发挥其特有的参与效应，为双方合作的顺利开展保驾护航。

社会组织的参与可以更好地改善合作成果产生的社会效应。任何国际合作的最终结果都应该对人类社会的发展产生有益影响。尤其是那些本身就是为了进一步改善人类社会发展环境而开展的公益性国际合作。目前，中俄两

---

① 《2018年首届中俄投资与法律服务合作先锋论坛暨俄罗斯中国总商会法律分会授牌仪式成功举行》，http://www.sohu.com/a/222173487_99947706，最后访问日期：2019年10月23日。

国在各领域的合作取得了一定的进展，尤其在环境保护、灾害救援领域的合作社会效应良好。考察双方合作过程我们会发现，有很多专业性的救援团队发挥了重要作用，而这些专业团队其组织性质都属于社会组织。当前，在国际合作过程中双方越来越看重其产生的附加值，我们要有意识地正视这一问题，在开展各领域合作的时候多考虑一下“人”“社会”的健康发展问题，这对于双方顺利推进合作进程起着不可替代的作用。例如，中俄两国在开展医药领域合作时，中国就将“中医”疗法毫不吝惜地分享给了俄罗斯人民，为改善他们的医疗状况、疗养效果起到了积极作用，得到了俄罗斯民众的认可。审视其具体合作进程，我们会发现中医协会作为公益类社会组织在其中发挥了重要的作用，而它所带来的社会效应是巨大的，不仅为中医在俄罗斯境内的传播营造了和谐氛围，而且为中俄在医药领域的合作拓展了空间。

三　现阶段社会组织参与中俄合作进程的新趋向

现阶段，社会组织的专业推动作用正在逐渐得到中俄两国社会各界的认可，其在双方合作中的参与度和表现会越来越充分，这集中体现在“三项利好”新趋向方面。

（一）参与的条件越发成熟

任何国际合作的成功开展都需要双方民众的理解和支持。合作双方为了让各自民众对双方合作能有一个较好的认知，一方面双方国内主流媒体应该多从正面加以宣传；另一方面就是调动社会力量来加以解析和引导，其中各类社会组织作为一支重要的社会力量，双方都应该善加利用。社会组织所具有的专业性、公益性、非官方性，会使很多宣传和解析更易被本国民众所接受，尤其被其成员所接受，有利于在很多问题的解决上达成有效共识。试想，如果双方加强社会组织领域的沟通与合作，不仅可以促进双方民众对合作的理解与支持，而且还能将双方底层民众的想法和意见反馈上来，为双方从决策层面上实现有效共识提供必要的信息支撑。

目前，积极引导各类社会组织发挥正向推动作用的问题已被中俄两国社会各界所广泛认知。只是由于中俄两国国情的不同，在社会组织参与社会实践的操作层面上，存在着一定的发展差距。对于俄罗斯而言，国内为社会组织参与社会实践制定了较为完备的制度体系，并逐步引导其参与俄罗斯社会的各项事业，可以说，一定程度上社会组织在俄罗斯被视为除政府、企业之外的“第三部门”，在社会治理层面上发挥着重要的作用，甚至承担着一些政府赋予的重要职能；而对于中国而言，国内正在日益加大对社会组织的扶持力度，积极构建社会组织健康发展和积极实践的制度环境，以便社会组织能够更好地发挥服务社会的作用，协作提升民众对社会发展的满意度。[①] 可以说，社会组织正在成为中俄两国政府越来越倚重的重要力量，社会组织以其非官方属性能够较好地突破沟通瓶颈，同时以其走基层路线的特点能够准确地把握问题的实质，最后向决策层提出专业性解决方案。由此，社会组织的积极参与势必会对所有社会问题的解决创造有利的条件。笔者认为，在中俄发展新时代全面战略协作伙伴关系的前提下，两国合作在不断深入的过程中势必会触及社会组织方面的问题，那么，双方以各类社会组织为主体，以双方开展的国际交流与合作为平台，实施广泛的民间合作是非常必要的，也是可行的，其结果也势必使两国的合作更加接地气，并更广泛地满足底层民众的获得感，最终使两国民众的获得感与进一步深度融通的期望形成相互促进的两个面。

新的时代引领新的征程，中俄两国各领域的社会交往日益频繁而广泛，突出表现在文化、教育、环境、卫生等诸多人文领域，双方的合作呈现日益民众化和公益化的趋势，必将进一步加强中俄两国民众互认互信和价值观共享。因此，对于各类社会组织，尤其是学术型社会组织和公益性社会组织来说，它们拥有着广阔的国际合作空间。

（二）参与的过程越发完整

随着社会组织在参与国际合作中作用的凸显，社会组织将逐步参与到国

① 《发挥社会组织作用 共建和谐宜居社会》，http：//www. china. com. cn/newphoto/2017 - 12/04/content_ 41965371. htm。

际合作的整个环节，无论是纵向参与，还是横向参与，社会组织的参与都将表现得更为积极、全面。

为了使中俄合作提质增量，我们应有意识地弥补社会组织在某些环节上的缺席。特别是在中俄全方位合作的背景下，社会组织应该参与从确定合作意向到合作立项，再到实施合作，最后到检验合作成效的全过程。因为一项有效的国际合作，应该从前期确立合作意向时就有专业类社会组织（如科研、勘测、法律等专业类社会组织）的参与，只有这样才能避免双方开展国际合作的盲目性，也为双方顺利开展合作提供必要的专业信息支撑。这样做的好处：其一，诸如律师协会、会计协会、企业协会、外语协会等专业类社会组织能够为合作双方提供专业服务。合作双方如能在上述专业领域通过社会组织构建起必要的沟通平台，达成某种程度的合作共识，那么必将为双方进一步开展合作提供必要的参数准备。其二，社会组织由于其固有的社会属性能够使其有效地反映出合作双方的深层（底层）要求。社会组织能够有效地采集、获取基层企业或个体民众的认识和看法，如果社会组织的表达途径畅通，那么决策层就可以在最广泛地了解民意的基础上做出科学的、合理的、合乎民意的决策。就中俄双方在相关领域开展的合作而言，如果在制定前期合作意向时就能有效地调动相关专业社会组织参与其中，那么在两国合作问题上会更准确地体现社会民众的真实要求，也会使双方的合作更加得民心、顺民意。其三，社会组织由于其具有的公益属性，使其在参与谋求国际合作的过程中能够更多关注合作所带来的社会效应，而不至于使国际合作去单纯地追逐利益最大化。目前，如何放大中俄合作所产生的社会效应是双方都应该加以重视的问题。中俄两国合作不能只关心经济收益，而应更多地去关心社会效应，因为良好的社会效应会正向推动双方合作的深入发展，反之则起到阻碍作用。

（三）参与的水平越发专业

为了保障和扩大中俄两国全方位合作的成效，未来双方合作过程中必然会有更多的专业人士参与其中。

专业的事情会有专业的人才队伍来做。专业类社会组织（如法律、工会、商会、经管等专业类社会组织）的参与，将为国际合作提供专业的人才队伍。在立项阶段就为双方顺利开展实践活动搭建好必要的平台，保证合作项目得到相关领域的认同。实际上，国际合作就是合作双方在相关领域进行有效对接的基础上实现收益（经济收益或社会效应），而相关领域对接就是制度、标准、规范的对接，而这一切对接都是由具体的专业人才队伍来操作，双方政府层面只是起到指导作用。由此，在国际合作的立项阶段，如果有相关专业领域的社会组织参与，那么在立项协议的制定细节上就会更加准确、明确，更加具有可操作性。目前，中俄两国的各类社会组织要想有效地参与国际合作，还必须经过进一步的规范，因为社会组织的合法性、规范性是社会组织参与国际合作的基础。中俄两国政府都应加大对社会组织管理、规范、引导的力度，在双方合作的过程中探索对接的方法，在技术层面上为双方合作项目的订立提供保障。

标准和规则会有专业的机构来认证。在双方合作的具体实施过程中，应该有相关专业类社会组织的参与，以确保实践过程能够符合各相关领域的标准和认同，起到不可替代的专业服务与社会监督作用。目前，中俄合作基本实现了领域和地域的全覆盖。[①] 仅以双方共同签署的《中俄在俄罗斯远东地区合作发展规划（2018～2024年）》为例，该协议为中俄企业在俄远东地区开展合作提供了广阔的领域和难得的机遇，主要涉及的领域有：物流（中俄跨境铁路桥、公路桥运输项目）、旅游（四季休闲、跨境旅游项目）、养殖（水产养殖项目）、加工（食品、农产品、水产品、天然气、焦煤、木材、原料等项目）、制造（船舶项目）、建筑（基础设施配套工程项目）等。上述领域所涉及的行业规范和行业标准等，中俄两国多有不同，如何实现两国在上述领域的有效对接和密切合作，笔者认为，必须要由两国相关专业社会组织来参与，搭建起相关领域合作的专业平台，规范和监督双方合作实践

---

① 《中俄经贸合作基本实现地域领域“全覆盖”》，http://news.china.com.cn/world/2018－06/08/content_51800488.htm。

的标准性。

成果和效应会有专业的机构来评估。在双方合作的结项评估阶段，更需要专业类社会组织作为第三方审计评估机构来对合作项目的绩效进行客观评估，以确保项目得到双方社会各界的广泛认可。实际上，在很多国际合作过程中往往会忽视这一阶段，认为赔了赚了自己心里明白，然而，究竟赔在了哪里？赚到了哪些？就是一笔糊涂账，谁也说不清。这样的后果对双方继续开展合作有害无益，致使双方对进一步开展深层合作缺乏必要的信心。近些年，中俄两国签署了多项合作协议，然而有些项目实施缓慢，有些合作仍然停留在纸面上。这种现象与缺少专业类社会组织的参与密切相关，值得进一步研究。

综上所述，从积极拓展国际合作的角度，我们应该加强对各类社会组织的管理和规范，并使它们在实施国际合作的全过程中发挥积极、有效的作用。只有让更多的专业人士和有识之士参与到国际合作进程中来，才能确保合作的高绩效，而各类社会组织作为专业人士和有识之士的集群，也必将在国际合作舞台上发挥越来越重要的作用。尽管新冠肺炎疫情的暴发对国际合作形势产生不利影响，但是中国会站在历史正确的一边，稳健地应对贸易保护主义思潮，坚定不移地推动经济全球化朝着开放、包容、普惠、平衡、共赢方向发展。

B.16

俄罗斯能源东向政策的中国因素：历史、现状及前景*

Б. Г. 萨涅耶夫**

摘 要： 俄罗斯能源战略的东向策略通过几个大型项目得到体现，主要是向亚洲各国，特别是向中国供应俄罗斯的能源产品。俄中在能源领域的技术创新合作的主要方向是共同参与在俄新的油气化工产业群的建设和进行共同管理；参与构建东部片区全球性电力能源体系；原煤系统深加工合作；在俄东部地区建设“绿色能源”项目，以保障隔绝偏远地区消费者的能源供应。

关键词： 俄罗斯能源　东向政策　发展战略　优先方向

一　东向政策是俄罗斯在21世纪上半叶能源发展的优先方向

国家利益促使俄罗斯与蒙古、中国、日本、韩国等东北亚国家开展能源合作。这个能源发展的优先方向的国策被称作“俄罗斯能源东向政策”，核心内容如下。①

---

* 基金项目：俄罗斯科学院西伯利亚分院№. 0349－2016－0017号资助项目，编号AAAA－A17－11703031043。

** Б. Г. 萨涅耶夫，俄罗斯伊尔库茨克俄罗斯科学院能源系统研究所教授，博士。

① Энергетическая стратегия России на период до 2020 года. Утверждена распоряжением Правительства РФ от 28 августа 2003 г. № 1234－р. －М.，2003. －118 с.

第一，在国家东部地区建设新的能源中心，以提升俄罗斯能源安全，强化地区间的燃料—能源联系，解决国家、地区之间和地区本身的诸多重大课题。

第二，在国家东部地区和东北亚地区建立发达的能源基础设施，包括石油—天然气管道、高压输电线路，以降低能源成本、保障东北亚各国的能源需求、缓解环境压力。

我们有理由相信，21 世纪上半叶在俄罗斯东部地区将形成以石油天然气出口管道、高压输电线路为主体的能源出口通道，并在此基础上构建能源运输的统一空间。

俄罗斯东部地区，这里是指东西伯利亚地区和远东地区，是具有全球战略意义的地区，基于强大的经济潜力和能源潜力将成为实现俄罗斯国家利益的重要前沿。

二 俄中能源合作是实现俄罗斯东向政策的重要途径

俄中能源合作对于构建俄罗斯能源东向政策构想及其落实发挥了重要作用。回顾历史，俄中能源合作可以简要地概括为以下三个阶段。

（一）社会主义时期的乐观主义阶段

苏联对中华人民共和国的能源工业建立和发展做出了巨大的贡献，表现在以下几个方面①：一是苏联积极参与了中国能源工业项目的建设；二是苏联提供了能源加工生产设备；三是为中国的能源工业培训了专业技术人才。至于俄罗斯与东北亚各国的协作，还在 1989 年就首先提出这一问题并做出相应的行动。苏联科学院临时工作委员会制定了开发和利用远东经济区天然气，并在 2000 年之后向中、日、韩等国出口天然气的设想，并向政府提出了建议。②

---

① Кузык Б. Н. , Титаренко М. Л. Китай – Россия – 2050：стратегия соразвития / Б. Н. Кузык, М. Л. Титаренко. – М. : Институт экономических стратегий, 2006. – 656с.

② Материалы по развитию добычи и использования природного газа в Дальневосточном экономическом районе/Рабочая консультативная группа при Президенте АН СССР. Институт энергетических исследований РАН. – М. , 1989. – 200 с.

委员会的最终文件对于大规模开发雅库特和萨哈林岛沿海大陆架的天然气解决内需和向中日韩出口管道和液化天然气的可行性方案进行了研究和评估。

1993～1995年，根据俄罗斯能源部和日本经济产业省之间达成的协议，在俄罗斯科学院能源研究所、西伯利亚分院能源研究所和日本能源经济研究所的积极参与下，以及俄日企业的支持下，制定了开发东西伯利亚和远东能源并出口亚太各国的可行性方案。①②

这一成果中详细制定了开发俄罗斯东部能源，确定了向东北亚各国包括中国出口石油、天然气和电力的方案，总计投资项目32个。

（二）后改革时期的浪漫主义阶段

上述工作体现为第二阶段的成果——后改革时期的浪漫主义，利用联邦主体和地区机构的权威解决实际任务，其中包括向东北亚国家出口能源原材料。关于俄罗斯与中国的能源合作有以下几个方面。

1995年，萨哈石油公司和中石油共同制定了雅库特（萨哈）共和国—中国—韩国天然气管线出口规划。该规划预计于2005年开始向中国和韩国的消费者提供每年总计150亿～200亿立方米的雅库茨克天然气。

1997年，伊尔库茨克电力和中国国家电网公司共同制定了架设伊尔库茨克—中国年输电180亿千瓦高压输电线路。计划的执行期也是2000～2005年。

2000年，由俄联邦政府授权尤科斯石油公司与中石油共同制定了安加尔斯克—赤塔—外贝加尔斯克—大庆石油管道出口计划。按照该规划，俄罗斯在第一阶段（2010年前）每年向中国出口石油2000万吨，并预计逐年增加到3000万吨/年。

① Study on comprehensive energy plan in East Siberia and Far East of the Russian Federation / The Energy research Institute of the Russian Academy of sciences, Siberian Energy Institute of SB RAS, The Institute of Energy Economics, Japan. Executive Summary First Phase, March, 1994 – 53 pp. Second Phase, September 1995. – 141 pp.

② Макаров А. А. Мировая энергетика и Евразийское энергетическое пространство // М.: Энергоатомиздат, 1998. – 280 с.

由俄罗斯石油公司与中石油、韩国天然气公司历时5年所制定的伊尔库茨克—中国—韩国天然气管线项目，在2004年提交俄联邦政府审议。按照该方案，俄方将在2010年到2015年每年向中国出口科维克京天然气200亿立方米，向韩国出口100亿立方米。

遗憾的是，所有这些项目都没有付诸实施。

（三）投资合作的务实主义阶段

目前，俄罗斯已经就2030年前俄罗斯东部地区的经济和能源发展战略进行了大量的项目规划工作，包括制定了《2030年前俄罗斯能源战略》、东部天然气规划《在东西伯利亚和远东地区建立开采和运输天然气、并保障可向中国等亚太国家市场出口的统一机制》《远东及贝加尔地区2025年前经济社会发展战略》《2020年前西伯利亚经济社会发展战略》等。①②③④⑤

俄罗斯科学院西伯利亚分院能源研究所积极参与了东部能源战略的制定工作。2007~2014年，在俄罗斯2030年能源发展战略论证工作以及完成地

① Энергетическая стратегия России на период до 2030 г. Утверждена распоряжением Правительства РФ от 13 ноября 2009 г. № 1715 – р. ［Электронный ресурс］. – Режим доступа: http: //www. energystrategy. ru/projects/es2030. htm. 104.

② Макаров А. А., Воропай Н. И., Саенко В. В, Санеев Б. Г. и др. Региональные особенности топливно – энергетического комплекса // В кн.: Энергетика России: взгляд в будущее. Обосновывающие материалы к Энергетической стратегии России на период до 2030 года / под ред. А. Б. Яновского и др. – М.: Издательский дом《Энергия》, 2010 – 616 с.

③ Программа создания в Восточной Сибири и на Дальнем Востоке единой системы добычи, транспортировки газа и газоснабжения с учетом возможного экспорта газа на рынки Китая и других стран Азиатско – Тихоокеанского региона. Утверждена приказом Минпромэнерго РФ от 3 сентября 2007 г. № 340.

④ Стратегия социально – экономического развития Дальнего Востока и Байкальского региона на период до 2025 года. Утверждена распоряжением Правительства Российской Федерации от 28 декабря 2009 г. № 2094 – р. ［Электронный ресурс］. – Режим доступа: http: // www. minregion. ru/activities/territorial_ planning/strategy/federal_ development/346/.

⑤ Стратегия социально – экономического развития Сибири до 2020 года. Утверждена распоряжением Правительства Российской Федерации от 5 июля 2010 г. № 1120 – р.

区政府采购的工作框架内，能源研究所在论证东部地区及相关联邦主体地域内发展燃料和能源综合体做了大量的工作。[①②③④⑤⑥]

在可见的将来发展东西伯利亚和远东地区能源产业，不仅是为了满足本国能源需求，同时也为互利条件下向东北亚国家的能源市场出口能源提供了保障。

根据对中国、韩国、日本以及其他东亚和东北亚国家能源市场形势的分析，可以看到这些国家对俄罗斯能源还有很大的市场需求空间，俄罗斯也准备在双方可以接受的条件下从东部地区向这些国家提供燃料和能源产品，[⑦⑧⑨] 预期2016～2030年的贸易量如下：石油，从2016年的6900万吨到2030年的7500万～8000万吨；天然气，从150亿立方米提升到500亿～600亿立方米；煤炭，从7000万吨提升到7500万～8500万吨；电力，从36

---

① Восточный вектор энергетической стратегии России：современное состояние，взгляд в будущее / под ред. Н. И. Воропая，Б. Г. Санеева. –Новосибирск：Гео，2011. –368 с.

② Топливно – энергетический комплекс Сахалинской области：современное состояние и перспективы развития / под ред. Б. Г. Санеева，В. Н. Тихоньких. –М.：Энергия，2010. 240 с.

③ Энергетическая стратегия Республики Саха（Якутия）на период до 2030 года / под ред. Г. Ф. Алексеева，В. И. Кондраьевой，А. А. Стручкова，Н. А. Петрова，Б. Г. Санеева，А. Ф. Сафронова. –Якутск；Иркутск：Якутия，2010. –328 с.

④ Топливно – энергетический комплекс Иркутской области. Современное состояние，перспективы развития / под ред. Б. Г. Санеева，П. А. Воронина. –М.：Энергия，2013. –230 с.

⑤ Энергетика Байкальского региона：современное состояние，стратегия развития，механизмы реализации / под ред. Б. Г. Санеева. –Иркутск：ИСЭМ СО РАН，2011. –103 с.

⑥ Программа развития угольной промышленности России на период до 2030 года. / Министерство энергетики Российской Федерации，Москва，2014. С. 178.

⑦ Энергетическая стратегия России на период до 2030 г. Утверждена распоряжением Правительства РФ от 13 ноября 2009 г. № 1715 – р.［Электронный ресурс］. –Режим доступа：http：//www. energystrategy. ru/projects/es2030. htm. 104.

⑧ Макаров А. А.，Воропай Н. И.，Саенко В. В，Санеев Б. Г. и др. Региональные особенности топливно – энергетического комплекса // В кн.：Энергетика России：взгляд в будущее. Обосновывающие материалы к Энергетической стратегии России на период до 2030 года / под ред. А. Б. Яновского и др. –М.：Издательский дом《Энергия》，2010 –616 с.

⑨ Восточный вектор энергетической стратегии России：современное состояние，взгляд в будущее / под ред. Н. И. Воропая，Б. Г. Санеева. –Новосибирск：Гео，2011. –368 с.

亿千瓦时提升到45亿~50亿千瓦时。

与此同时，俄罗斯中央政府、地区机关和能源公司都开始大规模地将俄东部地区的燃料能源产品引入国民经济的运转当中。

当前，俄罗斯能源战略的东向策略通过几个大型项目得到体现，主要是向亚洲各国，首先是中国供应俄罗斯的能源产品（石油、天然气、煤炭），具体如下：年输送能力8000万吨的“东西伯利亚—太平洋”石油管道，包括年输送能力为2500万~3000万吨的斯科沃罗基诺—大庆的支线管道建设都已接近尾声。

俄罗斯中央政府已经通过并开始落实《在东西伯利亚和远东建设统一的天然气开采和运输体系并向中国和其他亚太国家天然气市场出口纲要》。该纲要计划从2020年开始通过“西伯利亚力量”天然气管道干线向中国提供天然气。

俄罗斯力争在亚太煤炭市场上发挥更加积极的作用。俄罗斯向东亚和东北亚国家提供煤炭显示出长期增长的趋势，中国在其中占有越来越重要的位置。根据现有的评估，到2030年俄罗斯的煤炭出口将达到1.7亿~1.8亿吨，其中7500万~8500万吨将出口到东亚和东北亚国家。俄罗斯在2030年煤炭工业发展战略中，提出在俄国东部地区必须加强港口基础设施建设，建立新的煤炭开采企业，可以在互利合作基础上吸收中国公司参与项目建设和规划。

在与东北亚国家的合作和能源贸易中，俄罗斯面临着全新的全球性挑战和区域性挑战，因此非常有必要实施积极的技术创新政策。

三　俄中能源领域技术创新合作的几个优先方向

下面我们就探讨一下俄中在能源领域的技术创新合作中的几个重要方向。

（一）共同参与在俄新的油气化工产业群的建设和进行共同管理

在更加广泛的规模上将东部地区的石油和天然气投入国民经济运转，并在互利条件下向东北亚国家出口，这是整个国家乃至东部地区经济社会发展的优先战略方向。

俄罗斯与外国公司在油气领域的合作必须注意以下两个重要因素。

①目前，俄罗斯上下两个层面都清楚地意识到向国际市场出口碳氢原料的重要性，同时也意识到加大出口高附加值的深加工产品的重要性。因此，国家东部地区应扩大石油产品的生产，建设新的油气专业化工工业。因为无论是俄罗斯还是全世界，包括东北亚地区，对这一类产品的需求都很大。

②西伯利亚板块的油气矿床极为独特，油气中富含氦和乙烷元素。例如，西伯利亚板块的天然气矿床含有0.3%～0.5%的氦气和4.6%～7.2%的乙烷。据估算，西伯利亚板块中的氦气（$A + B + C_1 + C_2$级别）储量为85亿立方米，约占世界总储量的30%。

在未来，俄罗斯可以成为氦气和聚合物产品的最大出口国。

俄罗斯能源部制定了到2030年油气化工发展方案，早在2011年12月28日就通过了政府燃料能源综合体委员会的批准。[①]

方案中规划在2030年以前完成建设6个油气产业群：西北油气化工产业群、里海油气化工产业群、伏尔加油气化工产业群、西西伯利亚油气化工产业群、东西伯利亚油气化工产业群、远东油气化工产业群。

伊尔库茨克境内计划建设2个加工厂。在互利条件下中资公司可以参加该项目的建设。

（二）参与构建东部片区全球性电力能源体系

在电力能源领域开展国际协作、实现俄罗斯与东北亚国家间电力能源一体化是俄罗斯联邦东部能源发展战略的重要组成部分。主要体现在谋划俄东部地区与邻国开展国际电力合作，包括蒙古、中国、日本、朝鲜和韩国。这

① План развития газо – и нефтехимии России на период до 2030 года – утвержден приказом Минэнерго России от《 01 》марта 2012 г. № 79.

主要是指俄罗斯东部（西伯利亚东部和远东地区）与蒙古、中国、朝鲜、韩国、日本整合为平行运行的电力能源系统。[①]

各国电力能源超级整合的实施范围可以涵盖各种类型的电站：热力发电站、水力发电站、核电站、风力发电站等，总装机容量超过4.5亿~5亿千瓦。目前，俄中两国的公司、科研单位正在探讨从俄罗斯东部地区对华大规模出口电力能源的可行性，预计到2030~2035年出口总量为700亿~800亿千瓦。[②]

（三）原煤系统深加工合作

建立俄中合资企业对俄罗斯原煤进行系统深加工，进而在俄罗斯东部地区建立新型专业化煤炭化工产业，是俄中技术创新合作的崭新领域。

俄东西伯利亚和远东地区的原煤储量超过850亿吨，[③] 大型原煤矿床主要有：克拉斯诺亚尔斯克州的康河—阿钦斯克矿床；阿穆尔州的斯沃博德金矿床和谢尔盖耶夫卡矿床；雅库特萨哈共和国的康嘎啦斯阔耶矿床；犹太自治州的乌舒姆斯阔耶矿床；哈巴罗夫斯克边区的穆欣矿床；萨哈林州的索恩采夫矿床。

鉴于这些矿床的开采成本相对低廉，有利于以此为基础建立有外资企业参与的原煤系统深加工产业群。煤炭深加工产品主要是发动机燃料，可以满足俄罗斯及国外消费者的需求。

（四）在俄东部地区建设“绿色能源”项目，以保障隔绝偏远地区消费者的能源供应

俄罗斯2030年能源发展战略和2030年电力能源发展总规划都提及增加

---

① Беляев Л. С. , Подковальников С. В. , Савельев В. А. ,Чудинова Л. Ю. Эффективность.

② межгосударственных электрических связей. Новосибирск: Наука, 2008. –239с.

③ Воропай Н. И. , Подковальников С. В. , Санеев Б. Г. Межгосударственная кооперация в Северо – Восточной Азии: состояние, потенциальные проекты, энергетическая инфраструктура. Москва: Энергетическая политика, 2014, №2. С. 55 – 64.

可再生能源的规模，预计到2030年将从目前的0.4%增长到2.5%～4.5%的份额。这对于东部地区尤其重要。

俄罗斯东部地区超过60%位于北方地区，而北方地区的能源供应都依赖于隔绝的能源供应枢纽。目前广泛采用的是分散式核电站，装机总量是俄东部地区北部区域装机总容量的27%。

对于俄东部地区的北部区域来说，采用小型水电站、地热电站、风力发电装置等可再生能源是能源战略的优先发展方向。

根据俄罗斯科学院西伯利亚分院能源研究所的计算显示，到2030年俄东部地区的可再生能源将实现3.5～4倍的增长，装机总容量达到500万～550万千瓦。①

俄罗斯东部地区境内发展风力发电具有广阔的前景，包括在堪察加、千岛群岛、萨哈林、克拉斯诺亚尔斯克边区的北极沿岸、萨哈（雅库特）共和国、马加丹东部、哈巴罗夫斯克边区和滨海边区、楚科奇自治区东北部等。

四　有效落实俄中能源互利合作的必要条件及建议

截至2014～2015年，俄中两国签署了近200个双边能源合作文件，已经在落实阶段的项目共59个，涉及燃料能源生产的所有部门，其中还有30个项目处于谈判阶段。

通过对俄中能源合作现状的梳理，我们可以归纳出以下合作特点：一是合作活动具有一定的倾向性，主要集中在电力和天然气产业合作领域，而在燃料领域主要集中在向中国消费者提供终端产品方面（原油、天然气、原煤），缺少对这些产品的综合深加工项目；二是在选择具有重要战略意义的工业项目之前，几乎没有关于预测和系统评估两国在特定能源部门互利合作

① Санеев Б. Г., Иванова И. Ю., Тугузова Т. Ф. Развитие возобновляемой энергетики на Востоке России в первой половине XXI века на фоне общероссийских тенденций // Энергетическая политика. 2016. вып. 3. С. 66－73.

领域的联合研究项目，以及其他一些项目。

今后中俄能源合作应做好以下工作。

①应为俄罗斯和中国之间的互利能源合作制定一项以科学为基础的战略（路线图），该战略应显示本国能源资源开发向国内市场供应（即向本国消费者供应），同时也落实进出口贸易的优先级和时间阶段，并评估不仅对能源公司而且对各地区和整个国家所做决定的社会经济后果。

②制定俄中能源互利合作战略是一项非常复杂的课题。其难点在于这种合作的系统性，要在非常广阔的地域内予以落实，有众多的俄罗斯和中国的参与者，各种规划的实施措施基本上都是资本密集型的（特别是跨国能源合作项目），要真正落实这些规划需要两国在国家（中央政府）层面、地方层面和区域合作层面开展紧密的合作。

③应该由高端智库和专业单位制定合作战略。这种合作战略只有通过科研院所、设计公司、银行等团队的集体性国际协作，并拥有俄罗斯和中国中央和地方政府的坚定支持才能够制定出来。

④目前俄中能源合作战略的基本框架已经十分清晰。有必要进行联合研究，并根据其结果确定俄中能源领域合作的互利项目清单，并制定其实施机制，同时考虑到与实施重大跨国能源项目有关的经济机制，立法和其他举措应对燃料和能源产品价格形成的公式予以特别注意。

⑤为促进中俄在能源领域的互利合作，必须满足的条件：第一，为落实对合作的每一方都互利的具体能源项目，要求每一方必须表现出足够的政治意志，项目的参与者必须有足够认真的意愿；第二，企划能源领域的跨国合作项目时，必须在中央、地方以及企业之间就经济政策和能源政策达成一致；第三，必须就实施大型跨国能源合作项目对参与国的效益及后果进行综合、系统性的评估，尤其应侧重在未来发展具有重大不确定性、经济风险和全球性挑战的条件方面的评估；第四，应当制定双方均可以接受的跨国能源项目的落实机制，包括组织架构层面、经济层面、法律层面等方面的机制。

俄罗斯科学院西伯利亚分院能源研究所是俄罗斯东部地区最大的能源

研究中心，我们将与俄罗斯和中国的能源研究和设计院一起，积极参与解决牵涉俄罗斯、中国以及整个中亚和东北亚国家的这个复杂和非常重要的问题。

（刘涧南译）

地　区　篇

B.17 中国东北三省与俄罗斯远东地区经贸合作形势分析与预测*

邹秀婷**

摘　要： 中国东北三省与俄罗斯远东地区开展经济贸易合作多年，在诸多领域取得突破。特别是近几年交通基础设施实现互联互通、能源合作进展顺利、农业合作继续扩大、跨境电商发展迅猛，但总体贸易额不大、投资规模小、投向单一，双边合作仍存在很多问题。未来东北三省应加强相互协作，利用俄方区域发展战略优势，合力开发俄远东及腹地市场，促进对俄合作提档升级。

关键词： 黑龙江省　辽宁省　吉林省　俄罗斯远东地区　经济贸易合作

* 本文是黑龙江省哲学社会科学研究规划项目《俄罗斯东部地区投资便利化与中国对俄投资研究》阶段性成果（项目编号：20GJB109）。

** 邹秀婷，黑龙江省社会科学院俄罗斯研究所副研究员。

中国东北三省地处东北亚经济圈中心，是沟通东北亚和连接欧亚大陆桥的重要中转站。黑龙江省和吉林省与俄罗斯有3000多公里边境线，辽宁省是东北地区唯一沿海省份，有大连、营口、葫芦岛、锦州、盘锦、丹东6个港口。近年来，随着东北三省与俄罗斯交通基础设施互联互通的相继完成，区位优势更加明显，按照“协同发展、协调发展、共同发展”的统筹区域发展方针，在中蒙俄经济走廊建设框架下，东北三省与俄罗斯的经济贸易合作逐渐向更高层次、更宽领域发展。

一 中国东北三省与俄远东合作现状

2019年，东北三省与俄罗斯进出口额1566.59亿元，约占全国对俄进出口总额的21%。同期，俄远东与中国的进出口额增长7.1%，占该地区进出口总额的28.2%。[①] 东北三省对俄合作主要集中在远东地区。黑龙江省对俄合作继续向纵深发展，俄罗斯已成为吉林省首要境外投资目的国和第四大贸易伙伴，辽宁省营口港开通12条途经俄罗斯的中欧班列线路。两国十分重视中国东北与俄远东的区域合作，建立了“东北—远东”区域性合作机制。俄罗斯远东一些地区也在利用区位优势加快与中国东北的合作步伐，例如，俄滨海边疆区内有200多家中国企业，边疆区与中国在经济、科技、人文等领域都开展合作，对华贸易额占边疆区进出口额的50%以上。俄阿穆尔州对华贸易额占州进出口额的90%，中国还是阿穆尔州的主要外资来源国。

（一）东北三省对俄远东贸易合作

1. 黑龙江省对俄贸易合作

近年来，黑龙江省对俄贸易合作形势好转。2017年，黑龙江省对俄贸易终于扭转2015年以来的下滑局面，对俄进出口额同比增长22.5%，占全

---

① 《2019年我国与俄远东联邦区进出口贸易情况》，http：//khabarovsk. mofcom. gov. cn/article/ztdy/202005/20200502966266. shtml。

省进出口总额的58.1%，占全国对俄进出口总额的13.1%，并且对俄进出口增速高于全省进出口增速5.4%。[①]

2018年，黑龙江省对俄进出口额大幅提高，比2017年增长64.1%，占全省进出口总额的69.8%，占全国对俄进出口额的17.3%，高于全省进出口增速28.3%，高于全国对俄进出口增速40.7%；其中，自俄进口增长80.6%，创历史新高（见图1）。[②]

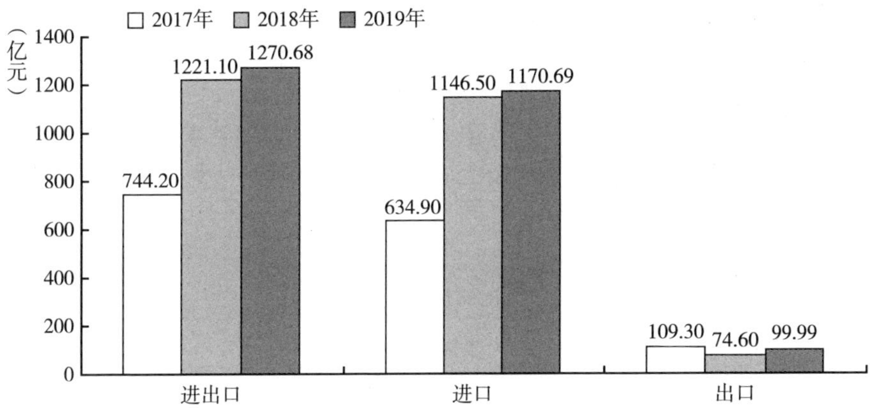

图1　2017～2019年黑龙江省对俄罗斯进出口统计

资料来源：哈尔滨海关统计数据。

2019年，黑龙江省对俄贸易额1270.68亿元，同比增长4%；进口1170.69亿元，同比增长2.1%；出口99.99亿元，同比增长34%。[③] 进口商品日益多元化，2019年8月，绥芬河市获批为俄罗斯液化石油气国际道路试运输口岸后，可以从俄罗斯进口液化石油气；9月，东宁口岸首次从俄罗斯进口原奶，标志着中俄两国原奶贸易通道正式打通。

① 《2017年黑龙江省进出口总值1280.7亿元人民币》，http：//harbin.customs.gov.cn/harbin_customs/467898/467900/467901/1709046/index.html，最后访问日期：2020年6月8日。

② 《2018年黑龙江省对俄进出口总值占69.8%》，http：//www.chinaru.info/zhongejmyw/zhongemaoyi/56212.shtml，最后访问日期：2020年6月8日。

③ 《2019年12月黑龙江省进出口月报（人民币）》，http：//chengdu.customs.gov.cn/harbin_customs/467898/467900/467902/2856620/index.html，最后访问日期：2020年6月8日。

2020 年 1 ~4 月，受新冠肺炎疫情影响，中俄两国贸易额下滑，黑龙江省对俄贸易额同比下滑 5.3%，为 388.14 亿元；进口 361.63 亿元，下滑 5.6%；出口下滑较小，下滑 0.2%，为 26.51 亿元。[①]

2017 ~2019 年，国际原油价格上涨和进口数量增加是拉动黑龙江省对俄贸易额增长的主要因素。特别是 2018 年 1 月 1 日，中俄原油管道二线正式运行后，黑龙江省自中俄原油管道进口原油 2549.4 万吨，增加 56.3%；价值 944.4 亿元，增长 1.1 倍；占全省自俄进口总额的 82.4%。[②] 此外，进口原木 47.3 亿元，占比 4.1%；进口锯材 45.8 亿元，占比 4%（见表 1）。

表 1　2017 ~2018 年黑龙江省自俄进口主要商品占进口总额比例

单位：%

	原油	原木	锯材
2017 年	71.0	8.3	6.9
2018 年	82.4	4.1	4

资料来源：黑龙江省商务厅，http://www.hljswt.gov.cn。

2017 年，黑龙江省对俄传统出口商品中鞋类出口额占比 22%，蔬菜占比 11%，比重都上升 30% 以上；服装及衣着附件占比 13.1%，下降 61%；纺织纱线、织物及制品占比 5.8%，下降 36%。

2018 年，黑龙江省对俄出口农产品 22.6 亿元、机电产品 19.9 亿元、鞋类 12.7 亿元，这三类产品出口额占全省对俄出口总额的 74.1%；高新技术产品对俄出口规模不大——1.8 亿元，增长 1.4 倍。[③]

2. 吉林省对俄贸易合作

近几年，吉林省与俄远东地区的经贸往来日益密切。2017 年，珲春口

① 《2020 年 4 月黑龙江省进出口月报（人民币）》，http://chengdu.customs.gov.cn/harbin_customs/467898/467900/467902/3083425/index.html，最后访问日期：2020 年 6 月 6 日。

② 《2018 年黑龙江省原油进口量大幅增加 国际原油价格或将回升》，http://harbin.customs.gov.cn/harbin_customs/467898/467900/467901/2501383/index.html，最后访问日期：2020 年 6 月 6 日。

③ 《2018 年黑龙江省对俄进出口总值占 69.8%》，http://www.chinaru.info/zhongejmyw/zhongemaoyi/56212.shtml，最后访问日期：2020 年 6 月 6 日。

岸通过珲马铁路进出口货物同比增长近30%。① 2018年，珲马铁路进出口货物299万吨，同比增长20%，货值15.9亿元，同比增长56%。②

2017年，吉林省对俄进出口额38.1亿元，占吉林省进出口总额的3%，其中对俄出口11.4亿元，自俄进口26.7亿元。

2018年，吉林省对俄贸易高速增长，增幅61.9%，占吉林省进出口总额的4.6%；对俄出口12.70亿元，同比增长11.4%；进口49.70亿元，同比增长86.1%；俄已成为吉林省第四大贸易伙伴（见图2）。③

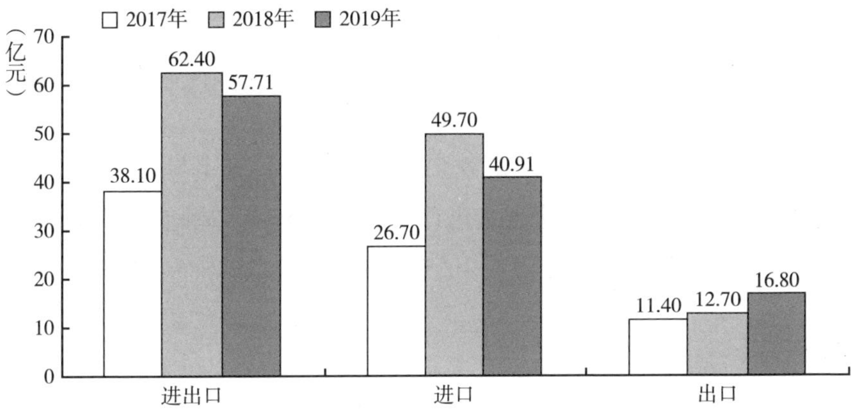

图2　2017~2019年吉林省对俄罗斯进出口统计

资料来源：长春海关统计数据。

2019年，吉林省对俄进出口额57.71亿元，同比下降7.5%；对俄出口增幅较大，为16.8亿元，同比增长32.3%；进口40.91亿元，同比下降17.7%。④

2020年1~2月，吉林省对俄进出口额大幅下降，进出口总额为6.95

① 《吉林省强化对俄合作 共建"滨海2号"国际运输走廊》，http://news.163.com/18/0127/13/D95LBBEA00018AOQ.html，最后访问日期：2020年6月8日。

② 《吉林省2018年对俄贸易大幅增长》，http://www.crntt.com/crn-webapp/touch/detail.jsp?coluid=7&docid=105319888，最后访问日期：2020年6月8日。

③ 《吉林省2018年对外贸易稳中有进 对俄增速较高》，https://baijiahao.baidu.com/s?id=1623523121190196940&wfr=spider&for=pc，最后访问日期：2020年6月8日。

④ 《2019年12月吉林省进出口统计报表》，http://changchun.customs.gov.cn/changchun_customs/465846/465848/2847163/index.html，最后访问日期：2020年6月8日。

亿元，下降15.6%；出口1.08亿元，下降11.3%；进口5.87亿元，下降16.4%。①

吉林省自俄进口的主要商品有木材、镍矿砂、石棉、铁矿砂、海产品、粮食等；对俄出口商品逐步从初级商品转为具有较高技术附加值的商品，主要包括汽车及其零部件、电机及电气设备、炉用碳电极、医药、建材、光学仪器等。

3. 辽宁省对俄贸易合作

2017年，辽宁省对俄进出口额增长，达279.2亿元，占同期辽宁省进出口总额的4.6%；对俄出口62.6亿元，同比增长20%；自俄进口216.6亿元，同比增长33.3%。②

2018年以来，辽宁省对俄贸易出现下行趋势，进出口额269.9亿元，同比下降3.3%，占同期辽宁省进出口总额的3.5%；对俄出口72.3亿元，同比增长15.5%；自俄进口197.6亿元，同比下滑8.8%（见图3）。

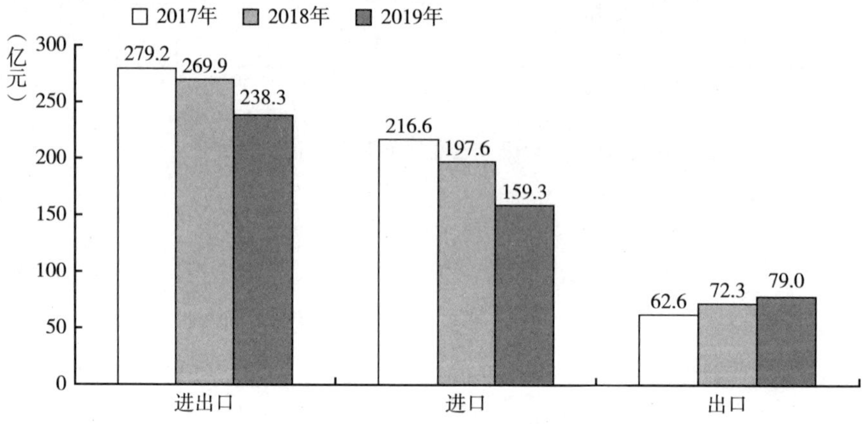

图3　2017～2019年辽宁省对俄罗斯情况进出口统计

资料来源：根据沈阳海关统计数据整理。

---

① 《2020年1至2月吉林省进出口统计报表》，http：//changchun. customs. gov. cn/changchun_customs/465846/465848/2886330/index. html，最后访问日期：2020年6月8日。

② 《辽宁省主要贸易国和地区合作指南》，http：//www. china - liaoning. gov. cn，最后访问日期：2020年6月8日。

2019 年，辽宁省对俄进出口总额继续下降，为 238.3 亿元，同比下滑 11.7%；对俄出口依然保持增长，为 79 亿元，同比增长 9.3%；自俄进口 159.3 亿元，同比下降 19.4%。[①]

2020 年 1～4 月，辽宁省对俄进出口总额逆势增长，增幅 8.5%，为 91.8 亿元；出口大幅下降，为 19.8 亿元，下降 33.4%；进口增幅达 31.2%，为 72 亿元。[②]

辽宁省与俄罗斯在资源开发、现代农业等领域的合作取得了积极成果。辽宁省对俄主要出口农产品、水海产品、纺织服装、钢材、耐火砖瓦和机电产品；主要进口矿产品、水海产品和木材。辽宁省的米其林沈阳轮胎、东药集团、华晨宝马等企业均与俄罗斯有贸易往来，华晨宝马汽车已经开始小批量进入俄罗斯市场。

（二）东北三省对俄远东跨境电商合作

近年来，发展跨境电商成为我国推动外贸高质量发展的重要举措。为完成中俄 2000 亿美元贸易额的目标，我国商务部提出支持对俄跨境电商、服务贸易等新业态发展，打造新的贸易增长点。2018 年，在俄跨境包裹中来自中国的占比 92.6%，共 3.2 亿个包裹从中国运抵俄罗斯，较 2017 年增加 23%。[③] 黑龙江省和吉林省对俄跨境电商发展势头良好，辽宁省发展较慢。

1. 黑龙江省对俄跨境电商合作

近年来，黑龙江省对俄跨境电商发展环境日益完善。黑龙江省跨境电商平台共 19 家，其中俄速通、东宁达俄通、绥易通、中机网、迈远索菲尔、俄品多等对俄跨境电商平台影响力显著提升。

---

① 《2019 年 12 月辽宁省进出口国家和地区》，http：//shenyang. customs. gov. cn/shenyang_customs/462357/462359/462360/2851535/index. html，最后访问日期：2020 年 6 月 8 日。

② 《2020 年 4 月辽宁省进出口国家和地区》，http：//shenyang. customs. gov. cn/shenyang_customs/462357/462359/462360/3074089/index. html，最后访问日期：2020 年 6 月 8 日。

③ 《2018 年俄罗斯 92.6% 跨境包裹来自中国》，http：//fashion. eastday. com/a/190221034115613. html，最后访问日期：2020 年 6 月 8 日。

黑龙江省还积极拓展海外仓和边境仓。海外仓和边境仓建设不仅提高了黑龙江省对俄跨境电商货物运输效率，而且降低了物流成本。目前，黑龙江省设立了24个跨境电商海外仓，大部分在俄境内。其中俄速通—莫斯科海外仓是重点推进项目。哈尔滨在俄罗斯设立11个海外仓，黑河设立了5个边境仓，绥芬河设立了1个边境仓。

黑龙江省跨境物流优势明显，对俄航空货运通道稳定，对跨境电商的发展起到了积极作用。2018年7月，国务院批准哈尔滨市成为国家第三批跨境电商综合试验区，当年哈尔滨对俄跨境电商邮政小包裹达到919.6万件，货重1954.7吨，[①] 哈尔滨连续多年成为我国对俄电商包裹量最多的城市。截至2019年8月，哈尔滨市对俄货运包机发运535班次、客带货765架次，发寄邮件5686万件，货运量达11198吨，货值10.7亿美元。[②]

黑龙江省在继续完善哈尔滨至叶卡捷琳堡电商小包货运航线的基础上，进一步开拓新的对俄跨境电商航线，同时大力推进哈尔滨与中邮集团合作建立的两个中心：全国最大俄向邮件处理中心，占地面积约13.5万平方米、日均可处理20万件邮件；综合型跨境电子商务处理中心，集仓储、进出口跨境电商包裹清关、国际邮件及非邮包裹运输、国内配送等功能为一体。[③]

2. 吉林省对俄跨境电商合作

随着吉林省与俄罗斯远东地区经贸往来日益频繁，跨境电商迎来了良好的发展契机。2018年，长春市获批国家第三批跨境电商综合试验区。同年8月，珲春跨境电商监管中心建成并投入运营，这标志着该市正式开展对俄跨境电商贸易，为对俄跨境电商创造了良好的通关环境。另外，“珲马铁路”是“滨海2号”国际运输走廊的重要组成部分。阿里巴巴菜鸟物流在珲春

---

① 《“数字龙江”发展规划（2019～2025年）》，http://www.hlj.gov.cn/gkml/detail.html?t=2&d=3825892019.06.04，最后访问日期：2020年6月8日。

② 邢汉夫：《黑龙江：哈尔滨跨境电商综试区发展驶入快车道》，《黑龙江日报》，http://epaper.hljnews.cn/hljrb/20190818/435914.html。

③ 《中国（哈尔滨）跨境电子商务综合试验区实施方案》，http://gkml.dbw.cn/web/CatalogDetail/BA7D2AB8C5F61DB4，最后访问日期：2020年6月8日。

口岸开通了大包专线，2019 年 1 ~ 7 月，菜鸟物流通过珲春口岸出口额达 5553 万元人民币。[①]

（三）东北三省对俄远东通道建设

1. 黑龙江省对俄远东通道建设

黑龙江省对俄远东通道建设成果显著。2019 年 3 月同江—下列宁斯科耶铁路桥合龙，5 月黑河—布拉戈维申斯克公路大桥合龙。同年 7 月，黑河—布拉戈维申斯克跨黑龙江（阿穆尔河）索道正式开工建设。该索道建设是中俄两国 2015 年 9 月达成的协议，项目旨在为两国全年利用可靠稳定的交通基础设施、发展跨境旅游业，以及开展经济合作创造有利条件。索道长度 972 米，年设计运输能力 600 万人。索道建成后，两国游客出境通行将更为便捷，游客单次过境时间将缩短到 10 分钟之内。

另外，一些交通基础设施项目正逐步推进。2017 年 12 月，中国铁路东方集团提出建设牡丹江至符拉迪沃斯托克高铁，高铁线全长 380 多公里，共设 12 个站。该条线路是牡丹江至哈尔滨高铁线的延伸。2018 年 4 月，中铁东方国际集团与俄远东吸引投资和出口支持署签署了建设牡丹江至符拉迪沃斯托克高速铁路意向协议。

2017 年，中俄两国交通运输部门就修建瑚布图河（格拉尼特内河）东宁—波尔塔夫卡公路界河新桥达成共识并签订会谈纪要。2018 年，黑龙江省与俄滨海边疆区政府就建桥协定、设计方案、协定签署后相关工作等进行了洽谈，双方决定共同成立建设管理机构，同步建设同步交工。

已开通的“哈欧”班列货源充足，至 2019 年 5 月已经发运 837 列，累计发运集装箱 49266 标准箱。[②]“哈俄”班列增开新线，至 2019 年 8 月累计

① 《珲春跨境电商成吉林省对外贸易发展新引擎》，http：//www. sohu. com/a/335064742_100011898，最后访问日期：2020 年 6 月 8 日。

② 《超两万台“大庆造”沃尔沃汽车乘坐哈欧班列发往比利时》，http：//www. sohu. com/a/318187318_674686，最后访问日期：2020 年 6 月 8 日。

发运352列，25150个标箱。[①] “哈绥俄亚”（哈绥符釜）班列至2019年12月末累计发运213列。[②]

2. 吉林省对俄远东通道建设

近年来，吉林省也在加紧对俄远东通道建设，互联互通取得新进展。“滨海2号”、扎鲁比诺港升级改造、陆海联运航线等项目稳步推进。吉林省以与俄共建“滨海2号”国际运输走廊为突破口，全面布局对俄开放。吉林省许多大企业，如东北亚铁路集团、长吉图国际物流集团、光大建设集团，以及中铁七局等对“滨海2号”建设都表现出浓厚兴趣。目前，吉林省有“长满欧”和“长珲欧”两条国际货运通道。

2015～2018年，“长满欧”班列发运3.8万标箱，为国内外近3000家知名企业服务。“长满欧”累计运量在全国中欧班列中位居前列。

2019年1月末，“长珲欧”班列启动测试，这是吉林省第二条国际铁路联运大通道。“长珲欧”班列经由珲春铁路口岸进出境，联通俄罗斯，最终进入欧洲腹地。预计2020年年初实现常态化运营。

2019年1～3月，通过“长满欧”“长珲欧”班列进入长春兴隆保税区的货物共计2052标箱，货值8亿元人民币，同比增长398%。[③] “长满欧”与“长珲欧”已成为吉林省对俄开放的重要窗口和平台，对促进吉林省与俄远东开发战略有效对接发挥了积极作用。

此外，2018年9月，吉林省与浙江省开通珲春—扎鲁比诺港—宁波舟山港内贸易货物跨境运输航线，开创了中俄跨境运输合作的新模式。该航线开通一年以来，运输了1.02万吨、价值2.8亿元的货物。[④]

---

① 《哈俄班列增开新线抵达哈尔滨》，《黑龙江日报》，http://epaper.hljnews.cn/hljrb/20190818/435914.html。

② 《绥芬河“哈绥俄亚”班列实现常态化运营》，http://www.cbt.com.cn/cj/qy/201912/t20191226_149603.html。

③ 《“长满欧”“长珲欧”班列 “两翼齐飞”促吉林省开放》，http://finance.eastmoney.com/a/201904281108843825.html。

④ 《中俄内贸货物跨境运输线开通近一年》，http://www.zcom.gov.cn/art/2019/6/24/art_1384592_35063954.html。

3. 辽宁省对俄远东通道建设

辽宁省借助自身沿海港口众多的优势，积极拓展对俄通道建设。已建好和正在建设的有“辽满欧”“辽蒙欧”和“辽海欧”国际运输大通道。

“辽满欧”运输通道以大连港和营口港为起点，途经满洲里，再到俄罗斯及欧洲各地。辽宁省通过参与“辽满欧”通道建设，加强了港口物流基础设施和物流标准的发展。一是建设4个港口物流园区，二是在通道内建设一批港口内陆干港。大连港以“辽满欧”为主通道，积极与俄罗斯铁路公司合作，大连到莫斯科运输成本下降36%，运输时间缩短50%。[①] 2016年以来，大连港还先后开通从新西伯利亚、伊尔库茨克到大连的回程班列，把俄罗斯的木材运到大连集散，通过海运网络发往国内市场。

“辽蒙欧”运输通道以丹东港和锦州港为起点，途经蒙古国与俄罗斯，最终到达欧洲。目前正在建设“辽蒙欧”大通道中相关铁路基础设施。辽宁省港口企业为争取早日实现互联互通，正在加快港口物流基础设施建设。已建成2个港口物流园区，包括丹东港粮食现代物流园区和锦州港大宗商品贸易物流园区，重点面向粮食运输和矿物运输物流服务。

“辽海欧”运输通道2013年首航，以大连港为起点，经北极东北航道，最终抵达欧洲。2018年6月，“辽海欧”开通第二条北极航线，从营口港出发，历时32天最终到达海纳桑德（瑞典）、圣彼得堡（俄罗斯）、阿姆斯特丹（荷兰）三地。该航线行驶里程减少约5000海里，单次航行比以往节约燃油和运行成本近200万元，[②] 是目前亚欧间距离最短、最具经济性的海上运输通道，为辽宁省、东北地区乃至全国开辟了一条通往欧洲的最便捷、高效的海上通道。

---

① 《建议将“辽满欧”定位为“一带一路”主通道》，http：//silo. chinaports. org/News_info. htm？ c＝1&id＝199287，最后访问日期：2020年6月8日。

② 韩永刚：《“辽海欧”开通第二条北极航线》，http：//liaoning. nen. com. cn/system/2018/07/01/020559455. shtml。

（四）东北三省对俄远东投资合作

1. 黑龙江省对俄远东投资

2019 年，黑龙江省对俄实际直接投资（非金融类）8257 万美元，同比下降 29.8%。[①] 目前，黑龙江省共有对俄投资合作企业 370 家左右，其中民营企业占 90% 以上。民营企业对俄投资合作主要集中在农业、建筑、商贸物流、能源、工程承包、石化、电力、林业、矿产等领域。2018 年，黑龙江省 16 个对俄境外经贸合作区总投资累计 30 亿美元，入区企业 147 家，上缴俄罗斯各种税费累计 2.5 亿美元。[②] 黑龙江省对俄投资主要集中在远东地区，境外园区也大多位于远东。

2. 吉林省对俄远东投资

目前，吉林省在俄罗斯注册的企业有 170 家左右，投资额 24.4 亿美元。2017 年，吉林省企业对远东地区 13 个大中型木材加工和农业项目进行投资。吉林省对俄投资占全省对外投资比重最大，除木材加工、农产品生产外，医药合作、建材等也是其主要投资方向。

吉林省林业有限公司与俄罗斯“远东林业”公司计划投资 45 亿卢布（约合 6860 万美元），在俄哈巴罗夫斯克边疆区建设木材深加工工业园。目前，合作双方正在确定可开发的森林资源并寻找厂址。

吉林省森工集团计划在远东建设木材工业园，在俄滨海边疆区生产现代家具。目前，该集团正与滨海边疆区合作伙伴共同制订详细的商业计划。

3. 辽宁省对俄远东投资

近年来，辽宁省与俄罗斯各州区在资源开发、装备制造等领域开展了广泛合作。营口港与俄铁路股份公司合作建设的莫斯科别列拉斯特物流中心项目，已成为我国“一带一路”倡议与欧亚经济联盟对接的重点建设项目之

① 《2019 年 1～12 月全省商务运行主要数据》，http：//sswt.hlj.gov.cn/newsshow.php？cid = 27&id = 1451，最后访问日期：2020 年 6 月 8 日。

② 《黑龙江打通对俄电商物流大通道 对俄贸易日趋活跃》，https：//www.sohu.com/a/311198322_99893481？sec = wd，最后访问日期：2020 年 6 月 8 日。

一。营口与俄中地区合作发展投资基金正在共同推进中俄粮食走廊项目。此外，一些企业在俄远东从事农业种植和国际粮食贸易。

二 中国东北三省与俄远东合作存在的问题

（一）贸易额度偏小，贸易结构单一，对东北三省经济拉动作用不大

2019 年，中俄贸易总额为 7638.8 亿元，东北三省约占 21%，其中黑龙江省占绝对优势，吉林省和辽宁省对俄贸易额占本省外贸总额不足 5%。

东北三省对俄贸易结构低级化与俄罗斯出口结构和本地区经济发展落后关系很大。2018 年，俄罗斯对中国出口额为 560.8 亿美元，其中矿产品 427.13 亿美元，占俄对中国出口总额的 77.9%（见表 2）。黑龙江省自俄进口原油占同期全省自俄进口总值的 82.4%，吉林省和辽宁省自俄进口也是以矿产品、木材为主。2018 年，俄罗斯自中国进口额为 522 亿美元，自中国进口的主要商品为机电产品，进口额为 264.5 亿美元，占俄罗斯自中国进口总额的 50.7%（见表 3）。东北三省由于产业结构问题在高附加值产品对俄出口上处于弱势，黑龙江省对俄出口以农产品居多，机电产品较少，2018 年仅 19.9 亿元，与其他省份差距较大。2019 年 1～4 月，广东省对俄出口机电产品 141.7 亿元。①

表 2 2018 年俄罗斯对华出口主要商品

单位：亿美元，%

商品名称	金额	与 2017 年同比	出口总额中占比
矿产品	427.13	61.9	77.9
木材及其制品	35.56	8.9	6.5
机电产品	16.04	-26.8	2.9

① 《前 4 月广东对俄进出口同比增长 26.5%》，http://news.southcn.com/gd/content/2019-06/05/content_187854999.htm。

续表

商品名称	金额	与2017年同比	出口总额中占比
活动物;动物产品	15.15	37.3	2.8
贱金属及制品	13.39	108.9	2.4
纤维素浆;纸张	12.88	43.3	2.4
化工产品	10.04	-8.7	1.8

资料来源：中国商务部网站，https：//countryreport.mofcom.gov.cn/record/view110209.asp？news_id=63214。

表3　2018年俄罗斯自中国进口主要商品

单位：亿美元，%

商品名称	金额	与2017年同比	进口总额中占比
机电产品	264.50	3.9	50.7
贱金属及制品	40.41	18.7	7.8
纺织品及原料	38.66	8.2	7.4
家具、玩具、杂项制品	29.04	4.7	5.6
化工产品	28.49	21.4	5.5
塑料、橡胶	23.34	19	4.5
运输设备	22.06	17	4.2
鞋靴、伞等轻工产品	19.65	10.7	3.8
光学、钟表、医疗设备	12.38	15.3	2.4
植物产品	10.31	1.1	2.0

资料来源：中国商务部网站，https：//countryreport.mofcom.gov.cn/record/view110209.asp？news_id=63215。

（二）相互投资少，投资者规模小，民营企业为主体

近年来，我国对俄投资规模逐步扩大。俄远东的330亿美元外国直接投资中，中国投资占比高达71%。东北三省对俄投资额逐年增长，但由于基数较小，每年实际投资额仍然很少。企业对俄投资合作主要集中在俄远东地区，腹地投资有限。投资主体以民营企业为主，企业普遍规模不大，实力较弱，抗风险能力差，不具备投资俄大项目的能力。东三省大企业对俄投资需加快步伐。

俄罗斯对东北三省投资规模也非常小。双方相互投资额低的主要原因是前些年俄罗斯投资环境相对较差，加上东北三省企业对外投资经验不足，出现很多在俄投资失败案例，造成了一定的负面影响。近年，俄积极改善投资环境，对进入“一区一港”企业提供一系列优惠政策，欢迎中企投资。另外，东北三省与俄远东地区都属于经济欠发达地区，对外投资能力弱也是原因之一。

（三）来自其他省份的竞争加剧

黑龙江省虽然仍保持对俄合作第一大省地位，但在全国对俄贸易额中的比重出现下降趋势，最高时占全国对俄贸易总额的1/4，2019年只占15%左右。如果不考虑黑龙江省管道原油进口，广东、山东、浙江等省份对俄贸易实际远超东北三省（见表4）。2019年1～4月，广东省对俄进出口额为197.4亿元，其中，对俄出口约185亿元，超过东北三省2018年全年对俄出口总额。[①] 并且每年广交会均有约6000名俄罗斯采购商参加。广汽集团、深圳大疆创新科技有限公司、唯品会（中国）有限公司、佛山市亚太国际木业城等大型企业都在俄罗斯开展业务。广东省与俄远东地区在能源、农业、海洋渔业、5G技术等领域积极开展合作。

表4　2018年中国部分省份对俄进出口统计

单位：亿元

省份	进出口	对俄出口	自俄进口
黑龙江	1221.1	74.6	1146.5
吉林	62.4	12.7	49.7
辽宁	269.9	72.3	197.6
山东	912.8	232	680.8
浙江	718.6	590	128.6

资料来源：根据黑龙江省商务厅、长春海关、沈阳海关、山东省商务厅、浙江省商务厅数据整理。

① 《2019年前4月广东对俄进出口同比增长26.5%》，http://news.southcn.com/gd/content/2019－06/05/content_187854999.htm。

江苏企业大力开拓俄罗斯市场。江苏蓝天航空航天产业园向俄罗斯航空公司和机场提供保障设备，每年销售额约 2000 万美元；徐工集团的产品在俄市场的保有量达到 8 万余台；苏州与俄罗斯合作生产的滑雪服占全球 80% 以上的高端市场。

东北三省对俄合作发展前景良好，但须解决的问题仍很多。例如，俄企非常愿意与中国公司合作，但大部分俄企对中国不甚了解，需要我们加强宣传工作。俄一些政府机构、海关商检等执法部门存在贪腐现象、官僚作风及办事效率低等问题，以及俄海关手续复杂，通关时间较长等；中方也存在对俄国情不了解、对俄法律法规研究不足、企业贷款困难等突出问题。

三　中国东北三省与俄远东合作前景

2018 年以来，东北三省与俄远东合作领域不断扩大，中俄界江第一个粮食专用码头已正式启用。未来，哈巴罗夫斯克港还将建成年吞吐量为 40 万吨的专用码头。中俄两国签署了乳品双向贸易、中俄进出口冷冻禽肉检验检疫议定书。2018 年年底，俄罗斯开始向中国供应冷冻禽肉。2019 年 9 月，俄罗斯牛奶首次出口中国。“西伯利亚力量”中俄东部天然气管线将于 2019 年 12 月投入使用，向中国供气。这都表明东北三省与俄远东的合作前景越来越广阔。

（一）俄远东投资环境极大改善

近年来，为促进远东发展、改善经营环境，俄政府通过 40 多项法律，为企业提供多项优惠政策，以吸引外国投资者。其中包括设立超前发展区和符拉迪沃斯托克自由港、开放电子签证渠道、简化行政程序、推出各种支持商业项目的措施。俄副总理尤里·特鲁特涅夫称，这些措施令项目回报率增加了 10% ~15%。[①] 如今，远东地区已进入快速发展阶段，过去 5 年其工业

---

① 廖冰清：《俄远东地区国际合作前景可期》，http：//ex. cssn. cn/hqxx/ywhg/201909/t20190915_4971929. shtml。

生产增长23%，是全俄的3倍。俄总统普京对此持高度评价，认为远东地区已成为俄罗斯开放和创新的标志之一。

（二）两国政府高度重视地方合作

2018年9月，习近平主席参加第四届东方经济论坛期间两国签署了《中俄在俄罗斯远东地区合作发展规划（2018～2024年）》。该规划公布了俄远东地区“滨海1号”“滨海2号”国际交通走廊，跨境桥梁建设，黑瞎子岛开发和俄罗斯岛开发四方面的中俄战略合作项目和基础设施项目。

2019年2月，俄批准与中国签署的在布拉戈维申斯克—黑龙江地区国境线一带设立卡尼库尔干—黑河公路口岸的协议。黑河—布拉戈维申斯克公路大桥建成后开放该口岸。

俄远东地区现有63个口岸，其中35个不能满足正常通关要求。为促进地方合作，俄总统和政府均支持从联邦财政预算中拨款119亿卢布重建或改造其中的13个口岸，包括5个公路口岸（卡尼库尔干、克拉斯基诺、马尔科沃、波尔塔夫卡和图里罗格），2个铁路口岸（波格拉尼奇内和下列宁斯科耶），以及6个海运口岸（瓦尼诺、彼得罗巴甫洛夫斯克—堪察加、沙赫乔尔斯基、涅韦尔斯克、霍尔姆斯克和佩韦克）。[①]

（三）地方政府积极推进中俄合作

东北三省大力推进对俄远东合作。为促进通关便利化，黑龙江与俄罗斯远东海关实现统计数据和缉私情报互换，在4个口岸开展中俄监管结果互认，便利粮食、木材等大宗商品进口和轻工产品出口。双方海关还建立通关事务救助协作机制，大力促进“哈绥符釜”与中欧班列的开通及市场化运营。

吉林省与俄罗斯12个地区结为友好省州、友好城市，与滨海边疆区、

① 《俄总理梅德韦杰夫表示俄将采取多项措施加强通关口岸建设》，http://www.mofcom.gov.cn/article/i/jyjl/e/201811/20181102812143.shtml。

哈巴罗夫斯克边疆区等建立定期互访机制。2019 年 8 月，吉林省发改委发布《沿中蒙俄开发开放经济带发展规划（2018～2025 年）》，提出将吉林省打造成为俄罗斯、蒙古及东北亚开放合作的重要平台。

辽宁省就深化与俄罗斯地方交流合作提出三点建议：一是加强双方的重点产业合作；二是共同推动大连东北亚国际航运中心和沈阳东北亚科技创新中心建设，加强辽宁省自由贸易试验区大连片区与俄符拉迪沃斯托克自由港以及远东超前发展区合作，加快大连港与俄远东沿海地区海洋运输贸易通道的合作；三是深化双方贸易投资和通道等领域合作，依托“辽满欧”“辽蒙欧”“辽海欧”国际运输通道优势，加强双方跨境电商和现代物流贸易合作。

（四）中国（黑龙江）自由贸易试验区助力对俄合作

黑龙江省是我国开展对俄经贸合作十分重要的省份。2019 年，中国（黑龙江）自贸区获批，这是我国向北开放的重要平台，必将为对俄合作提档升级提供机遇。中国（黑龙江）自贸区分为哈尔滨片区、绥芬河片区、黑河片区 3 个片区。

哈尔滨片区的目标是成为联通国内、辐射欧亚的物流枢纽，以及对俄和东北亚合作的高地。

黑河片区要打造成沿边口岸物流枢纽，发展跨境能源综合加工和利用、旅游、绿色食品、健康、物流等产业。

绥芬河片区要建成商品进出口储运、加工集散中心，大力发展现代物流业、清洁能源、粮食和木材进口加工业等。

四　加强中国东北三省与俄远东合作的建议

目前，东北三省在与俄远东合作中沟通协调不足，应加强对俄远东合作的统筹协调。黑龙江省依靠地缘优势对俄经贸合作开展最好，吉林省和辽宁省较弱。从长远看，吉林省和辽宁省应借助黑龙江省这个平台，同时发挥本省特长加强与俄远东经济合作。例如，广东省与黑龙江省正在加快推动对口合作，其中一个重要合作领域就是共同开展对俄经贸合作。东北三省在树立整体意识的基础上，可明确功能定位和产业分工，发挥各自比较优势，形成合力共同推进中俄合作。例如，吉林省具有完善的汽车自主研发、整车生产、零部件配套及销售体系，发挥该优势，对俄合作的主攻方向是汽车领域。吉林省汽车行业的相关企业也愿意与俄远东地区在整车装配、零部件生产和销售等方面开展合作。采取优势互补、互利共赢模式也有利于东北三省在东北亚合作中加强战略纵深。今后东北三省应在以下方面加强对俄合作。

（一）农业合作

2018 年，中国与俄罗斯农产品贸易额大增，增幅达 51.3%，实现 50 亿美元，主要是俄罗斯对中国农产品出口增长。① 中俄签署了《中国东北地区和俄远东及贝加尔地区农业发展规划》，阐述了两国在上述地区进行农业合作的相关政策与重点领域，为扩大中俄农产品贸易创造了有利条件。此外，双方还议定在农业、牧业、渔业领域进行生产、加工、仓储、物流合作，提升农业合作水平，推动农业合作全方位发展。

东北三省与俄远东加强农业领域合作具有很大优势。黑龙江省、吉林省和辽宁省都是农业大省，农业生产、农产品加工、仓储等经验丰富，劳动力资源充足，而俄罗斯土地资源富足，符合优势互补原则。不仅如此，中国是粮食进口大国，每年进口大豆约 9000 万吨，而俄罗斯 2018 年全年大豆产量 393 万吨，全部出口到中国也仅占中国大豆进口量的 4.4%。为增加对华农产品出口，俄方表示，未来 2~3 年远东地区的大豆种植面积可扩大 20%。俄远东地区也积极配合与中国的农业合作。2018 年 8 月，俄罗斯宣布向中国投资者提供 100 万公顷土地用于农业项目。在《俄中远东地区合作发展规划（2018~2024 年）》中，俄方承诺为中国投资者参与的农业项目提供土

① 《俄远东地区鼓励中企淘金：不仅能种大豆，还有 IT 产业园》，http://www.sohu.com/a/336156204_100272654。

地和融资优惠。

目前，中俄两国双边农业合作以种植业为主，尤其是大豆种植居于首位。2019 年，中国海关总署允许俄罗斯全境大豆进口，此举将进一步促进东北三省企业在远东大豆种植、贸易及相关产业的发展。近年来，养殖业和综合加工业也取得较快发展。中俄两国签署了冷冻禽肉、乳品双向贸易的检验检疫议定书，有利于东北三省企业投资远东养殖业和农产品综合加工业。

（二）资源合作

东北三省与俄远东地区资源合作主要是进口石油天然气和电力。2018 年 1 月，中俄原油管道二线投入运营。2019 年第一季度，黑龙江省自俄进口原油 944.4 亿元，增长 1.1 倍。2019 年，中俄能源合作又一个大项目——“西伯利亚力量”中俄东线天然气管道——即将开始输气。这条管线中国境内段起自黑龙江省黑河市中俄边境，年供气量最多可达 380 亿立方米。2019 年 4 月，吉林省与俄天然气工业公司合作的燃气储备与销售项目在珲春建成，当年计划从俄罗斯进口 8 万吨液化石油气。该项目总投资为 9000 万元，项目的 2 座液化天然气储备罐共 300 立方米，可储备液化天然气 130 吨，5 座液化石油气储备罐共 2000 立方米，可储备液化石油气 1150 吨。截至 2019 年 8 月 18 日，黑龙江省从俄罗斯购电 18.8 亿千瓦时，1992 年以来累计对俄购电 293.16 亿千瓦时，减少境内煤耗约 991.7 万吨。①

东北三省可积极开展与远东的资源能源合作，鼓励省内企业在俄矿产资源、能源、电力等领域进行联合开发。黑龙江省继续发挥地缘优势推进境外资源能源进口和开发。辽宁省可发挥其在能源和矿业领域的技术与装备优势，积极参与俄罗斯矿产资源和能源的勘探开采和深加工。

（三）园区建设

近年来，中国企业已经在俄建立 40 多个园区。这些园区主要从事木材

① 《黑龙江累计对俄购电突破 293 亿千瓦时》，http：//www.xinhuanet.com/power/2019 - 08/23/c_ 1210253688.htm。

加工、农业开发、轻工产品制造、商贸等，其中一些农业产业园区已被纳入俄社会经济超前发展区。

园区一般享受政府的优惠政策，能够打造较好的软硬件环境，可降低企业经营成本和经营风险，因此境外园区有利于企业“走出去”。东北三省应依托装备制造、石油化工、汽车等行业优势，到俄罗斯建设园区。鼓励有条件的企业，特别是大型企业在俄投资建设产业园区。

境外园区建设有助于推动中俄跨境经济合作区建立。中俄在中国东北三省与俄远东地区建立跨境经济合作区极具可行性，两国不但拥有良好的政治关系、长期的经贸往来，而且有坚实的腹地支撑、优越的基础设施条件等。跨境经济合作区建设，一方面可带动东北三省生产能力较大、竞争优势较强的企业“走出去”，到俄罗斯投资，建立境外加工基地，改变中俄经贸合作规模小、层次低、结构不平衡的现状，推进中俄合作全面升级；另一方面可更好地推动国内外市场和资源的优化配置，促进中俄两国企业参与国际产业分工。

B.18

黑龙江省对俄经贸合作形势分析与预测

王　超*

摘　要： 黑龙江省作为我国北向开放的重要窗口，2018年对俄经贸合作取得了突出成绩，对俄贸易额大幅提升，尤其是自俄进口创历史新高，达1146亿元。在此基础上，2019年黑龙江省对俄经贸合作继续保持稳步增长的势头。从贸易规模来看，黑龙江省稳居中国对俄贸易第一大省的位置。从具体的合作领域来看，黑龙江省与俄罗斯在交通基础设施互联互通、跨境电子商务、能源管道建设等领域合作成效显著，对俄合作中心城市与口岸城市辐射带动作用增强。中俄两国经济运行的良好态势、完善的合作机制、中国（黑龙江）自由贸易试验区获批以及新的跨境运输通道相继投入使用等诸多有利因素叠加，给黑龙江省对俄经贸合作带来了新机遇，对俄经贸合作前景广阔。与此同时，针对双方贸易结构不合理、营商环境不佳、合作主体不强以及产业基础薄弱等问题，应强优势、补短板，通过制度创新，完善双边合作顶层设计和整体规划、优化营商环境、激发合作企业的内生动力，着力发展重点合作领域带动黑龙江省对俄经贸合作整体水平的提升。

关键词： 俄罗斯　黑龙江省　经贸合作

* 王超，博士，黑龙江省社会科学院俄罗斯研究所助理研究员。

当今世界正面临百年未有之大变局。经济全球化虽遭遇阻力，但仍在不断深化和扩展，区域一体化进程快速推进。中俄均为有重要世界影响力的大国，在国际舞台上发挥着突出作用。21 世纪以来，两国建立了密切的全面战略协作伙伴关系。2013 年 3 月 22 日，习近平主席在莫斯科机场发表的书面讲话中强调："中俄互为最大邻国，都是主要新兴市场国家，都是维护世界和平、安全、稳定的重要力量。中俄两国都处在发展复兴的关键阶段，两国人民对发展中俄关系、加强各领域合作都有更高期待。在深刻复杂变化的当今世界，中俄两国对人类和平与发展的崇高事业承担着更大责任。"习近平主席关于中俄关系的重要讲话为两国的睦邻友好、合作共赢确定了基调。近年来，中俄两国各领域合作取得了诸多成效，其中，经贸合作已经成为中俄关系的重要基础和有力支撑。中俄双边贸易额继 2015 ~2017 年出现波动之后，在两国的共同努力下，2018 年实现了新跨越，首次突破 1000 亿美元大关，达到 1070.6 亿美元，较 2017 年增长 27.1%。截至 2018 年，中国已连续 9 年成为俄罗斯最大贸易伙伴。2019 年，中俄双边贸易额小幅增长，走势平稳。在此背景下，被誉为中俄合作"排头兵"的黑龙江省，对俄经贸合作也迈上了新台阶。

一 黑龙江省对俄经贸合作现状分析

（一）对俄贸易额大幅提升

2018 年，黑龙江省对俄贸易呈现出强劲的增长态势。据统计，2018 年全省对俄进出口总额为 1220.6 亿元人民币（约合 184.5 亿美元），同比增长 67.7%，占同期全国对俄进出口总额的 17.3%。其中，自俄进口 1146 亿元人民币（约合 173.2 亿美元），同比增长 84.3%，创历史新高；对俄出口 74.6 亿元人民币（约合 11.3 亿美元），同比下降 29.4%（见表 1）。2019 年，黑龙江省对俄贸易稳步增长，对俄进出口总额实现 1270.7 亿元人民币，同比增长 4%，占同期全省"一带一路"沿线国家进出口总额的 85.5%。

其中，自俄进口 1170.7 亿元，增长 2.1%；对俄出口 100 亿元，增长 34.1%。① 从贸易规模来看，黑龙江省稳居中国对俄贸易第一大省的位置。

与此同时，一方面，黑龙江省对俄进出口结构失衡表现突出。由表 1 可知，2014 ~2017 年，黑龙江省自俄进口额与对俄出口额相差悬殊，自俄进口额占进出口总额的比重逐年增加，至 2017 年甚至超过了 80%。2018 ~2019 年这种情况持续存在，且有愈演愈烈之势。另一方面，黑龙江省对俄进出口商品结构得到一定程度的改善。2018 年对俄出口商品结构进一步优化升级：对俄出口农产品、机电产品、鞋类合计占同期全省对俄出口总额的 74.1%，最大的亮点是高新技术产品，对俄出口额达 1.8 亿元，增长 1.4 倍。2018 年黑龙江省自俄进口商品仍以能源产品为主。受益于 2018 年初中俄原油管道二线正式运行，全年自俄进口原油大幅增长，达 944.4 亿元，占同期全省自俄进口总额的 82.4%；此外，自俄进口原木和锯材合计占比约 8%。②

从对外贸易数据来看，俄罗斯继续保持黑龙江省第一大合作伙伴国的地位。2018 年黑龙江省进出口总额为 1747.7 亿元，同比增长 36.4%。其中，对俄贸易额为 184.5 亿美元，占 69.8%。2019 年，黑龙江省对外贸易继续保持增长势头，进出口贸易额达 1865.9 亿元，比 2018 年增长 6.8%。其中，对俄贸易额占全省进出口总额的 68%。③

表 1　黑龙江省对俄贸易额（2014 ~2018 年）

单位：亿美元，%

	进出口		进口额	出口额	中俄贸易总额	黑龙江省占总额的百分比
	总额	同比				
2014 年	232.8	3.1	142.8	90.0	952.8	24.44
2015 年	108.5	-53	84.9	23.6	635.52	17.69

① 《2019 年黑龙江省外贸进出口实现双增长》，http://hlj.people.com.cn/n2/2020/0118/c220027-33726972.html。

② 《2018 年黑龙江省对俄进出口总值突破 1200 亿元》，http://www.hlj.gov.cn/zwfb/system/2019/03/04/010894823.shtml。

③ 《2019 年黑龙江省外贸进出口实现双增长》，http://hlj.people.com.cn/n2/2020/0118/c220027-33726972.html。

续表

	进出口		进口额	出口额	中俄贸易总额	黑龙江省占总额的百分比
	总额	同比				
2016 年	91.9	-15.3	74.9	17.0	661.1	13.9
2017 年	110.0	19.7	94.0	16.0	840.0	13.1
2018 年	184.5	67.7	173.2	11.3	1070.6	17.3

资料来源：根据国家统计局、《黑龙江统计年鉴》、哈尔滨海关数据整理。

（二）交通基础设施互联互通成效显著

黑龙江省与俄远东地区都存在交通基础设施不完善的情况，相较而言，俄远东地区交通基础设施建设更是严重滞后，加之中俄边境地区缺少便利的跨境通道，这些都成为制约两地进一步开展合作的重要因素。鉴于此，中俄两国中央及地方政府一直寻求解决途径，虽经多年的谋划和探索但并未取得明显效果。受益于“一带一路”及中蒙俄经济走廊建设的持续推进，2018年以来中俄边境地区交通基础设施互联互通取得显著进展。同江铁路大桥和黑河公路大桥是黑龙江省与俄远东地区的国际陆路通道。2019 年 3 月 20 日，同江铁路大桥全线贯通，大桥开通在即。[①] 2019 年 5 月 31 日，黑河公路大桥实现合龙，正式进入桥面施工阶段。目前，黑河与布拉戈维申斯克实施的中俄跨境集群项目正在全力推进。中俄首条跨境索道——黑河至布拉戈维申斯克跨江索道于 2019 年 7 月正式开工建设，[②] 索道的建成将增强黑河口岸的运输能力，对边境地区开展经贸合作意义重大。

（三）跨境电子商务合作突飞猛进

当前，全球数字经济迅猛发展，深刻改变了人与人、国与国之间的交往

① 《同江铁路桥全线贯通，中俄连通又添新血管》，https：//gongyi. ifeng. com/c/7lKcPn5QVOK，最后访问日期：2019 年 12 月 26 日。

② 《世界第一个国际跨境索道——中俄首条跨黑龙江（阿穆尔河）索道开工》，http：//www. heihe. gov. cn/info/1129/100865. htm，最后访问日期：2019 年 12 月 26 日。

方式。在此背景下，以互联网为代表的数字经济引领中俄经贸合作步入“互联网+”时代，加速推动传统贸易实现转型升级。近年来，黑龙江省采取一系列措施积极推进对俄跨境电商合作，取得显著成绩。其中比较突出的一项是，大力发展对俄跨境国际邮政小包航空物流，对俄跨境电商航空物流第一品牌影响力不断扩大。目前，哈尔滨市已建立起完备的对俄电商物流平台，对俄空中物流通道已十分成熟，形成了独具特色的“俄速通”跨境供应链服务模式。截至2019年6月，累计投入对俄货运包机530班次、客带货765架次，发寄邮件5647万件，货运量达11068吨，货值超过10亿美元，哈尔滨市已连续多年成为国内对俄跨境零售出口额最大的城市。此外，“哈尔滨—满洲里—莫斯科”公铁联运跨境电商陆运通道实现常态化运行。

2018年7月，国务院批复哈尔滨等22个城市为国家第三批跨境电子商务综合试验区。此后，哈尔滨市积极建设跨境电子商务综合试验区，在交易、支付、物流、通关、退税、结汇等环节推出诸多便利化政策。截至2019年7月，已有120家电商企业进驻哈尔滨跨境电子商务综合试验区。在此基础上，黑龙江省积极发展跨境电商海外仓建设。至2019年上半年，哈尔滨市已建成14个跨境电商海外仓。其中，俄速通—莫斯科海外仓是中国首个落地俄罗斯的合法公共服务海外仓。①

除哈尔滨外，以绥芬河为代表的口岸城市也初步建立了电商产业服务体系。目前，绥芬河市已搭建了跨境电商通关服务平台、跨境电商公共服务平台和跨境电商综合服务平台三个平台，实现了交易、报关、报检、结汇、退税和物流配送的无缝对接。2019年12月24日，绥芬河跨境电子商务综合试验区第四批获国务院批准。现有网上店铺7000多家，自建电商平台9家，电商从业人员约2万人。

（四）中俄能源管道建设取得重要突破

俄罗斯是能源供给大国，中国是能源消费大国。能源合作是中俄合作的

① 《哈尔滨跨境电商综合试验区吸引120家各类电商企业进驻》，https：//www. hlj. gov. cn/zwfb/system/2019/07/08/010903624. shtml。

传统优势领域。近年来，中俄原油管道运输逐渐取代传统的运输方式，油气贸易发展迅速。黑龙江省是中国进口俄油俄气的重要省份。中俄原油管道二线是经黑龙江省进口俄油的第二条通道，于2018年1月1日正式投入商业运营。这条管线原油进口设计能力与第一条相同，两条原油管道进口原油可达3000万吨。得益于此，2018年黑龙江省进口俄原油创历史新高。海关统计数据显示，2018年，黑龙江省自俄进口原油2951.7万吨，增加49.2%，其中以管道运输方式进口原油2549.4万吨，增加56.3%。[①] 此外，2018年以来，中俄两国能源合作领域的另一亮点是中俄东线天然气管道工程的贯通。[②] 2018年，中俄天然气管道穿江两条隧道贯通。截至2019年9月24日，中俄东线天然气管道工程北段（黑河到长岭）取得新突破，中俄东线过境段0号阀室建设全部完成，标志着从俄罗斯“西伯利亚力量”管道俄方计量站到黑河首站已经具备进气条件。[③]

（五）对俄合作中心城市与口岸城市带动作用增强

2018年以来，黑龙江省对俄合作中心城市——哈尔滨市，依托哈尔滨新区、综合保税区等平台的承载功能，在大通道建设、对俄跨境电商合作、科技合作、金融合作等领域取得了丰硕成果，在黑龙江省全方位对外开放格局中发挥了重要作用。哈俄、哈欧、哈白国际铁路货运班列和哈绥俄亚陆海联运实现常态化运营。至2019年8月，基本形成了以哈尔滨为中心，经绥芬河、满洲里、大连联结欧洲与东北亚的“T”形国际物流网络布局。此外，黑龙江省开通了25条国际航空运输航线，其中对俄航线13条。由此，哈尔滨市对俄合作中心城市的枢纽作用日益凸显。2019年初，为了在国家

---

① 《2018年黑龙江省对俄进出口总值突破1200亿元》，http://www.hlj.gov.cn/zwfb/system/2019/03/04/010894823.shtml。

② 中俄东线天然气管道是中俄能源合作的标志性项目，历经20年跨世纪谈判，起自俄罗斯东西伯利亚，经布拉戈维申斯克进入黑河。中方境内长3371公里，终点是上海。工程于2015年6月动工，预计在2024年全线实现通气。

③ 《中俄东线天然气管道工程中俄过境段达到通气条件 预计2024年全线通气》，http://hlj.people.com.cn/n2/2019/0925/c220024-33388991.html。

对外开放大棋局中发挥更大作用，黑龙江省提出将哈尔滨市打造成国家对俄合作中心城市的目标。黑龙江省是中国第二大口岸省份，现有国家一类口岸25个。口岸城市作为黑龙江省向北开放的重要门户，在对俄经贸合作中发挥着重要的带动作用。近年来，黑龙江省对俄口岸建设水平不断提升。2019年3月，同江铁路口岸、黑瞎子岛客运口岸对外开放获批。黑龙江省对俄边境口岸由原来的15个增至17个。口岸的通过能力逐渐提高，据统计，2018年黑龙江省25个口岸共计实现客运量360.1万人次，增长4%；货运量4142.3万吨，增长37.1%。

二　黑龙江省对俄经贸合作存在的问题

近几年来，黑龙江省主动对接“一带一路”，积极参与中蒙俄经济走廊建设，对俄经贸合作取得了不俗成绩，贸易规模及地区影响力不断提升。但是客观地说，双方经贸合作中存在诸多制约因素，阻碍合作向高质量目标迈进。

（一）贸易结构不合理

一直以来，贸易结构不合理是制约黑龙江省对俄贸易发展的瓶颈。由此导致双边贸易始终在低层次徘徊，难以实现高水平发展。黑龙江省自俄进口以原油等能源类产品为主，对俄出口则以劳动密集型产品为主。以原油等能源类产品为主的进口商品结构使双边经贸合作易受世界经济形势及国际能源价格波动的影响；而对俄出口商品结构则易受俄进口政策调整和消费市场变化等因素影响。近年来，高技术含量和高附加值产品在黑龙江省对俄出口中的占比有所提升，由此黑龙江省对俄出口商品结构出现相应变化。如前所述，2018年，黑龙江省对俄出口商品结构即反映了这一趋势，农产品、机电产品、高新技术产品的出口有所增加。尽管如此，能源类产品的进口仍然是黑龙江省对俄贸易的主力军，2018年黑龙江省自俄进口额涨幅创历史新高。客观地说，拉动黑龙江省对俄进出口，尤其是自俄进口增长的原因，主要是原油增供以及资源性产品价格上升。2019 年，黑龙江省原油进口 1068.3 亿元，增长 1.7%，占同期全省进口总值的 70.4%。这种不合理的贸易结构是制约黑龙江省对俄经贸合作高质量发展的重要因素。

（二）营商环境不佳

营商环境是一个国家或地区有效开展国际交流与合作，参与国际竞争的重要依托，是其经济软实力的重要体现。黑龙江省与俄远东地区均属于两国经济发展后进的地区，市场化程度不高，营商环境不佳的问题比较突出。具体表现为市场规范化程度较低，相关领域的法律法规不健全，金融体系不完善，政策措施落地缓慢等。尤其是俄远东地区，政出多门，政策多变，腐败盛行，犯罪率高。市场经济是建立在规则和法制基础上的经济，营商环境不佳抑制了经济主体活力的释放，对本地区经济发展及对外贸易的不利影响是显而易见的。鉴于此，近年来，黑龙江省与俄远东地区均大力优化营商环境。黑龙江省提出着力营造“透明高效的政务环境、公平正义的法治环境、诚信守约的人文环境和绿水青山的生态环境”，将 2019 年确定为招商引资年。《黑龙江省优化营商条例》于 2019 年 3 月 1 日正式施行。俄罗斯在新一轮远东开发开放过程中，以营造投资和贸易便利化的营商环境为主要着力点，通过探索建设超前发展区和自由港，出台了一系列相关法律法规。例如，符拉迪沃斯托克自由港建立后，为入驻企业提供税收等多方面优惠条件，极大缩短了货物通关时间，使得经由符拉迪沃斯托克入俄的年货运量增加了 3 倍多。尽管如此，两地的营商环境与中俄两国经济发达的省州及地区相比还存在一定差距，优化营商环境仍然任重道远。

（三）对俄经贸合作主体不强

营商环境不佳极大地制约了具有国际竞争力的市场主体的培育。从贸易主体的构成来看，目前，国有企业与民营企业是黑龙江省对俄经贸合作的两大类主体，且二者分工明确。占黑龙江省对俄贸易超过 80% 的自俄进口主要由国有企业实现。2018 年，黑龙江省国有企业进口原油 2549.4 万吨，增长56.3%，占同期全省原油进口量的86.4%。[①] 2019年，黑龙江省国有企业进出口总值1121.4亿元，增长9%，高于同期全省进出口增速2.3个百分点；占同期全省进出口总值的60.1%。其中，出口53.8亿元，增长2.6%；进口1067.6亿元，增长9.4%，占全省进口的70.4%。[②] 另一方面，从数量上看，民营企业则是对俄出口的主力军，主要是一些中小型企业。这类企业规模小，企业管理和贸易行为不够规范，国际化运行程度低，融资、技术及创新能力不足。近年来，黑龙江省对俄出口企业在俄远东及东西伯利亚地区面临日本、韩国、荷兰和法国等国企业的激烈竞争；在俄欧面临土耳其和东欧各国企业的激烈竞争；在国内则面临浙江、广东、山东、新疆等省区企业的激烈竞争。在与国内外企业争夺市场份额时，这些企业市场竞争力弱，抗风险能力有待提高。在俄罗斯，受经济结构不平衡、经济发展过度依赖能源产业等因素影响，中小企业发展缓慢，从事经贸合作的中小企业数量有限，且实力不强。根据2017年的统计数据，俄罗斯拥有近600万个中小企业和创业实体，主要集中于莫斯科、圣彼得堡等大城市以及中央联邦区、南部联邦区等经济较为发达的地区，远东联邦区中小企业的数量仅占4.4%。[③]

（四）对俄合作产业基础薄弱

产业基础薄弱、整体层次较低是黑龙江省对俄经贸合作的一个突出问题。从地域的角度来说，对俄合作中心城市哈尔滨市和各边境口岸城市均存在这个问题，特别是口岸地区产业布局不合理，没有结合自身优势形成明确的对俄合作主导产业，也没有形成完整的产业链，自俄进口商品的落地加工能力不足，相关产业规模不大。现有的优势合作领域合作层次不高，无法有效带动本地区经济社会发展，导致与俄毗邻的区位优势未能转化为经济发展

---

① 哈尔滨海关：《2018年黑龙江省原油进口量大幅增加》，http：//harbin. customs. gov. cn/harbin_customs/467898/467900/467901/2501383/index. html，最后访问日期：2019年9月8日。

② 《2019年黑龙江省外贸进出口实现双增长》，http：//hlj. people. com. cn/n2/2020/0118/c220027－33726972. html。

③ 赵春晖：《进口替代与俄罗斯中小企业的发展》，《西伯利亚研究》2018年第1期。

优势。以黑河市为例，2018 年，第一、第二、第三产业占 GDP 比重分别为 44.2%、15.7% 和 40.1%；从中可以看出，当地经济主要以农业和服务业为主，第二产业占比明显较小。当年规模以上工业增加值同比增长 16%，但在重点监测的工业产品中，增长较快的是黄金、铜金属、煤炭等资源性产品，加工制造业产能明显不足。从资源禀赋和国际关系的角度来说，黑龙江省与俄罗斯在能源、农业、基础设施建设、航空航天、科技、金融等产业领域的合作可以有更大的发展空间，有更多可以挖掘的潜力。

三　黑龙江省对俄经贸合作形势展望

尽管黑龙江省对俄经贸合作存在上述制约因素，但在“一带一路”建设和中蒙俄经济走廊建设逐步推进的背景下，在中俄两国经济总体形势向好、合作机制日臻完善、合作意愿日益强烈的现实基础上，中国（黑龙江）自由贸易试验区建设以及新的跨境运输通道的建成将有力助推黑龙江省对俄经贸合作向更高层次迈进。

（一）中俄两国经济运行的良好态势为开展经贸合作奠定了坚实基础

当前，国际形势纷繁复杂，贸易保护主义和单边主义抬头，逆全球化暗流涌动。根据联合国发布的《2019 年世界经济形势与展望》报告，全球经济 2018 年增长 3.1%，2019 年和 2020 年将以大约 3% 的速度稳步增长，但经济下行风险增加。报告称，由于贸易争端、金融压力和波动风险显现、地缘政治关系紧张，2019 年许多国家的经济增长势头将会减弱。报告还对全球主要经济体 2019 年之后的经济增长进行了预测，预计中国经济增长将由 2018 年的 6.6% 放缓至 2019 年的 6.3%，预计 2020 年为 6.2%；俄罗斯等几个大宗商品出口国在 2019 ~ 2020 年经济将温和回升。[①] 在世界经济总体

① 联合国：《2019 年世界经济形势与展望》，http://www.jingjinews.com/t/201901221016.html。

下行压力增大的情况下，中俄两国经济平稳运行的良好态势为两国开展全方位合作打下了坚实基础。2019 年是中俄建交 70 周年，以此为契机，两国元首将中俄关系升级为新时代全面战略协作伙伴关系。由此，中俄关系迎来历史最好时期。中俄两国开展全方位合作具有积极的战略意义，必将为构建新型国际关系及人类命运共同体做出突出贡献。

（二）完善的合作机制为黑龙江省对俄经贸合作保驾护航

2018 年 9 月 11 日，习近平主席在符拉迪沃斯托克同俄罗斯总统普京举行会谈时指出："中俄保持密切的高层交往，体现了两国关系的高水平和特殊性，也凸显了两国关系在各自外交议程中的优先地位。在双方共同努力下，两国关系的政治优势正在不断转化为实实在在的合作成果。"在中俄两国领导人的积极倡导下，近年来中俄两国建立了稳定的国家层面的合作机制。中俄总理定期会晤机制从 1996 年建立至今，历经 20 多年，对推动两国在经贸、人文、地方等领域务实合作发挥了重要作用。此外，还形成了成熟的地方合作机制，包括中国东北地区与俄远东及贝加尔地区政府间合作委员会、中俄边境地方间经贸合作常设工作组会议等。黑龙江省与俄罗斯滨海边疆区、哈巴罗夫斯克边疆区、犹太自治州、阿穆尔州以及外贝加尔边疆区建立了省州长定期会晤机制。哈尔滨、牡丹江等 9 个城市分别与俄阿穆尔州、哈巴罗夫斯克边疆区、滨海边疆区等 12 个区、州、市结成了友好省、市，数量居全国首位。黑龙江省还定期与俄远东各州区举办"省州日"活动，举办经贸投资项目推介会、经贸合作企业对接会等，通过沟通与协商，构建了完善的对话平台。

此外，中俄国家层面和区域层面发展战略对接也为黑龙江省开展对俄经贸合作指明了方向。"一带一路"倡议与欧亚经济联盟对接取得了一系列重要成果；中国新一轮振兴东北老工业基地和俄罗斯远东大开发战略的实施为两地区进一步密切合作提供了新机遇。中俄两国积极寻求区域发展战略的对接，专门就中国东北地区与俄罗斯远东地区合作进行了宏观规划。2018 年 9 月，在俄符拉迪沃斯托克举办的东方经济论坛上，中俄两国签订了《中俄在俄罗斯远东地区合作发展规划（2018～2024年）》。同年11月，该规划正式获批。规划涉及投资、贸易、劳务、跨境合作、基础设施互联互通以及港口开发合作等多个方面。[①] 当前，黑龙江省对俄合作面临有利时机，完善的合作机制及发展战略对接将保障黑龙江省对俄经贸合作有序开展。

（三）中国（黑龙江）自贸试验区将推动对俄经贸合作实现高质量发展

2019年8月，中国（黑龙江）自由贸易试验区正式获批，为黑龙江省对俄合作高质量发展提供了重要机遇。自贸试验区以深化产业结构调整为中心，通过转变政府职能、深化投资领域改革、培育贸易新业态新模式等途径，推动贸易转型升级，推进创新驱动发展。规划建设哈尔滨片区、黑河片区和绥芬河片区3个片区。三个片区有明确的功能划分：哈尔滨片区重点发展新一代信息技术、新材料、高端装备、生物医药等战略性新兴产业，科技、金融、文化旅游等现代服务业和寒地冰雪经济；黑河片区重点发展跨境能源资源综合加工利用、绿色食品、商贸物流、旅游、健康、沿边金融等产业，建设跨境产业集聚区和边境城市合作示范区；绥芬河片区重点发展木材、粮食、清洁能源等进口加工业和商贸金融、现代物流等服务业，建设商品进出口储运加工集散中心。[②] 可以说，自贸试验区总体方案的规划设计及提出的具体措施，能够针对黑龙江省对俄经贸合作存在的主要问题精准施策。在未来自贸试验区建设过程中，必将有效破解对俄经贸合作中的难题，推动经贸合作实现高质量发展。

（四）新建跨境运输通道将成为黑龙江省对俄经贸合作的助推器

同江铁路大桥与黑河公路大桥相继建成，实现了中俄边境地区的互联互

---

① 《中俄在俄罗斯远东地区合作发展规划（2018～2024年）》，http://www.heihe.gov.cn/info/1186/100368.htm，最后访问日期：2020年9月8日。

② 《中国（黑龙江）自由贸易试验区总体方案》，https://news.163.com/19/0826/17/ENH7O00T00019K82.html，最后访问日期：2020年9月8日。

通，将极大促进毗邻地区的经贸往来与人文交流，是加强黑龙江省与俄远东地区、西伯利亚地区贸易合作的重要通道。同江铁路大桥连接了黑龙江省同江市与俄犹太自治州下列宁斯科耶。大桥的投入运营将打通国际联运大通道，将中国东北铁路网与俄远东西伯利亚地区铁路网连接起来，增强沿边口岸运能。从这个角度说，同江铁路大桥的建成将成为中俄经贸合作的助推器，推动中俄贸易额再攀新高。黑河公路大桥是一条国际公路大通道，直接连接中俄双子城——黑河市和布拉戈维申斯克，实现中俄边境城市之间的互联互通。可以预见，中俄跨境运输通道的互联互通将产生巨大的综合效应，从而促进两国毗邻地区产业合作实现大发展，为进一步探索黑龙江省与俄远东地区跨境经济合作新模式奠定了基础。

四　黑龙江省对俄经贸合作的对策建议

未来，黑龙江省对俄经贸合作前景广阔。如何激发内生动力，抢抓机遇，创新合作模式，有效实现中俄两国边境地区融合发展，成为双方面临的新任务与亟待解决的新课题。强优势、补短板应是加强黑龙江省对俄经贸合作的主要原则。

（一）以制度创新促黑龙江省对俄经贸合作有序开展

黑龙江省对俄合作的有序开展需要良好的制度环境及有利的制度保障。新时期，为全面提升黑龙江省对俄经贸合作，应继续加强发展战略与制度对接，对双边经贸合作做出新的顶层设计和整体规划。在现有的对话交流机制基础上，推动建立中俄地方政府间常态化合作机制，针对两地在开展经贸合作时遇到的问题，做好相应的制度设计，规避风险，积极营造融洽的合作氛围。以制度创新为引领，持续改善营商环境，探索贸易和投资便利化之路。利用中国（黑龙江）自由贸易试验区获批的重要机遇，借鉴国内现有自贸试验区的经验，依托重点开发开放试验区、综合保税区、互市贸易区、边境经济合作区等功能载体，充分发挥政策叠加效应，完善法律法规，规范贸易程序，简化项目审批，为“政府搭台、企业唱戏”营造更有利的发展环境。例如，政府应为中小企业的发展与壮大提供优惠政策及有利条件，引导中小企业参与对俄合作；利用政策导向鼓励大企业“走出去”，着力培育对俄合作骨干企业，促进企业与俄开展农业合作以及高新技术合作等；定期与对俄企业沟通，出台相关保护政策，提高企业在对俄经贸合作中的安全系数。通过上述措施充分调动市场经济条件下企业在双方务实合作中的积极性与主动性。

（二）以经济结构调整带动贸易结构转型及优化

贸易结构不合理是黑龙江省乃至中国对俄贸易的顽疾，究其根源在于双方经济都存在结构性失衡。实际上，双方合作的方式和程度归根结底受制于各自的经济发展水平。目前，黑龙江省经济增速低于全国平均水平，东北老工业基地固有的体制机制性矛盾制约了产业升级，经济结构转型迫在眉睫。当前，新一轮科技革命和产业变革正蓄势待发。应充分认识到科技创新在推动产业结构转型升级过程中的重要作用。为此，在保持经济指标稳步提升的前提下，坚持以供给侧结构性改革为主线，深入贯彻新发展理念，实施创新驱动发展，通过改善经济结构带动贸易结构转型。应牢牢抓住新科技革命和技术变革的“机会窗口”，利用黑龙江省内知名高校和科研院所的人才优势，增加研究资金的投入，鼓励并扶植新一代信息技术、生物技术、新能源技术、新材料技术等领域的科技创新及成果转化。预先规划信息基础设施布局，充分利用科技创新成果，通过高新技术的运用优化传统产业的内部结构，实现传统产业结构转型升级。

（三）以自贸试验区建设为契机提升产业集聚能力

在中国（黑龙江）自由贸易试验区获批及启动建设的背景下，黑龙江省应发挥对俄合作优势，为投资自由化和贸易便利化创造条件，先行先试，创新对俄经济合作模式。借助自贸试验区建设的有利机遇，可以破解黑龙江省对俄经贸合作中存在的产业基础薄弱的问题。按照哈尔滨片区、黑河片区和绥芬河片区3个片区的功能划分，配套优惠政策，深化产业结构调整，提升产业聚集能力，逐步明晰各地在对俄合作中的优势产业。即将开通的同江铁路大桥和黑河公路大桥为边境地区产业集聚注入了新动力。未来应积极谋划“大桥经济”，借助互联互通的交通运输通道提供的便利，引入国内外优质加工企业，发展大宗资源产品精、深加工，形成从贸易到加工再到产业的深度发展，夯实沿边产业发展基础。目前，同江铁路大桥桥头经济区和黑河公路大桥桥头经济区正在筹建。桥头经济区依托国内外市场和自身优势，推进特色加工制造业发展，形成对俄合作的品牌优势，培育跨境产业体系，打造并延伸供应链和销售链。这些桥头经济区将成为黑龙江东部经济带上重要的国际物流枢纽及进出口产品加工基地。此外，跨境经济合作区是中俄边境地区要素自由流动、培育跨境产业体系的重要载体，是边境地区融合发展的主要方向。

（四）着力发展重点合作领域带动对俄合作整体水平提升

黑龙江省是国家重要的能源工业基地和农业大省。新时期，黑龙江省开展对俄经贸合作应强化自身优势，着力发展对俄能源合作和农业合作，从而带动对俄合作整体水平提升。

第一，深化能源合作。中俄原油管道二线的正式投运以及中俄东线天然气管道即将建成投产，不仅为黑龙江省扩大进口俄罗斯原油和天然气注入了新动力，而且还为黑龙江省油气工业转型升级提供了重要机遇。应抓住俄油俄气过境机遇，依托现有优势资源，充分利用科技创新成果，配套发展能源装备及零部件加工制造，延伸化工产业链条，将黑龙江省打造成油气通道枢纽和油气产品加工制造基地。此外，继续深化黑龙江省与俄罗斯在电力、煤炭以及核能领域合作，在扩大俄能源引进规模的同时，发挥自身优势加强能源技术开发与服务合作，以寻求新的合作增长点。切实做到将黑龙江省的能源过境通道优势转化为经济发展优势，从而推动本地区经济实现快速发展。

第二，重点发展对俄农业合作。近年来，黑龙江省与俄远东地区农业合作已初步形成“政府组织、企业运作、农民参与的多领域、全方位格局”。目前，农产品贸易、农业投资以及农业科技合作是黑龙江省与俄农业合作的主要形式。2018 年，黑龙江省各口岸进口俄粮 90.3 万吨，同比增长 76.2%，其中进口大豆80.3万吨，同比增长60.1%。[①] 双方在畜牧养殖、大豆等领域的合作取得积极成果。2018年，黑龙江省建立了9个进境粮食口岸，服务境外种植粮食、饲草进口回运。2018年11月7日，在中俄总理定期会晤机制下，中俄签订了《中国东北地区和俄罗斯远东及贝加尔地区农业发展规划》。该规划为中俄两国边境地区开展农业合作提供了原则指导和基本遵循。以此为契机，应充分发挥黑龙江省农业大省的优势，在对俄农业合作中，大力发展农产品贸易的同时，进行农产品深加工，结合跨境电子商务的发展，对农产品进行品牌包装出口，提高产品的技术含量和附加值，从而提升产品竞争力。

综上所述，黑龙江省对俄经贸额继2018年实现迅速增长后，2019年平稳运行。双方政治互信、口岸相邻、交通便利的优势逐步转化为合作动能；黑龙江省自贸试验区招商工作稳步开展，新建跨境基础设施将于2020年开始陆续投入使用，这些必将推动双方贸易合作向高质量迈进。2020年初以来，在新冠肺炎疫情的冲击下，国际贸易受到重创。据2020年5月末世界贸易组织的预测，2020年世界贸易额将下降13%～32%，创“二战”结束以来最大跌幅。受疫情影响，旅行禁令、入境管控、封锁边境等措施使黑龙江省与俄罗斯（尤其是远东和西伯利亚地区）的要素流动和生产贸易活动放缓，给黑龙江省对俄经贸合作带来一定影响。由于双边贸易中能源资源类产品占主导，石油、天然气管道运输受疫情影响较小，因此，疫情期间，黑龙江省对俄贸易额继续保持小幅增长。据哈尔滨海关的统计数据，2020年第一季度，黑龙江省对俄进出口总值316.5亿元，同比增长3%，占全省进出口总值的70%。其中，对俄出口16.5亿元，同比下降6.7%；自俄进口300亿元，同比增长3.6%。从目前形势来看，疫情对于严重依赖外部需求的出口导向型经济的冲击较大，但是由于中俄之间的能源合作已经达成长期协议，抗风险能力较强，如果排除国际油价变动等因素，可以预测2020年黑龙江省对俄进出口额将保持小幅增长。

---

① 《2018年黑龙江省进出口总值达1747.7亿元，同比增长63.4%》，https://heilongjiang.dbw.cn/system/2019/01/24/058142957.shtml。

B.19
吉林省对俄经贸合作形势分析与预测

金美花　刘月乔*

摘　要： 2018年，吉林省对俄贸易实现了跨越式增长，对俄贸易额达62.4亿元，增幅达61.9%。明显的区位优势，高度契合的国家发展战略，与俄罗斯对远东地区开发的政策倾斜，为吉林省充分开展与俄罗斯的经贸合作提供了良好的发展机遇。但双方的贸易合作也存在一定的问题，如贸易规模较小、投资主体实力不强、口岸功能未充分发挥等。着眼于扩大吉林省对俄合作，首先应转变对俄投资思维，其次要持续推进陆海联运通道建设，最后要加强跨国旅游合作，简化相关手续。

关键词： 吉林省　俄罗斯　经贸合作　跨国旅游

2018年，我国与东北亚各国的贸易额达7586亿美元，占中国对外贸易总额的1/4。其中，中韩、中日贸易额均达到3000亿美元，中俄贸易额也突破了1000亿美元。合作共赢、协同发展、互惠互利已成为东北亚区域国家之间发展经贸的共识。“长满欧”“辽蒙欧”“哈欧”等途经东北亚区域的中欧班列，逐渐成为连接中国与世界的新动脉。吉林省作为“一带一路”向北开放的重要窗口，通过中欧班列打开了通向欧洲的新通道，依靠西伯利亚铁路加速了开发开放的步伐，更深层次地融入世界经济。虽然近年来世界

* 金美花，吉林省社会科学院东北亚研究中心秘书长，研究员；刘月乔，吉林省社会科学院东北亚研究中心助理研究员。

贸易保护主义兴起，但面对不利的国际经贸形势，吉林省逆势上升。2019年第一季度吉林省实际使用外资同比增长39.9%，非金融类对外直接投资实际投资额同比增长约88%。[①]

“引进来”和“走出去”纷纷取得可喜成绩。吉林省在与俄罗斯的经贸合作中区位优势明显，特别是近年来俄罗斯加大了对远东地区的开发力度，中俄两国的发展目标有很高的契合度，这些均为吉林省进一步发展与俄罗斯的经贸合作提供了难得的发展机遇。

一　吉林省与俄罗斯经贸合作现状

（一）贸易合作领域

中俄战略协作伙伴关系自20世纪90年代以来得到不断深化。至2013年，中俄两国已经建立起全面战略协作伙伴关系，并将中俄两国高水平的政治关系优势外溢到人文、经济领域，深切取得各领域务实合作成果作为两国迫切的战略任务。目前，中俄经贸发展持续升温，发展形势喜人。2018年中俄双边贸易额达到1070.6亿美元，首次超过1000亿美元，增幅27.1%；其中，对俄出口3166.5亿元，增长9.1%，自俄罗斯进口3909亿元，增长39.4%。[②] 作为中国的边疆省份，吉林省与俄罗斯的经贸合作有着深厚的地缘优势。自2017年吉林省对俄贸易触底反弹以来，2018年实现了跨越式增长，双边贸易额达到62.4亿元，同比增长61.9%，其中对俄出口12.7亿元，同比增长11%，进口49.7亿元，同比增长86%，占吉林省与“一带一路”沿线国家进出口总额的16.4%。[③] 目前，俄罗斯已经成为吉林省的第四

---

① 《2019年第一季度吉林省实际使用外资同比增长39.9%》，中央广电总台国际在线，http：//jl. cri. cn/20190424/eec19266 -47ab -6940 -4675 -5f4b7c7a7b49. html。

② 《2018年中俄贸易额达到创纪录的1070.6亿美元》，商务部网站，http：//www. mofcom. gov. cn/article/i/jyjl/e/201901/20190102826532. shtml。

③ 《吉林省2018年对俄贸易增长61.9%》，中国国际贸易促进会驻俄罗斯代表处网站，http：//www. ccpit. org/Contents/Channel_3974/2019/0129/1120697/content_1120697. htm。

大贸易伙伴国家，双方贸易产品结构存在很强的互补性。近几年从俄罗斯进口的产品主要有海产品、矿产品、植物产品、木材及木材制品、食品等，对俄出口产品主要包括汽车零部件、化工产品、纺织品等。

（二）投资合作

俄罗斯已经成为吉林省的首要境外投资国。2019 年第一季度，吉林省实际使用外资同比增长 39.9%，非金融类对外直接投资实际投资额同比增长 87%。[①] 从近几年的投资贸易数据看，外资在吉林省的投资主要分布在汽车制造、医疗保健、服务贸易等几个主要领域。但相对而言，吉林省对俄投资在以上领域并不显著，反而集中在矿业资源、农副产品、木材开采及港口基建运营等传统经贸领域。为了扩大双边经贸发展，吉林省在加大对俄投资的同时，也积极开创新的合作亮点，境外经贸合作园区的建设也由此应运而生，这不仅是吉林省对外投资的有益尝试，也是省内企业迈出国门的有序通道和重要平台。目前，俄罗斯伊尔库茨克木材加工园、俄罗斯泰源农牧业产业园及美来中信木业俄罗斯友好工业合作区已进入良性运转状态。至 2020 年，吉林省在传统经贸领域对俄投资预计可达 30 亿美元。

（三）口岸建设

建设珲春国际港，为吉林省与俄罗斯两地经贸增速提供基建便利。作为吉林省对外交流的重镇，“明星”城市珲春正处于不断升级改造的进程之中。2019 年 1 月 2 日，“长珲欧”国际班列从俄罗斯新西伯利亚克里西哈出发，经珲春口岸驶抵长春，宣告了首批进境货物测试的圆满成功。目前“长珲欧”班列已成为“长满欧”等常态化国际班列的重要补充。2019 年 3 月12 日，珲春综合保税区正式揭牌，成为吉林省第二个综合保税区；2019

---

① 《2019 年第一季度吉林省实际使用外资同比增长 39.9%》，中央广电总台国际在线，http：//jl. cri. cn/20190424/eec19266 - 47ab - 6940 - 4675 - 5f4b7c7a7b49. html。

年8月24日，珲春国际港在珲春市口岸通关中心举行揭牌仪式，[①] 国际港将具备更加完善的通关条件，使珲春这一个内陆港与相关铁路、公路口岸配合，进一步扩宽吉林省向东进入俄罗斯的开发通道。珲春正在向着成为东北亚国际物流集散中心的重大目标稳步迈进。

近年来，珲春市不断改造公路、铁路口岸，通关效率、过货能力大大提升，年过货量可达700万吨，同时随着通关程序的便捷化，目前年过境人数可达230万人次。提升通关效率是珲春等贸易口岸优化功能的首要任务。为此，珲春口岸利用现代化科技手段的便捷方式，深入拓展自助、智能通关模式，大大增加珲春市的过境人数，仅入境旅客流量就从最初的年均几万人次增长到2018年的40万人次。更为重要的是，珲春口岸通关效率的提升在很大程度上促进外贸物流等相关产业的发展。仅2019年第一季度，珲春市外贸进出口额达19.8亿元人民币，同比增长12%。[②] 可以说，珲春国际港的建成，是吉林省不断加深对外开放步伐的一个缩影，也是吉林省深化对俄贸易的重要基建平台。

（四）通道建设

通道建设是实现吉林省与俄罗斯经贸合作的前提。在某种程度上，口岸建设是吉林省对外经贸中的“点”，通道建设则是连通这些“点”的线，通道建设是吉林省经济能否“走出去”，能否形成经贸网络的重要前提，也是吉林省与俄罗斯经贸往来的关键桥梁。“一带一路”倡议提出后，吉林省以重大项目为突破，不断推进通道建设和重大基础设施平台建设，许多跨境互联互通基础设施项目纷纷启动。“长满欧”（长春—满洲里—欧洲）铁路自2015年8月运行以来，已在俄罗斯境内形成了近百个站点，多个干线物流网络，为多家俄罗斯企业提供了多式联运服务，对两地货物的国际运转能力

---

① 《我省深入推进长吉图战略 东风浩荡千帆竞》，吉林经济信息网，http://jilin.net.cn/sndt/201907/t20190729_66556.html。

② 《吉林:“口岸经济”助开发》，新华网客户端，https://baijiahao.baidu.com/s?id=1637569257116212998&wfr=spider&for=pc，最后访问日期：2019年9月25日。

也处于国际领先水平。2019 年 1 月 2 日，“长珲欧”首次运行圆满成功，[①]这条国际班列从珲春口岸出境，经由俄罗斯远东地区与欧洲接轨，形成了对“长满欧”班列东线的有力补充，不仅扩展了吉林省与俄罗斯经贸往来的陆上通道，还在某种程度上缓解了中欧班列东线出境口岸严重拥堵的问题。除了开拓陆地通路建设，吉林省还积极拓展海路通道，2015 年 5 月，呼吁多年的珲春“借港出海”终于实现，珲春（中国）—扎鲁比诺（俄罗斯）—釜山（韩国）海陆联运通路的开通形成了对陆路通道的有力补充。至 2018 年，该航线累计运行 125 个航次，集装箱运载量超 2000 个标箱。2018 年 7 月，珲春—扎鲁比诺—宁波内贸货物跨境运输航线获得批准，2018 年 9 月即实现了首次试运行，[②] 开创了中俄跨境运输合作的新模式。可以说，吉林省充分利用了作为中国边疆省份的地缘优势，从海陆联动的地缘视角积极拓建吉林省与俄罗斯经贸往来的通道建设，为吉林省与俄罗斯的经贸合作提供了坚实的交通基础。

二　吉林省对俄经贸合作存在的问题

（一）对俄贸易规模较小、结构单一

出口产品附加值较低，出口产品结构欠佳。2018 年中俄双边贸易额突破 1000 亿美元，但是吉林省所占比例不足 7%。虽然近几年吉林省对俄出口产品中机电类产品比重有所提升，但吉林省对俄出口的主要产品仍然以食品和轻纺制品为主，产品结构较为单一，大多数属于初级产品，附加值低。并且对俄出口的产品多来自外省，吉林省自产产品占比不高，这就造成了对俄进出口贸易对吉林省经济发展的拉动作用甚微。

---

① 《吉林深度融入“一带一路”陆海新通道助力全面振兴》，中国一带一路网，https：//www.yidaiyilu.gov.cn/xwzx/roll/100298.htm，最后访问日期：2019 年 10 月 8 日。

② 《珲春：开发活力越来越强》，珲春市人民政府网站，http：//www.hunchun.gov.cn/news/ywdt/201907/t20190711_ 419223.html。

（二）对俄投资较少，对俄经贸主体实力不强

20 世纪 90 年代初期吉林省已经有一些企业在俄投资，但随着国家实行宏观经济紧缩政策，一部分企业便撤出对俄投资。特别是金融危机的席卷，使经济原本就薄弱的俄罗斯雪上加霜，俄罗斯陷入了严重的政治经济危机，吉林省的企业纷纷撤资。进入 21 世纪后，由于俄罗斯经济始终不景气，法制建设不完备，投资风险较大，使吉林省有实力的企业不愿在俄投资，而更愿意把投资的触角延伸到欧美日韩等投资风险小、制度健全的国家和地区。目前，吉林省对俄投资的主体是在国家政府层面，与俄进行能源或基础设施建设合作，企业层面的投资甚少。即使是一些对俄贸易“大户”，也主要从事代理业务，其客户和货源多在外省市。

至今，吉林省对俄贸易的主要方式仍以边境小额贸易为主，加工贸易所占比重较小。2004 年，珲春口岸对俄、对朝贸易达到 1.02 亿美元，占全年进出口总额的 44.4%，但加工贸易进出口额只有 5121 万美元，仅占进出口总额的 22%，与加工贸易占 50% 左右的全国平均水平相比还有较大的差距。[①] 2016 年一般贸易占比接近 30%，加工贸易占比 15%，边境小额贸易占比 10%，其他贸易占比不足 50%。虽然已经过去十多年，但这一情况没有明显改善。

（三）珲春口岸功能未能全面发挥，俄罗斯克拉斯基诺口岸效率低

目前，珲春的公路口岸过货不足，铁路口岸长期存在通而不畅的问题，造成这种现象的主要症结在于俄罗斯方面。珲春口岸的基础设施建设比较完备，可以承载大规模的过货。而与珲春口岸对接的俄罗斯克拉斯基诺口岸首先在基础条件上就比较落后，各种通关手续又相当烦冗，造成该口岸通关和过货能力都很低，俄方也未积极主动解决这些存在已久的问题。

---

① 张熙奀:《推进与俄罗斯经贸合作的几点思考》,《延边大学学报》（社会科学版）2006 年第 1 期。

三　吉林省对俄经贸合作的前景预期

（一）中俄发展战略的高度契合为开展对俄合作提供政治保障

中俄两国发展蓝图的高度契合，为对俄经贸合作提供了广阔的空间。近年来，中俄全面战略协作伙伴关系持续升温，习近平主席在2018年9月的东方经济论坛上指出，“两国要深化共建‘一带一路’与欧亚经济联盟对接合作，扩大能源、农业、科技创新、金融等领域合作”。近年来，中俄边境上，许多跨境基础设施建设、通道口岸建设都在如火如荼进行中。2019年3月，中俄同江—下列宁斯科耶铁路桥贯通，这是两国首座铁路界河桥，也是“一带一路”倡议指引下中国与俄罗斯欧亚经济联盟对接的重要成果。大桥正式开通后，将大大缩短中俄两国铁路干线网络的距离。在中俄政治互信日益增强的背景下，双方经贸合作意愿不断加深，合作项目不断推进，合作内涵不断丰富。

（二）吉林省积极融入“一带一路”建设，为开展对俄经贸合作提供政策支持

2015年3月，“一带一路”的路线图正式对外公布，其中对吉林省在“一带一路”建设中的作用也给予了明确定位——长春建设成中蒙俄经济走廊节点城市、延吉（长白）建设成重点开发开放实验区、推进吉林省对俄陆海联运通道合作。由此，吉林省成为建设中蒙俄经济走廊的重要省份之一。此后，在吉林省“十三五规划”中，提出要有效推进长吉图开发开放建设，推动东北亚区域的开发合作，“强化与俄罗斯远东开放战略的衔接，深度开发俄国境外市场，加强油气等能源资源的引进和利用，扩大农业领域的合作，建设中俄境外经贸合作区和长春中俄科技园。”2019年8月，吉林省发改委发布《沿中蒙俄开发开放经济带发展规划（2018～2025年）》提出，吉林省要充分发挥区位地缘、人缘、资源等比较优势，主动融入构建中

蒙俄经济走廊，积极推进与俄罗斯贸易畅通、设施联通、资金融通、政策沟通和民心相通，全面扩大与俄罗斯国家部委和地方政府间的协调沟通，尽快使两方就跨境经济合作区建设达成共识,[①] 未来在继续推进与俄罗斯的合作上，吉林省强调要进一步加强与俄罗斯国家部委和地方政府间的协调沟通，尽快使两方就跨境经济合作区的建设达成共识，加快推进目前正在建设的中俄珲春—哈桑跨境经济合作区，推动吉林省与俄罗斯之间的产业合作，加快推动“滨海 2 号”国际运输走廊等通道建设。

（三）俄罗斯对远东地区开发积极性不断上升

近几年，俄罗斯政府不断加强对远东地区的关注，2012 年 5 月正式成立了远东发展部；2014 年俄罗斯制定并实施了《远东超前经济开发区相关法规》；2015 年 3 月《超前发展区法案》正式生效，并批准了远东地区第一批 3 个超前发展区，迄今已经批准了 14 个。这两部法案规定了促进远东地区发展的一系列优惠措施，这无疑为吉林省对俄经贸发展带来利好消息。俄罗斯政府对远东地区的发展给予了较大的经济上的自由度，为远东地区的发展注入了新动力。2017 年 7 月，俄联邦远东发展部部长亚历山大·加卢什卡与中国发改委主任何立峰签署了《关于共同开发“滨海 1 号”和“滨海 2 号”国际交通走廊的谅解备忘录》，这个备忘录预计，到 2030 年“滨海 2 号”国际交通走廊的货物吞吐潜能可达到 2300 万吨粮食，1500 万吨集装箱货物，项目投资规模 1700 亿卢布。[②] 2018 年 9 月13 日，俄罗斯滨海边疆区代理行政长官塔拉先科与中共吉林省委书记巴音朝鲁在符拉迪沃斯托克举行会谈时表示，希望与吉林省在钢铁、绿色食品、畜牧业等领域加强合作。

---

① 《沿中蒙俄开发开放经济带发展规划（2018 ~ 2025 年）》，吉林省发展和改革委员会网站，https：//www. yidaiyilu. gov. cn/zchj/dfzc/98763. htm，最后访问日期：2019 年 9 月 25 日。

② 《深化务实交流合作 推进地区繁荣发展》，人民网，http：//www. sohu. com/a/335788511_114731，最后访问日期：2019 年 9 月 25 日。

四　对策建议

（一）转变对俄投资思维，扩大与俄罗斯的双向投资

近年来，俄罗斯相继颁布了“超前发展区”“符拉迪沃斯托克自由港”“远东1公顷土地”等政策和降低能源费用、对外国游客实行电子签证等措施。俄罗斯远东发展部提出，将继续完善相关法律法规，营造良好投资环境，统筹规划促进远东地区全面协调发展，推进基础设施建设，加大监察执法力度，保障投资者权益等。俄远东地区法律法规的完善和投资环境的改善，以及重大基础设施项目的建设，保障了外商投资和经营活动的顺利实施。俄罗斯投资环境的不断改善，为我们开展对俄投资与俄罗斯发展经贸合作增添了更多的保障和信心。在对俄经贸投资合作中，我们应该转变思维，首先要深入了解俄罗斯经济政策、外商投资法律法规等相关政策机制的最新动态，深入了解对方的经济制度与政策环境。与此同时，考虑到俄罗斯自苏联解体以来经济一直不景气、市场环境比较混乱等情况，中方投资应该摒弃以往“出快拳”“赚快钱”的短线投机心理。在与俄罗斯的经贸往来中应该保持耐心，坚持长线投资，不急于追求眼前利益，立足长远，尤其要着重了解俄罗斯腹地投资环境。

（二）持续推进陆海联运通道建设

近几年，中俄边境通道建设取得了不俗的成绩，但是双边的运输承载能力和技术水平仍有很大的提升空间。2018年8月30日，吉林省政府发布《关于进一步优化区域协调发展空间布局的意见》对于促进两地基础设施、贸易通路建设提出了指引性建议，即要在交通、枢纽、物流等相关领域着眼大局，在强化与周边国家基建互通互联的同时，注重开展国际、省际的多式联运合作。同时要持续性推进“两路”（珲春—扎鲁比诺港口铁路、公路）、“两高”（北京—符拉迪沃斯托克高铁、珲春—符拉迪沃斯托克高速）、“两

港”（扎鲁比诺港新港建设、旧港改造）的建设工作，进而实现吉林省与俄罗斯两地双向多品类货物运输。[①] 通道的畅通可以促进各国各地区人员、物资和信息的快速高效流通，从而拉动地区经济的发展，提升区域的吸引力和竞争力。

（三）加强跨国旅游合作，简化相关手续

2019 年 3 月底，珲春口岸试通关成功，实现非边境地区享受中俄互免团体旅游从陆地边境口岸出境旅游，采用该旅游团自行打印名单表的方式，长春市成为试验区。近年来，跨境旅游成为居民消费的新增长点。珲春市东南部与俄罗斯远东地区边境线长达 230 多公里，具有天然的地缘优势。吉林省与俄罗斯的旅游资源有很强的互补性，如双方能够成立专业化的旅游信息交流机构、加强旅游地宣传、丰富旅游产品和形式、简化通关手续，吉林省对俄跨境旅游将得到大幅提升，有助于加深中俄两国友好往来与合作关系。

（四）加强与俄罗斯远东地区的农业合作，扩大对俄农产品出口

目前，俄罗斯的农产品仍大部分从国外进口，农产品价格也一直维持较高水平。事实上，我国已经成为俄远东地区农产品、食品的重要供应者，特别是在基础的蔬菜和水果方面。因此，我国与俄罗斯在农业生产、农产品加工等相关领域具有比较广的合作前景。

吉林省作为全国重要的商品粮基地，应该提升农产品质量，提升名优农产品影响力，扩大对俄农副产品出口。虽然吉林省粮食产量巨大，但是出口到俄罗斯的份额却不多。原因有以下几点。（1）一些农副产品质量不高，存在着诸如农药残留超标、以次充好等问题，在卫生检验检疫上与国际标准存在差距，造成了吉林省农产品在质量上国际竞争力较弱，影响对俄出口。

---

① 《吉林省：进一步优化区域协调发展空间布局》，《吉林日报》，http：//jl. people. com. cn/n2/2018/0905/c349771 -32017747 -2. html。

(2) 农产品宣传力度不足，吉林省在俄罗斯境内举办的商品展销会少，销售渠道不多，导致其农产品知名度很低。(3) 吉林省农畜产品深加工基地少，特别是符合国际标准的熟食加工企业更少。

2012 年 8 月，俄罗斯正式成为世贸组织第 156 个成员国。根据世贸组织相关协议，俄罗斯农产品的进口关税将从 13.2% 降至 10.8%。降低农产品进口关税无疑有助于增加吉林省粮食出口的收入。为进一步扩大吉林省农产品对俄的出口，创造更多的外汇收入。吉林省政府应该更多地研讨俄农产品市场状况及土地政策，以便为省内农民提供更好的信息资讯；引导农民更多地种植符合俄罗斯标准和市场需求的绿色、无公害粮食、蔬菜和水果，鼓励吉林省成熟的农畜产品加工企业更多地“走出去”，积极帮助这些企业宣传其产品，提高企业产品知名度，扩大销售。

五　结语

近年，中俄双边贸易额不断攀升，继 2018 年双边贸易额首次突破 1000 亿美元大关后，2019 年中俄贸易额又增长了 100 亿美元。特别引人注目的是，2019 年中国自俄罗斯进口农产品增幅超过 12%，中俄农产品贸易成为两国贸易的一大新增亮点。2020 年第一季度，中俄贸易额为 253.53 亿美元，同比增长 3.4%。中国对俄罗斯出口为 91.51 亿美元，同比下降 14.6%；自俄罗斯进口为 162.02 亿美元，同比增长 17.3%。[①] 当前世界经济发展速度放缓，各国纷纷出台贸易保护主义政策，逆全球化的趋势越发明显，中俄贸易逆势上扬，为接下来中俄两国加强经贸合作开启了良好的开端。2020 年 5 月，吉林省对俄铁路口岸首次进口“海洋班列”冷冻水产品近 390 万元，吉林省“铁海联运”体系不断完善，对推动本省发展海洋经济，进一步更好地融入“一带一路”建设具有积极意义。2020 年 1 月，

① 中国海关总署，http://search.customs.gov.cn/search/pcRender? pageId = f5261418ddc74f03b27e3590c531102b，最后访问日期：2020 年 6 月 3 日。

吉林省珲春市获批成为国家跨境电子商务综合试验区，在我国率先完成了海关总署全国统一版平台切换和实单过货，成为目前我国对俄跨境电商唯一陆路白关口岸。受新冠肺炎疫情影响，2020 年吉林省对俄经贸合作势必受到一定的冲击，但可以预见吉林省对俄经贸合作的长期趋势仍然是积极向好的。

B.20
辽宁省对俄经贸合作形势分析与预测

周延丽*

摘　要： 俄罗斯是辽宁省对外开放的重要方向，是深耕对外关系的主要国家之一，深化对俄合作是辽宁省必选课题。2019 年辽宁省对俄贸易稳中略降，投资合作投出多引进少。在中俄地方合作交流年背景下，辽宁省对俄经贸和文化活动丰富多彩，形式多样。整体上，辽宁省对俄贸易合作存在规模仍偏小、港铁联运中欧班列的通道优势发挥不稳定、对俄投资合作能力相对不足等问题。在对俄合作区位优势持续放大、平台建设不断完善、新的合作领域不断发展背景下，辽宁省应通过扩大对俄进出口贸易规模、打造诚信企业联盟、积极推进对俄海铁联运贸易通道建设、深化对俄农业和渔业合作、推进“别雷拉斯特物流中心”项目、“中俄粮食走廊”项目建设和加强与俄罗斯人文合作，进一步提高对俄合作水平。2020 年，在全球突发新冠肺炎疫情的背景下，辽宁省对俄罗斯经济合作依然保持谨慎乐观信心。

关键词： 辽宁省　俄罗斯　经贸合作

* 周延丽，辽宁省社会科学院产业经济研究所俄罗斯问题研究中心主任、所研究员。

一 辽宁省对俄经贸合作现状分析

（一）辽宁省对俄贸易平稳发展

从2014年开始，辽宁省对俄贸易发展态势趋好，2015年和2016年实现对俄贸易额分别为30.1亿美元和32.5亿美元，同比增长24%和8%，占全省对外贸易额的比重为3%和3.75%，在全国对俄贸易额排名中从第十一位上升至第八位。2016年辽宁省对俄贸易额占全国对俄贸易额的4.92%，2017年辽宁省对俄进出口额279.2亿元人民币，同比增长30%，占全省进出口总额的4.1%，创历史新高。其中，对俄出口额62.6亿元人民币，同比增长20%，自俄罗斯进口额216.6亿元人民币，同比增长33%。2018年辽宁省对俄进出口总额实现269.9亿元人民币，同比下降3.34%；占全省进出口总额的3.6%。其中，对俄出口72.3亿元人民币，同比增长15.5%；进口197.6亿元人民币，同比下降8.8%。2019年辽宁省对俄进出口总额实现241.4亿元人民币，同比下降10.5%；占全省进出口总额的3.3%。其中，对俄出口总额78.8亿元人民币，同比增长9%；进口总额162.6亿元人民币，同比下降17.7%，占全省进口总值的3.9%。自俄进口产品主要是水海产品、原油、天然气、煤炭、木材及其制品，对俄出口产品主要是机电产品、服装、农产品、镁制品和钢材等。2020年1~2月，辽宁省自俄进口额31.3亿元人民币，同比增长7.9%，对俄出口额7.7亿元人民币，同比下降42.9%。

（二）对俄投资合作仍是投出多引进少

据辽宁省商务厅相关资料显示，截至2018年，辽宁省累计备案（核准）对俄罗斯投资企业190家，协议投资总额24.3亿美元，中方投资额21.3亿美元。2019年辽宁省累计备案（核准）对俄罗斯投资企业5家，协议投资总额2394.4万美元，中方投资额2428.8万美元（因为有企业境外股东撤资协议投资总额小于中方投资额），主要投资领域为制造业、农林牧渔业、采矿业等。截至 2018 年底，俄罗斯累计在辽宁省设立外商投资企业 52 家，实际投资 1.6 亿美元。2019 年 1 ~4 月，俄罗斯在辽宁设立外商投资企业 3 家，没有实际投资额。2020 年第一季度辽宁省累计备案（核准）对俄罗斯投资企业 1 家，协议投资总额 432.6 万美元，中方投资额 432.6 万美元。2020 年 1 ~3 月，俄罗斯在辽宁新设外资企业 2 家，无实际投资额。辽宁省对俄投资主要项目，一是辽宁沃夫石油装备有限公司设立黄金时代石油天然气有限公司（2.97 亿美元）；二是辽宁沃夫石油装备有限公司设立海城钻探服务有限公司（2 亿美元）；三是辽宁港湾金控发展有限公司（营口港集团全资子公司）与俄铁合资建立俄罗斯别雷拉斯特物流运输中心（3201 万美元）。俄罗斯对辽宁省投资企业主要包括：一是吉诺尔（营口）耐火材料有限责任公司，累计投资 530 万美元，主要从事耐火陶瓷品及其他耐火材料制造；二是营口通联电子设备有限公司，累计投资 402 万美元，主要从事应用软件开发；三是营口金泓源镁铝陶瓷制品及其他耐火材料制造。

（三）中俄地方合作交流年辽宁省概况

2019 年是中俄建交 70 周年，也是中俄地方合作交流年，在这个大背景下，辽宁省举办了丰富多彩、形式多样的经贸和文化活动。

2018 年 11 月，中国科学院牵头成立“一带一路”国际科学组织联盟（ANSO）。2019 年 7 月，中国科学院院长白春礼与俄罗斯科学院院长谢尔盖耶夫签署了《中国科学院和俄罗斯科学院科学、科研创新合作路线图》（以下简称《中俄科学院合作路线图》）。同年 7 月，中科院沈阳分院接待了来访的俄罗斯科学家，共同会商科技合作。沈阳分院将在习近平总书记“一带一路”倡议、ANSO 和《中俄科学院合作路线图》等框架的指引下，共同推动与“一带一路”沿线国家科研机构的合作，努力打造创新、绿色的合作发展之路。希望双方未来能够在区域性创新平台、联合实验室建设等方面加强合作，将外国技术与中国技术融合互补发展，将外国成果推介与沈阳分院打造的区域性科技合作网络体系有效结合，共同推动科技成果在辽沈地区转移转化，实现双方共赢可持续合作。

2018 年 11 月，沈阳音乐学院代表团出访俄罗斯多所音乐高校，举办音乐会，签订合作协议，为未来深入合作奠定基础。

2019 年 6 月，俄罗斯 2 台先进核电机组优先落户辽宁省兴城市徐大堡核电站，将分别于 2021 年和 2022 年开工建设。

2019 年 8 月，沈阳师范大学承办了由商务部主办的“2019 年俄语国家大学校长研修班”，来自俄罗斯、白俄罗斯、乌兹别克斯坦、哈萨克斯坦、吉尔吉斯斯坦和乌克兰 6 个国家 23 所高校的 25 名校长及相关教育官员参加研修。同时，“研修班”一行 25 名校长赴沈阳工学院参观调研，并与该学院达成校际合作协议，联合在沈阳举办大学生艺术节。

2019 年 8 月 9 日，沈阳举办了为期一个月的八卦街首届俄罗斯风情文化节，俄罗斯歌舞表演、商品及美食现场制作和销售吸引了大批市民，广场花车巡游活动和俄罗斯街头艺人表演更是使人们沉浸在浓浓的俄罗斯文化氛围中。通过举办俄罗斯风情文化节，沈阳续写了对俄交流合作的历史传统，进一步发挥了对俄文化交流“桥头堡”的战略作用，创新了对俄文化交流合作的方式，提升了双方民众对中俄战略合作、人文交流、友谊交往的认知度和参与度，增进了两国民间亲和力。

2019 年 10 月，大连海洋大学作为海上交通领域的重要涉海高校，应邀加入了中俄交通大学校长联盟，并与俄罗斯马卡洛夫国立海事大学签署了合作框架协议。

2019 年 11 月 29 日，沈阳市政府外办、市工商联组织企业拜会俄罗斯驻沈阳总领馆，双方相互推介了开拓对方市场的计划和项目，俄领馆解答了中方企业关注的诸如在俄注册公司及承包土地等相关问题，并表示拟在 2020 年重点推动沈阳与俄罗斯的 3 个友城乌法市、新西伯利亚市、伊尔库茨克市之间的全方位交流与合作。未来 3 ~ 5 年，俄罗斯将开通电子签证，实现人员往来便利化，俄领馆将为赴俄罗斯投资的企业家们提供签证便利。

鞍山汤岗子温泉一直受到俄罗斯游客的喜爱。从 2005 年开始，鞍山汤岗子医院集中力量全面开发俄罗斯市场，至今共赴俄罗斯 30 余次，足迹遍及俄罗斯全境，在俄罗斯50多个城市，以“走出去请进来”的方式举办了上百场推介说明会，定时更新网站，发布医院最新医疗信息和优惠活动，并通过境外媒体、广告、会展、义诊、学术交流等多种渠道开展市场营销活动，越来越多的俄罗斯游客喜欢上汤岗子温泉。截至目前，汤岗子温泉共吸引俄罗斯患者和游客8万余人次，是辽宁省内吸引俄罗斯患者和游客最多的地方。鞍山市推动西柳市场等重点企业与“一带一路”沿线国家开展经贸合作，俄罗斯赤塔西柳分市场正在筹备中。

营口市政府与俄罗斯亚太研究中心战略合作签约暨俄罗斯蒙古国企业入驻营口自贸区启动仪式于2019年9月28日在辽宁自贸区营口片区举行，首批55家俄罗斯企业正式落户营口片区，双方将在农产品、食品、海产品、矿产品等领域加大合作力度。

位于辽宁（丹东）仪器仪表产业基地的丹东瑞银科技有限公司多年来一直开展对俄科技合作，该公司是东北唯一一家自主研发、生产、销售平板电脑的科技型企业，在安全防护技术应用领域具有较强的科技实力，2019年5月，与俄罗斯科学院科尼亚夫斯基·瓦列里院士正式签署了“信息安全产品研发合作框架协议”。

二　辽宁省对俄经贸合作存在的问题

（一）辽宁省对俄贸易合作规模仍偏小

2018年，辽宁省对俄贸易进出口总额270亿元人民币，仅是同期黑龙江对俄贸易进出口总额的22%，不到1/4，占辽宁省2018年对外贸易进出口总额7545.9亿元的3.6%，对辽宁外贸的贡献不大。与辽宁主要贸易伙伴比较，2018年，辽宁省对欧盟进出口1343.2亿元人民币，对日本进出口1077.3亿元，对美国进出口735.3亿元，辽宁对俄贸易只是其的20%、25%和36%。2018年辽宁对俄出口实现72.3亿元，虽然实现较高增幅，同比增长12.4%，但只是对日本出口额647.0亿元的11%，是对欧盟（28

国）出口额450.2亿元的16%，是对美国出口额385.3亿元的19%，是对韩国出口额315.1亿元的23%。在传统对俄合作前沿地带的东北地区中，辽宁省作为经济大省、外贸大省，其对俄合作的地位和作用与引领东三省对外开放的要求差距较大，辽宁省对俄合作带动东北振兴发展作用不明显。

（二）辽宁省港铁联运中欧班列通道优势发挥不稳定

辽宁省是东北地区重要的沿海沿边省份，有6大对外开放港口。同时，大连市和营口市还是国家海关批复的国际多式联运试点城市。近年来，辽宁大连港、营口港经过满洲里到欧洲的中欧班列运输通道（“辽满欧”）对推动辽宁省参与中蒙俄经济走廊、17+1中东欧合作起到促进作用。2017年，中欧班列货运共形成20个固定班列次，直通俄罗斯（莫斯科、伊尔库茨克、新西伯利亚）、白俄罗斯（岑特罗利特、布列斯特、罗斯托克）、波兰（华沙）、德国（汉堡、杜伊斯堡）、捷克（布拉格）、乌克兰（基辅）、斯洛伐克（布拉迪斯拉发）7个国家的12座城市。拥有大连港始发的“中白工业园班列”“三星班列”全冷藏集装箱过境班列等特色班列，营口港始发的是东北地区开展时间最早、国内唯一的市场化运作的中欧班列。但是，进入2018年以来，由于国内其他省区市加大政府财政对地区中欧班列的补贴力度，加之辽宁省港口整合，使得大连和营口的中欧班列运营遇到了极大的困难。目前，大连港和营口港除了与部分有补贴的场站地区合作组织货源以外，从大连港和营口港发出的中欧班列运量明显下降。各地“中欧班列”竞发，在大发展初期中欧班列存在诸如综合运输成本偏高、无序竞争时有发生、供需对接不充分、通关便利化有待提升，以及沿线交通基础设施和配套服务支撑能力不足等问题，缺少补贴的“营满欧”面临困境并非辽宁独有。

（三）辽宁对俄投资合作能力相对不足

辽宁是沿边沿海开放省份，在融入“一带一路”、参与中蒙俄经济走廊建设以及对俄罗斯及其远东地区合作等对外合作方向上，还存在着优势产业合作不显著、复制推广省内国家级经济开发区经验、在俄罗斯建立境外经贸合作区的工作进展缓慢等不足，企业走出去对俄合作产业集成能力不足，常常是单打独斗，不能形成产业聚集合作共赢的良性发展局面，对外经济辐射带动作用不够。

三　辽宁省对俄经贸合作形势展望

（一）战略引领政策支持

2018 年上半年，辽宁省印发了《中共辽宁省委 辽宁省人民政府关于加快构建开放新格局以全面开放引领全面振兴的意见》，指出辽宁既沿海又沿边，是东北地区唯一的沿海省份和出海大通道，是中国对接东北亚、沟通欧亚大陆桥的前沿地带，加快全面开放是推动辽宁全面振兴的战略抉择；2018 年 8 月，《辽宁“一带一路”综合试验区建设总体方案》发布，在辽宁全域范围内，开启了以“一带一路”倡议引领全面开放、推动全面振兴的高质量发展新时期；2019 年年初，《辽宁省人民政府办公厅关于扩大进口促进对外贸易平衡发展的实施意见》下发，为此全省召开商务工作会议，对提升对外开放合作水平进行再部署、再动员。2018 年，辽宁省设立了全面开放专项资金，2018 ~2022 年，辽宁省财政每年将安排 3.5 亿元资金，重点支持外贸结构调整和转型升级，培育外贸新业态新模式，提高服务贸易水平。2019 年 9 月 26 日，《辽宁省人民政府关于加快推进东北亚经贸合作打造对外开放新前沿的意见》颁布，关于对俄合作方面，提出了总体思路、具体任务和保障措施，保持中欧班列市场化可持续运营，增加对俄远东城市国际通航水平，在“重点项目清单”中列出了徐大堡核电二期、中俄粮食走廊及营口港—莫斯科别雷拉斯特物流中心等项目。

（二）区位优势持续放大，平台建设不断完善

独特的区位优势使辽宁在中国北方成为连接亚欧通道的重要出海口，2019 年是辽宁港口集团开局之年，整合后的辽宁港口集团以打造世界一流

强港为发展目标，在大连港和营口港的带动下，各港口以新的运行机制和全新的姿态不断成为辽宁对外开放和招商引资的硬件平台，与辽宁自贸试验区互为依托形成合力，跨境铁路通道和国际多式海铁联运物流大通道将成为辽宁高水平开放的主要发展方向。2019 年 7 月 24 日，由德国雷根斯堡始发，搭载 88 个标准集装箱的中欧班列满载汽车零件、机械设备、电子产品等商品驶入沈阳东站，这些商品将为华晨宝马、米其林轮胎等公司的沈阳工厂提供配件支持。大连港作为东北地区唯一被列入国家“一带一路”建设的港口，重点推动以“辽满欧”通道为核心的中欧班列服务体系建设，构建起丰富的中欧班列网络，形成了连接欧亚的“辽满欧”“辽海欧”“辽蒙欧”等，优化辽宁中欧班列资源，探索集团化改革发展，创建辽宁中欧班列集结中心，创办多式联运海关监管平台，提升中欧班列运行效率效益，协调满洲里口岸及俄罗斯、欧洲沿途通关便利化，推进市场化发展和品牌化建设，多点开发辽宁中欧班列俄罗斯及欧洲货源集散站，稳定去回程双向运量，促进可持续发展。目前，“沈满欧”已实现俄罗斯、欧洲两条“一带一路”国际货运线常态化运行，并吸引周边货源搭乘，货源地集中在辽沈地区、华东、华南、京津冀地区。随着“沈满欧”的常态化运行，辽宁自贸试验区与欧洲之间的经济贸易往来双向“快车道”初步搭建。以省内港口为陆海中转港，在东北亚经济合作大潮新形势下开创并做大“日辽欧”“韩辽欧”等海铁联运集装箱班列新品牌。充分利用港口优势，积极融入海上丝绸之路和冰上丝绸之路建设，支持大连、营口等主要港口稳定运营“辽海欧”北极东北航道，夯实我国北方港口经北冰洋至欧洲新的海上运输通道，可以利用大连市与俄符拉迪沃斯托克市建立友好城市的关系，大力发展海上运输合作。

据中俄资讯网 2020 年 4 月 14 日报道，由辽宁港口集团和俄罗斯铁路股份公司共同出资建设的中俄两国首个大型物流基础设施合作项目莫斯科别雷拉斯特物流中心正式获批设立海关。在当前疫情隔断国际海运航运的情况下，中欧班列一枝独秀挑起了中欧贸易合作的重任，别雷拉斯特物流中心海关设立后，该中心作为辽宁向北开放的海外窗口，将极大改善辽俄贸易条件，对促进辽宁乃至全国中欧班列运输发挥积极作用。

（三）辽宁省对俄科技合作将引领双方经济合作

2019 年 6 月，中俄两国元首在俄罗斯共同签署联合声明，宣布两国关系进入“全面战略协作伙伴关系的新时代”，并将 2020 年和 2021 年确定为“中俄科技创新年”。

2019 年 10 月，由辽宁省科学技术厅指导，沈阳市科学技术局、沈阳市和平区人民政府和东北大学共同主办，启迪三好街科技园与三好众创空间共同承办的“一带一路”俄罗斯工业技术展在沈阳举办，该展会是俄罗斯三大工业技术展会之一——新西伯利亚工业技术展在中国的姊妹展，是迄今为止在辽沈地区举办的最大规模的对俄展会。此次展会获得了包括俄罗斯科学院西伯利亚分院、乌拉尔分院和中科院沈阳分院、东北大学在内的 30 多家国内外知名科学院所和大学的支持。40 多位俄方专家的技术成果和产品，以及中俄合作项目共 100 余项参展。展出的工业技术产品集中在高端材料和先进制造两大领域，囊括了俄罗斯科学院院士、教授团队的前沿研究成果，包括超宽带微波探地雷达、机器人挖掘机、固体氧化物燃料电池、抑制循环流化床煤气化炉等一批在中国市场上具有极高投资价值的高新技术项目。同时，为了加速俄罗斯创新成果在沈阳落地，在启迪中俄技术转化创新基地的基础上，成立了中俄院士创新中心，该中心对搭建中俄两国在科技领域的交流合作平台，助力沈阳建设东北亚科创中心将起到重要的推动作用。在中心挂牌当天即与俄罗斯人才项目进行了集中签约，首批签约中俄院士 9 人，俄罗斯高校和科研院所 28 家，教授及高级研究员 62 人，重点推介项目 143 项，合作中俄企业 200 余家，项目库项目总数超过 500 余项。

2019 年 10 月下旬，一批来自俄罗斯鄂木斯克的青年创客和青年企业家在营口进行经贸合作交流、企业观摩和文化体验等活动，19 个企业间国际项目达成合作意向，涉及创新创业孵化器合作、人工机器人、进口农产品食品商贸、汽保产业、文化创意产品合作等多个领域。

今天的科技投入就是明天产业的竞争力，高新技术是产业转型的发力引擎，东北经济振兴离不开科技创新的引领，在对俄科技创新合作中辽宁一直在努力。

（四）辽宁经济正在发生新变化

作为东北经济半壁江山的辽宁，经济增速已连续7个季度保持在5%以上，与全国平均水平的差距在逐渐缩小。辽宁省经济2017年筑底企稳，2018年稳中向好发展，全省地区生产总值2.53万亿元人民币，比2017年增长5.6%左右。当年规模以上工业增加值增长9.8%，提高5.4个百分点，增速居全国第三位。2018年，辽宁省货物贸易进出口规模再创历史新高，进出口总值达7545.9亿元，占全国进出口总值的2.5%，进出口总值与2017年相比增长11.8%，增速高于全国平均水平2.1个百分点。政策方面出台了一系列推动经济发展的支持措施，以全面开放引领全面振兴的40条意见，不断加快国际贸易“单一窗口”建设，增设自贸试验区服务专口等。近年来，东北一批新产业、新动能加速成长。2019年前三季度，黑龙江、辽宁两省的高技术制造业增加值同比分别增长12.3%和25%，远高于工业增速。其中新能源汽车、机器人、卫星、新材料等产业表现抢眼，一批“小巨人”和“隐形冠军”企业悄然长大。

沈阳市商务局发布的数据显示，自国家提出“一带一路”倡议以来，沈阳主动与沿线的67个国家开展经贸合作，投资境外项目59个，协议投资额5.5亿美元，承揽对外承包工程139个，新签合同额25.4亿美元。其中2018年通过鼓励企业积极参与国际产能合作及境外园区建设，对“一带一路”沿线国家及地区投资项目达12个，协议投资额2.5亿美元，同比增长105.6%，新签对外承包工程项目与劳务合作项目249个，合同额12.9亿美元，增长36.3%。沈阳市与俄罗斯中俄商会签署战略合作协议，积极拓展俄罗斯市场。

辽宁有强大的加工俄油的生产能力，2019年前11个月，辽阳石化累计加工原油763万吨，不断优化原油加工增效改造项目催化裂化装置“烟机—主风机—电机”，将耗电状态转变为发电状态，其结果是每年可产生经济效益约1550万元人民币。

四 深化辽宁省对俄经贸合作的对策建议

（一）扩大对俄进出口贸易规模

2019 年 8 月 26 日召开的中央财经委员会第五次会议强调，东北地区要打造对外开放新前沿，辽宁省将面向东北亚“新棋局”。《辽宁省人民政府关于加快推进东北亚经贸合作打造对外开放新前沿的意见》明确了辽宁省对外开放的总体思路和重点任务，推动辽宁优势产业和特色农产品出口日本、韩国和俄罗斯。辽宁省应依托中俄博览会、中国国际进口博览会等平台积极组织省内企业参展和洽谈，组织省内装备制造、钢铁冶金、石油化工、农林机械及涉海产业等各类优势行业开展推介洽谈活动，加大推动对俄机电产品、化工产品、矿物材料制品等优势出口商品的支持力度，进一步扩大辽宁省对俄进出口贸易规模。

（二）打造诚信企业联盟

中俄地方政府间定期会晤机制应多增加为地方企业服务内容，保持 2018 年和 2019 年地方合作交流年合作势头，并在此基础上继续加深合作。中俄双方应联合建立诚信企业联盟，在立项、初创、推进、产出及销售等环节严格自律并互相促进，不断完善项目执行过程中障碍解决协调机制，健全企业信息和法律等服务体系，确保落地项目平安生长，对恶意破坏企业合作的组织和个人实行问责制。

（三）积极推进对俄海铁联运贸易通道建设

依托大连港、营口港推动辽宁对俄海铁联运贸易大通道建设工作。加大对辽宁港口集团协调力度，巩固“辽满欧”海铁联运大通道建设。在融入“一带一路”大背景下，不仅要深耕日韩俄，还要连通日韩俄。辽宁省需要出台能够吸引周边各地货运集结的支持政策，强化核心竞争力，特色化经营，未来中欧班列有向以水铁联运为代表的多式联运发展的趋势，辽宁恰好有这方面的优势，应该充分利用。中欧班列向东，除了与国内的海港发展“多式联运”外，近几年来，国内相关城市还将目光瞄向日韩，希望中欧班列也能成为其对欧洲的货物运输新通道。辽宁省位居东北亚经济圈中心，占尽地缘先机，方便集结日本、韩国的货物，发往欧洲和中亚。别雷拉斯特物流中心正式设立海关后，辽宁省增加了对俄罗斯及欧亚经济联盟经济合作的对接平台，将更深度融入“一带一路”建设，立足莫斯科辐射欧洲，辽俄联动积极打造绿色海关试点，提高中俄、中欧贸易物流合作效率和水平。

（四）深化对俄农业和渔业合作

深耕俄罗斯市场，辽宁应加强对俄农业经济合作，这不仅适合辽宁产业结构，而且与俄罗斯改变单一依靠能源出口意图相契合。近几年，中俄农业领域的合作令人瞩目，辽宁也是农业大省，大连的苹果、丹东的草莓都是对俄出口的传统优质品牌。近几年，大连地区的肉鸡产业已经跃升为优势产业，2018 年肉鸡养殖基地生产总值达 150 亿元，主要生产企业 39 家，瓦房店市已成为辽宁省主要的肉鸡生产集散地，肉鸡产业规模及就业人数名列全国县级市之首，部分肉鸡产品出口至越南、俄罗斯等国家和地区。应鼓励辽宁省辽渔集团有限公司、东方渔业等大型海产企业对俄远东海域渔业进行开发和海产养殖合作。

（五）大力推进辽宁省“中俄粮食走廊”项目建设

“中俄粮食走廊”项目是适应新时代发展的需要，将传统产业与新兴产业有机融合发展的新型产业项目。在生产一端，项目方在俄远东及贝加尔地区等粮食生产区设立“俄中农工产业经济贸易合作区”。“俄中农工产业经济贸易合作区”联合新疆生产建设兵团及黑龙江农垦集团等单位，计划每年在俄罗斯上千万公顷的农耕土地上合作生产 2000 万吨粮食并通过铁路运输至营口港和营口综合保税区，以辽宁自贸区营口片区作为总部基地，通过加工贸易、跨境电商等方式直接将俄罗斯原产地粮食销售并配送给普通消费者，营造“从田间到餐桌”的粮食安全新产业链。在销售一端，搭建将于近期上线运行的“极地粮仓”跨境电子商务平台，打造俄罗斯粮食在华的采购、储运、加工、销售中心，形成“中俄粮食数字经济走廊”项目，同时项目已经着手在全国范围内铺设“极地粮铺”电子销售终端，首期拟上线销售数千款食品，并将在营口自贸区落地进口商品展示销售中心。届时，中欧数字经济发展中心（营口）有限公司等中俄双方相关合作伙伴将在营口自贸区联动全国100多个城市的1000多个社区同步启动。

已经纳入中俄两国总理定期会晤委员会支持的“中俄粮食数字经济走廊”项目借助大数据创新科技系统，以中俄地区合作发展投资基金以及国家发展改革委员会支持的俄中农工产业发展基金和极地粮仓（App）跨境电子商务平台为基础，不仅将俄罗斯优质有机的农产品引进来，而且将国内优质轻工产品销往俄罗斯及“一带一路”沿线国家和地区，未来将以其长期持续的贸易服务为基点，适时向其上游生产及下游加工环节延伸系统服务。

此外，还应继续巩固和加强辽宁省与俄罗斯的人文合作，推进友城、教育、科技、文化、体育等领域的合作关系，增进两国人民的亲和力，为辽宁省扩大对俄合作夯实人文基础。

B.21

内蒙古自治区对俄经贸合作形势分析与预测

范丽君　曲　锋*

摘　要： 2018年以来，在国家和内蒙古自治区高质量发展理念引领下，内蒙古自治区深化区情认识，调整发展思路，寻找对外合作高质量发展的新坐标，把区位优势转化为开放优势，以高质量推动内蒙古自治区对外经济合作，积极参与2018年中俄地方合作交流年与俄罗斯达成的合作项目。2019年，内蒙古自治区对俄经贸合作数量上稳中有升，质量上有新突破。

关键词： 内蒙古自治区　俄罗斯　对俄合作　经贸合作

党的十九大报告明确提出，我国经济已由高速增长阶段转向高质量发展阶段。2017年12月召开的中央经济工作会议指出，推动高质量发展是当前和今后一个时期的发展思路，是制定经济政策、实施宏观调控的根本要求。"高质量发展"不仅是中国未来经济建设的核心词、关键词，也是我国"一带一路"推动国际合作的高频词。新时代，中国要以高质量发展标准"走出去"，参与国际合作、国际竞争。

作为向北开放的重要窗口，内蒙古自治区深化区情认识，调整发展思路，

* 范丽君，内蒙古自治区社会科学院俄罗斯与蒙古国研究所（内蒙古自治区"一带一路"研究所）研究员；曲锋，内蒙古自治区社会科学院俄罗斯与蒙古国研究所（内蒙古自治区"一带一路"研究所）副研究员。

寻找对外合作高质量发展的新坐标，把区位优势转化为开放优势、发展优势，充分发挥国家向北开放重要支撑区、合作区的作用，以高质量推动内蒙古自治区对外经济合作，特别是与俄罗斯、蒙古国这两个北部邻国的合作。

一　内蒙古自治区对外经贸关系稳中有进

在国家、自治区高质量发展理念的引领下，加之中俄地方合作交流年给内蒙古自治区带来的新机遇，2018 年以来，有不少资源转化增值率高的高新技术企业落户内蒙古，内蒙古经济保持“总体平稳、稳中有进、稳中向好”的发展势头。

（一）自治区对外贸易总体保持上升态势

2017 年，内蒙古自治区对外贸易总额达 942.42 亿元，同比增长 22.8%。2018 年，进出口额首次突破千亿，达 1034.4 亿元，同比增长 9.9%。2019 年，内蒙古进出口总额 1046.9 亿元，同比增长 5.9%（见表 1），进出口贸易增速高于同期全国外贸增速 2.5 个百分点。① 商务厅调研时提供数据显示，2019 年，内蒙古自治区口岸进出境货运量 9102.01 万吨，同比下降 0.3%。其中入境货运量 6932.39 万吨，同比增长 3.7%；出境货运量 958.32 万吨，同比下降 23.9%；转口货运量 1211.3 万吨，同比增长 1.8%。

表 1　2017 ~ 2020 年 1 ~ 3 月内蒙古自治区进出口情况

单位：亿元，%

年份	进出口总额	增长	进口额	增长	出口额	增长
2017 年	942.42	22.8	607.67	27.8	334.75	15.8
2018 年	1034.4	9.9	655.7	7.9	378.7	13.1

① 《2019 年内蒙古自治区对“一带一路”沿线国家外贸小幅增长》，呼和浩特海关网，http://www.customs.gov.cn/hhht_customs/566209/566243/566243/2850434/index.html，最后访问日期：2020 年 6 月 28 日。

续表

年份	进出口总额	增长	进口额	增长	出口额	增长
2019 年	1046.9	1.2	718.9	9.5	328	3.9
2020 年 1～3 月	254.3	-4.0	172.8	0.2	81.5	-11.8

资料来源：根据内蒙古自治区政府网、商务厅、呼和浩特市海关网公布数据整理。

（二）一般贸易仍是主要贸易方式，加工贸易比重较低

2017 年和 2018 年内蒙古一般贸易总值均超 500 亿元，分别增长 25.1% 和 8.8%，占贸易总值的 50%。2019 年一般贸易总值 668 亿元，增长 14.7%，占比达 61%，比 2018 年增加 11 个百分点。

2017 年和 2018 年，自治区边境小额贸易进出口总额均超 300 亿元。2019 年，自治区边境小额贸易总额 306.2 亿元，同比降低 3.5%，2018～2019 年，内蒙古自治区进出口加工贸易保持了较快增长，但占比仍然较低（见表 2）。

表 2　2017～2019 年、2020 年 1～3 月内蒙古自治区贸易按贸易方式分类情况

单位：亿元，%

贸易方式	2017 年		2018 年		2019 年		2020 年 1～3 月	
一般贸易	总值	增长	总值	增长	总值	增长	总值	增长
	535.3	25.1	582.14	8.8	668	14.7	188.9	15.9
边境小额贸易	总值	增长	总值	增长	总值	增长	总值	增长
	302.9	45.4	317.26	4.7	306.2	-3.5	45.4	-33.1
加工贸易	总值	增长	总值	增长	总值	增长	总值	增长
	22.7	-29.1	41.25	81.7	24.3	-41.1	3.4	-145.3

资料来源：根据内蒙古自治区政府网、商务厅、呼和浩特市海关网公布数据整理。

（三）民营企业仍占对外贸易主导地位

近年来，自治区民营企业对外贸易占比在 70% 以上（见表 3）。2017 年和 2018 年贸易额均超过 700 亿元，并且保持稳定增长。2018 年以来，国有企业对外贸易快速增长，2019 年占比达 22.4%。通过对自治区商务厅和口

岸办及重点口岸调研了解到，中小型民营企业在内蒙古自治区对外贸易中仍发挥重要作用，是自治区对外贸易的“主力军”。对外投资主要集中在蒙古国和俄罗斯。2017 年自治区对俄投资企业 17 家，协议价格为 2.4 亿美元；2018 年对俄投资企业 15 家，投资项目 207 个，中方投资协议价格为 13.89 亿美元。2019 年内蒙古对俄罗斯备案项目 22 个，同比增加了 7 个，协议投资额度为 1.95 亿美元，同比下降 12.5%，投资领域主要涉及采矿业、森林采伐和木材加工业、房地产业、建筑业、制造业、批发零售业、农牧业、服务业等，投资主体以民营企业为主。

表 3　2017～2019 年、2020 年 1～3 月内蒙古自治区贸易按企业性质分类情况

单位：亿元，%

企业性质	2017 年			2018 年			2019 年			2020 年 1～3 月		
民营企业	总额	增长	占比	总额	增长	占比	总额	增长	占比	总额	增长	占比
	715.9	32.1	75.9	742.59	3.7	71.8	777.2	4.7	70.9	162.7	-11.1	64.0
国有企业	总额	增长	占比	总额	增长	占比	总额	增长	占比	总额	增长	占比
	153.1	-3.2	16.2	212.37	38.7	20.5	245.5	15.6	22.4	72.7	14.1	28.6
外商投资企业	总额	增长	占比	总额	增长	占比	总额	增长	占比	总额	增长	占比
	70.9	6.9	7.5	72.79	2.7	6.9	65.5	-10	6.0	18	4.9	7.1

资料来源：根据内蒙古自治区政府网、商务厅、呼和浩特市海关网公布数据整理。

（四）与“一带一路”沿线国家贸易持续增长

据呼和浩特市海关数据显示，2018 年内蒙古自治区同“一带一路”沿线国家贸易额为 699.3 亿元，同比增长 14.6%，占同期外贸进出口总额的 67.6%，高于我国同期对“一带一路”沿线国家外贸增速 1.3 个百分点。2019 年，自治区对“一带一路”沿线国家贸易额达 711.2 亿元，增长 1.7%，占比 64.9%。

（五）始发中欧班列数量增幅小，占比微弱

目前，中欧班列已形成辐射全国、全方位互联的高效物流通道。2018

年，从内蒙古过境的中欧班列2850列次，占全国近50%。[①] 满洲里口岸是中国最大陆路口岸，2018年，经满洲里铁路口岸进出境中欧班列达1801列次，同比增长38%。2019年，经满洲里口岸进出境中欧班列达2167列，同比增长20.3%；集装箱18.47万标箱，同比增长25%；货值260.93亿元，同比增长3.7%。目前，以满洲里口岸为枢纽的出入境中欧班列达57条，开行数量连续3年增幅超20%。截至2020年5月23日，2020年经由满洲里站进出境的中欧班列突破1100列。经调研发现，由内蒙古地区始发，经满洲里出入境班列有“满俄欧”、“通满欧”和“赤满欧”三条，每年出入百余次，所占比重仅为5%左右。

二　内蒙古自治区对俄经贸发展平稳

多年来，内蒙古自治区对俄贸易主要集中在呼伦贝尔市、满洲里市和兴安盟边境旗县。黑山头、室韦口岸开设边境互贸区以后，促进了边民间的贸易往来，但由于边民人数少，地方经济发展水平低，贸易量非常小。

内蒙古自治区与俄罗斯贸易额在中欧班列开通后，内蒙古自治区对俄贸易额有所下降。2018年，自治区对俄贸易总额197亿元，下降4.3%，占自治区对外贸易总额的19%。尽管有所下降，但俄罗斯仍是自治区第二大贸易伙伴。2019年，自治区对俄贸易总额184.9亿元，比2018年下降6.1%，占比降至16.9%（见表4）。

表4　内蒙古自治区主要贸易伙伴

单位：亿元，%

国家	2017年			2018年			2019年		
	总额	增长	占比	总额	增长	占比	总额	增长	占比
蒙古国	264.5	42.5	28.1	327.7	23.9	31.7	352.5	7.6	32.2

① 中国新闻网，http://www.chinanews.com/gn/2019/06-21/8871237.shtml。

续表

国家	2017 年			2018 年			2019 年		
俄罗斯	总额	增长	占比	总额	增长	占比	总额	增长	占比
	205.9	12.4	21.8	197	-4.3	19	184.9	-6.1	16.9

资料来源：根据内蒙古自治区政府网、商务厅、呼和浩特市海关网公布数据整理。

作为自治区对俄经贸合作的前沿地区，呼伦贝尔市和满洲里市对俄贸易有所回落，但仍是主要承载区。2017 年两市对俄贸易总额分别为 206.85 亿元和 181.5 亿元；2018 年降至 188.63 亿元和 164.14 亿元，降幅分别为 8.8% 和 9.6%。2019 年，两市对俄贸易额与 2018 年同期相比进一步减少，降幅分别为 10.9% 和 13.1%（见表 5）。

表 5　呼伦贝尔市、满洲里市对俄贸易情况

单位：亿元，%

城市	2018 年		2019 年	
呼伦贝尔市	总值	增长	总值	增长
	188.63	-8.8	168	-10.9
满洲里市	总值	增长	总值	增长
	164.14	-9.6	142.7	-13.1

资料来源：根据呼伦贝尔市商务局网站、内蒙古自治区政府网、呼和浩特海关网数据整理。

内蒙古自治区对俄口岸货运量、客运量总体保持稳定。2018 年，内蒙古对俄口岸进出境货运量 3200.03 万吨，同比增长 2.2%。其中，入境货运量 1606.89 万吨，同比增长 4.82%；出境货运量 403.44 万吨，同比增长 0.6%。2019 年，对俄口岸进出境货运量 3267.7 万吨，同比增长 2.1%。其中，入境货运量 1617.10 万吨，同比增长 0.6%；出境货运量 439.30 万吨，同比增长 8.9%。2018 年，满洲里口岸仍为过货量最多的口岸，达 3192.39 万吨，同比增长 2.7%；黑山头、室韦口岸货运量降幅较大，分别为 43.1% 和 97.1%。客运方面，2019 年，全区口岸进出境客运量 598.95 万人次，同比下降 2.2%；进出境交通工具 170.48 万架列次，同比下降 7.6%。但是，满洲里口岸及海拉尔航空口岸进出境人次有所增加，2018 年分别增长 3.4% 和 85.7%。黑山头、室韦口岸的客运和货运量均有所下降，且下降幅度比较大（见表 6）。2019 年形势略有好转，1～9 月，呼伦贝尔市各口岸对俄进出口货运量 2364.2 万吨，同比增长 3%。[①] 与其他盟市相比，呼伦贝尔市是对俄经贸最为集中的盟市，也是贸易量最多的市区之一。随着“满洲里综合保税区”“边境互市贸易区”的深入推进，满洲里市和呼伦贝尔市的对俄贸易量有望提升。

表 6　2018 年内蒙古自治区东部口岸货运、客运量统计情况

		满洲里	黑山头	室韦	海拉尔航空	满洲里航空
货运量（万吨）	总量	3192.39	7.38	0.26	—	—
	同比(%)	2.7	-43.1	-97.1	—	—
客运量（万人次）	总量	188.27	1.75	0.02	0.78	3.49
	同比(%)	3.4	-68.8	-98.8	85.7	-9.6
交通工具（万架列）	总量	21.14	0.88	0.02	0.03	0.06
	同比(%)	5.9	-67.0	-98.4	200.0	-23.1

资料来源：内蒙古自治区口岸办。

三　内蒙古自治区对俄经贸合作存在的问题

（一）内蒙古自治区对外贸易依存度不高

与黑龙江省、云南省、新疆维吾尔自治区等沿边省区相比，内蒙古自治区对外贸易总量相对较低，对外贸易依存度（即对外贸易总额在地区生产总值中的比重）偏低（见表 7）。在选取的 4 个边疆省区中，内蒙古自治区的对外贸易依存度最低，2019 年比云南省少 3.6 个百分点，说明该自治

① 呼伦贝尔商务局网站，http://swj.hlbe.gov.cn/index.aspx? lanmuid = 76&sublanmuid = 1086&id = 881，最后访问日期：2020 年 6 月 8 日。

区毗邻俄、蒙的区位优势尚未完全释放，国家向北开放重要桥头堡的作用还有很大发挥空间。

表 7　2018～2019 年部分沿边省区对外贸易依存度情况对比

单位：亿元，%

	2018 年			2019 年		
黑龙江省	进出口贸易总额	地区生产总值	对外贸易依存度	进出口贸易总额	地区生产总值	对外贸易依存度
	1747.7	12846.5	13.6	1865.9	13612.7	13.7
云南省	进出口贸易总额	地区生产总值	对外贸易依存度	进出口贸易总额	地区生产总值	对外贸易依存度
	1973	17881.12	11	2323	23223.75	10
内蒙古自治区	进出口贸易总额	地区生产总值	对外贸易依存度	进出口贸易总额	地区生产总值	对外贸易依存度
	1034.4	16140.8	6.4	1095.7	17212.5	6.4
新疆维吾尔自治区	进出口贸易总额	地区生产总值	对外贸易依存度	进出口贸易总额	地区生产总值	对外贸易依存度
	1326.17	12199.08	10.9	1640.9	13597.11	12.1

（二）“酒肉穿肠过”的瓶颈仍未解决

习近平总书记在参加十三届全国人大一次会议内蒙古代表团审议时指出，从满洲里、二连浩特出入境的中欧班列多数是“酒肉穿肠过”[①]。2018 年，中国对俄罗斯进出口贸易额为 7075.5 亿元，同比增长 24%。[②] 内蒙古口岸承担着中俄之间 65% 的陆路过货量，[③] 满洲里口岸过货量稳定增长（见表6）的同时，自治区对俄进出口总额却下降 4.2%，为 197 亿元。2019

① 《扎实推动内蒙古经济高质量发展》，内蒙古自治区政府网，http：//www.nmg.gov.cn/art/2019/9/16/art_ 1521_ 280157.html。

② 《2018 年中俄贸易额达到创纪录的 1070.6 亿美元》，商务部网站，http：//www.mofcom.gov.cn/article/i/jyjl/e/201901/20190102826532.shtml。

③ 《内蒙古已建成 18 个开放口岸 中欧班列占全国近一半》，中国新闻网，http：//www.chinanews.com/gn/2019/06－21/8871237.shtml。

年，自治区对俄贸易总额184.9亿元，落后于中俄贸易同期3.4%的增长速度，[①] 在自治区对外贸易中的占比也降至16.9%。由于内蒙古自治区正处在产业结构转型升级阶段，“挖土卖土、挖煤卖煤”的粗放型产业现状没有根本扭转，对俄经贸合作的竞争优势弱，参与经贸、投资的抓手少，着力点少。

近年来，随着国内其他省区加大对中欧班列运营的补贴力度，大量进口商品随班列直接销往内地。很多境外设厂的大型企业纷纷将贸易环节通过中欧班列集装箱货运转移，搬离边境口岸及口岸城市，严重冲击内蒙古自治区以进口资源加工为主的各项产业。尤其是近年，作为自治区对俄贸易前沿的呼伦贝尔地区对外贸易更是下降明显（见表5）。

（三）加工贸易规模较小，缺少支撑产业

自20世纪90年代开始，内蒙古自治区对外贸易以一般贸易和边境小额贸易为主，加工贸易总量及占比偏低。2011年自治区加工贸易总额为9.51亿美元，占自治区对外贸易总额的7.97%。2016年，自治区政府贯彻落实《国务院关于促进加工贸易创新发展的若干意见》，制定并印发《关于内蒙古自治区促进加工贸易创新发展的若干建议》，[②] 积极推进承接北京加工贸易产业转移工作向纵深发展。自治区加工贸易显著回升，2016年加工贸易总额到达4.89亿美元，加工贸易额约占对外贸易额的4.18%（见表8）。2018年，内蒙古自治区政府出台《关于进一步促进外贸增长的意见》，进一步减少外资准入限制。此外，多策并举积极引导企业转型升级，发展配套产业，延长产业链并不断加大政策扶持和资金支持力度。但受内蒙古自身的气候、地理环境、人才资源等多种因素影响，自治区加工贸易在贸易规模、技术水平和产业辐射等方面始终没有等到“量”的提升和“质”的突破。

---

① 《2019年进出口商品国别（地区）》，中国海关网，customs.gov.cn//customs/302249/302274/302277/302276/2604093/index.html，最后访问日期：2020年6月4日。

② 《关于内蒙古自治区促进加工贸易创新发展的若干意见》，内蒙古自治区政府网，http://www.nmg.gov.cn/art/2016/8/4/art_1686_137990.html。

表 8　内蒙古自治区加工贸易增长及占比情况

单位：%

	2012 年	2013 年	2014 年	2015 年	2016 年	2017 年	2018 年	2019 年
增长	-51	-40.5	-6.5	-6.2	100.4	-29.1	82.1	-41.1
占比	4.14	2.31	1.79	1.91	4.18	2.4	3.9	2.2

资料来源：呼和浩特海关网站（http：//huhehaote. customs. gov. cn/）。

（四）营商环境有待改善

尽管最近几年中共内蒙古自治区党委、政府配合国家政策出台了一系列招商引资优惠政策，但受制于内蒙古自身发展理念、创新勇气等，内蒙古的营商环境难以超越中东部省区。一是外贸企业融资困难。对外投资企业难以得到国外金融机构支持，而境外资产又难以在国内抵押，我国金融机构开展境外业务难度较大，导致外贸企业融资难。二是受政策影响较大。最具代表性的是木材行业。近年来，俄方通过增加关税、配额等手段逐步提高本地加工的附加值，减少原木出口，不少中资企业在俄设厂，进行木材粗加工、浅加工，直接影响内蒙古的木材加工业发展。受国内对木质产品的政策影响，部分初加工产品无法回到国内落地，继续深加工和精加工，给企业造成不小损失。三是外派劳务问题。俄罗斯劳动力成本一直居高不下，中国企业使用国内劳务须到俄罗斯移民部门申请劳务指标，同样给企业带来不小难度和成本。此外，中资企业经营不规范以及贸易结算等问题，也是影响内蒙古与俄罗斯合作的主要因素，这也是边疆省区共有的问题，须引起重视。

2019 年，内蒙古自治区政府重视与俄罗斯的经贸合作，提出以满洲里和二连浩特为牵引的泛口岸经济发展规划。2019 年，自治区主席布小林多次赴满洲里、呼伦贝尔等地就对俄经贸活动进行调研。2019 年 8 月，呼伦贝尔综合保税区正式启动运营。受自身经济市场较小等现实因素影响，落地内蒙古的综合保税区、开发开放试验区、边境互市贸易区等针对包括俄罗斯、蒙古国在内的对外开放发展的“专项”发展区域暂时没有释放出应有的带动作用，须进一步整合自治区资源，统筹地方对俄开放政策，立足区情，谋划发展。

四 加强内蒙古自治区对俄经贸合作的对策建议

习近平总书记强调，要坚持问题导向，把问题作为研究制定政策的起点，把工作的着力点放在解决最突出的矛盾和问题上。作为中国向北开放的重要省区，内蒙古自治区对俄罗斯的经贸合作应在将自治区“建设成为我国北方重要生态安全屏障和国家安全屏障”战略背景下谋划。将边境安全、边疆经济合作与内蒙古自治区的定位统筹结合起来，抓好技术与经济社会融合发展，推动对俄经贸合作。

（一）全面推动中俄各项合作协议的落实

2018 年是中俄地方合作交流年的起始年，两国签署了《中国与欧亚经济联盟经贸合作协议》《中俄在俄罗斯远东地区合作发展规划（2018 ~ 2024 年）》和《中国东北地区和俄远东及贝加尔地区农业发展规划》等一系列旨在推动地方合作的指导性文件。内蒙古自治区应仔细研读文件精神，“普查”自治区企业发展现状，借助向北开放领导小组平台，主动作为，参与中俄合作项目。

为解决融资难等问题，2018 年成立了中俄地区合作发展投资基金。这为今后双方经贸合作提供了金融保障。内蒙古自治区政府应努力抓住机遇，顺势而为，依据双边合作文件，大力扶持高新技术产业和以数字经济为主的新兴产业，促进地区经济的融合发展。根据自治区自身特点，将“泛口岸经济发展”规划与俄罗斯毗邻地区发展统筹结合，认真规划合作路径，进一步明确任务时间表，有效提升内蒙古自治区经济的外向度，改善两国贸易营商环境。

作为中国畜牧业基地，内蒙古自治区的比较优势更多体现在生态、环保领域。内蒙古应做好生态安全屏障，在筑牢国内生态安全防线基础上，加强与俄罗斯毗邻地区合作，尤其是生态、环保等科研机构的合作，不断延伸生态安全的“屏障线”。俄罗斯远东以及西伯利亚地区的森林、水资源丰富，生态环境保存相对完好，双方在生态环境治理方面具有深度合作空间。

（二）树立协同发展理念，发展跨区域、跨地区产业

内蒙古自治区应借助自身优势，树立协同发展理念，与黑龙江、吉林等沿边开放省区，以及河北、山西、陕西、宁夏、甘肃等沿黄河省区发展跨区域、跨地区的产业，大力发展加工贸易。特别是呼、包、鄂三地积极承接东部沿海发达省区先进产业，培育多级加工贸易。借助包头市已被纳入第二批承接东部沿海地区加工贸易城市的机遇，优先把2018年启动的区域协同发展承接项目尽快落地内蒙古边境地区。例如，2018年1月在北京举行的呼伦贝尔市“承接首都产业转移促进加工贸易创新发展项目对接会”；4月在广东东莞举行的“内蒙古满洲里市承接产业转移推介会”；10月在呼和浩特市通过的《承接北京非首都功能产业转移发展规划》尽快落地，让新型绿色产业成为自治区对外贸易的新增长点，同样在转型升级过程中培育优质产业，打造品牌产业，发展具有高、精、尖特点的“品牌经济”。例如，稀土产业、畜牧业、草牧业等传统优势产业都具有发展“品牌经济”的潜力，关键是培育，或者引入高质量的综合科研人才和高素质的管理人才，实现“资源变现”。

（三）大力发展泛口岸经济

作为向北开放的桥头堡，内蒙古自治区现有的18个口岸是中国同“一带一路”沿线国家的重要纽带。如何更充分发挥口岸辐射带动作用则是解决“酒肉穿肠过”问题的关键。《2019年内蒙古自治区政府工作报告》中提出“发展泛口岸经济”。[①] 规划以满洲里、二连浩特、策克口岸为枢纽，

① 《2019内蒙古自治区政府工作报告》，内蒙古自治区政府网，http：//www. nmg. gov. cn/art/2019/2/1/art_ 4213_ 250873. html。

形成3个各具特色的经济区，发挥呼、包、鄂及赤峰的对外贸易平台作用，将通道经济变为落地经济。“中欧班列”开通后，传统口岸经济面临转型升级。原有就地加工产品结构单一，初级产品比例偏高，附加值低，升值空间越来越小，物流、用工和取暖等成本逐年上涨，企业利润空间持续受到挤压。企业融资困难，培育自主项目和自有品牌的后劲严重不足。发展泛口岸经济，不能单单将边境口岸视为过货通道，要充分发挥口岸辐射带动作用，让自治区腹地盟市与“一带一路”沿线国家的资源和市场实现联动，向内拉动、向外延伸，让自治区的口岸地区成为连接国内与俄蒙市场及资源的纽带，成为自治区经济增长的发动机。

中国“一带一路”国际合作不断发展，2019年6月、9月和11月分别在哈尔滨市、呼和浩特市和上海市举办了“中俄博览会”“中蒙博览会”和“上海进口商品博览会”。在上述三个博览会上，内蒙古政府和企业与俄罗斯政府和企业签订了合作意向以及合作项目，应以此为抓手，统筹政府、企业和社会的力量，开拓内蒙古与俄罗斯合作的新局面。

五　在中俄共同抗击新冠肺炎疫情的“战疫”中寻找新机遇

新冠肺炎疫情的暴发是大自然给国际社会的“大考卷”，人类与病毒的“分秒争夺战”。“答题者”的思维模式、动手能力决定了这场“战争”的时间长短和损失程度。从这场尚未结束的“战疫模式”中，我们看出各国在应对公共卫生突发危机事件中的弱势、短板和不足。“强弱势”“补短板”和“填不足”可能会成为两国开展合作的新机遇，也是内蒙古开展对俄罗斯经济活动的重要抓手和着力点。

从2020年第一季度中俄贸易量看，两国贸易没有受到任何影响，中国对俄罗斯进出口逆势增长5.7%。[①] 其主要原因是，第一，中俄贸易以石油、

① 《国务院新闻办就2020年一季度进出口情况举行发布会》，中国政府网，http://www.gov.cn/xinwen/2020-04/14/content_5502183.htm。

天然气等大宗能源矿产品为主，受疫情影响相对较小。第二，中俄两国疫情从暴发时间、蔓延速度、范围、确诊人数以及治理模式方面都存在差异。第一季度是中国的全面“抗疫”时期，俄罗斯处于“防中不放西”的预防时期。在这个时间差里，许多预定商品已经走在路上，或者正在完成交易。第三，第一季度恰逢中俄两国处在年初节假日较为集中的时间段，属于储备消费，消费量大。

2020 年，中俄经贸合作能否保持强劲的增长势头，首先还是要看俄罗斯疫情防控情况。由于边境口岸关闭时间较长，2020 年内蒙古与俄罗斯的经贸活动受到冲击较大。

首先对边境地区小额贸易、加工贸易影响比较大。边境口岸关闭时间越长，损失越大。尽管货运通道没有停止，但多数属于“班列”，落地加工项目减少。

其次受到影响的是服务业。每年的 7 月、8 月、9 月是中俄跨境旅游的最旺季节，也是边境口岸城市经济发展的“旺盛期”。因双边口岸全部关闭，重启之日尚不明朗，内蒙古对俄投资、项目建设、跨境旅游等经济活动都将暂停，以边境小额贸易为主的地方贸易，尤其是线下实体经济受到影响最大。

但就内蒙古而言，疫情期间，以网上“直播”“短视频”“网课”“抖音”等为主的“线上经济”，或者说“网络经济”，成为一种新型业态。但是，“网络经济”对“网络技术”“数字化”“人工智能”技术要求较高，这就需要中俄双方在国际惯例规范下，制定适合双边开展合作并被双边认同的法律、政策，规范合作企业、部门的行为，提高合作效率和质量。

最后，这次疫情暴露出中俄双方在应对突发性公共卫生危机事件中的一些法律、政策、措施以及合作路径方面的短板、弱项和不足，尤其是在边境口岸安全治理方面。作为中俄毗邻省区，内蒙古自治区应对内协同与黑龙江和吉林两省合作，梳理对俄口岸治理经验，并对其中的优劣势进行总结，制定治理方案，统一口径与俄罗斯边境行政区进行对接，提高口岸合作治理能力，特别是应对突发性危机事件的合作能力。

B.22

俄罗斯远东超前发展区产业投资分析与预测*

程红泽**

摘　要： 近年来，俄罗斯远东超前发展区产业投资规模不断扩大，投资领域趋向多元化，对亚太区域的投资吸引力也初步显现出来。但需要指出的是，超前发展区企业良性发展尚需有效解决一系列制约因素，包括整体营商环境规划缺失、行政管理压力较大、劳动力资源“瓶颈”、法律政策风险管控机制不完善等问题。

关键词： 俄罗斯远东　超前发展区　中国产业投资

俄罗斯远东超前发展区经过几年的建设，正在成为协调远东区域经济发展、重塑地缘政治的重点领域。在超前发展区模式下，俄政府有意识地通过引导投资的方式进行经济结构改革和调整，其目的在于避免远东地区成为亚太地区的初级原料供应基地，将远东地区打造成东北亚区域的工业中心，形成俄罗斯未来发展新的增长极。截至 2019 年 12 月 10 日，20 个远东超前发展区批准入驻企业达 460 家，预计创造 8 万个工作岗位，项目申报投资总额

* 本文是国家社科基金项目“中国东北地区与俄罗斯远东地区跨境产业合作研究”（项目编号：17BGJ023）阶段性成果之一。

** 程红泽，黑龙江省社会科学院俄罗斯研究所副研究员，从事俄远东经济及中俄区域合作问题研究。

超过3万亿卢布，相当于俄联邦国家预算1/5的资金被投资者投入到远东超前发展区项目当中。① 通过分析俄远东地区现有的20个超前发展区可以发现，每个超前发展区的设立都反映出俄罗斯改善远东地区经济结构的尝试，主导项目着重围绕加工制造业、农业和服务业及其他高附加值产业展开，有超过73%的超前发展区项目与其有关，这符合俄罗斯在远东地区刺激出口导向和进口替代生产的战略规划。

一　超前发展区入驻企业投资构成

在远东超前发展区已批准注册的460家企业中，2018～2019年实现企业入驻量占总数的53 %(2019年109家、2018年135家)，入驻企业数量呈增长趋势从侧面说明企业界对远东超前发展区前景的认可和期待。按超前发展区入驻企业总量衡量，远东联邦区中滨海边疆区、堪察加边疆区、哈巴罗夫斯克边疆区和雅库特地区排在前列。企业投资数据直观地反映出超前发展区项目规划的有效性及产业投资吸引力，现阶段各超前发展区入驻企业项目分布并不均衡（见表1），其中“堪察加”超前区企业入驻数量最多，达到101家（2018～2019年增加64家）；其次为“纳杰日金斯卡娅”超前发展区，入驻66家企业；“布里亚特”和“石油化工”超前发展区最少，入驻企业仅有2家。

新增入驻企业主要集中在远东联邦区北部与东部地区，与相关超前发展区基础设施逐渐完善有直接关系。需要说明的是，各个超前发展区入驻企业数据是动态发展的，在很大程度上取决于各自的营商环境。截至2019年12月，远东超前发展区入驻企业投产运行97家，其中2018年投入运营或处于实施阶段项目新增34项，实现投资2720亿卢布，新增实施项目依次分布在楚科奇自治区的“白令戈夫斯基”超前发展区（9项），萨哈（雅库特）共和国的“南雅库特”及“坎加拉瑟”超前发展区（8项），堪察加边疆区的

① 根据俄罗斯联邦2018年11月3日第632号总统令，原属西伯利亚联邦区的布里亚特共和国和外贝加尔斯克边疆区并入远东联邦区，至此远东联邦区包括11个联邦主体，超前发展区增加至20个。

“堪察加”超前发展区（5 项），萨哈林州的“山间空气”及“南方”超前发展区（4 项），阿穆尔州的“自由城”及“阿穆尔沿岸”超前发展区（4 项），滨海边疆区的“纳杰日金斯卡娅”及“大卡缅”超前发展区（3 项），哈巴罗夫斯克边疆区的“共青城”超前发展区（1 项）；2019 年，投入运行的入驻企业增加 18 家。

表 1　俄罗斯远东超前发展区入驻企业数据（2019 年）

联邦主体	超前发展区名称	优先产业类型	入驻数量	企业投产数	建立时间
滨海边疆区	纳杰日金斯卡娅	工业、物流	66	4	2015 年
	米哈伊洛夫斯基	农业、农产品深加工	18	4	2015 年
	大卡缅	船舶制造业	23	3	2016 年
	石油化工	石化加工	2	—	2017 年
哈巴罗夫斯克边疆区	哈巴罗夫斯克	加工业、农业、物流	46	14	2015 年
	共青城	航空配件、设备制造、金属及木材加工	30	8	2015 年
	尼古拉耶夫斯克	渔业、船舶维修、物流	7	1	2017 年
阿穆尔州	阿穆尔沿岸	工业、物流	10	3	2015 年
	别洛戈尔斯克	农业、农产品深加工	10	2	2015 年
	自由城	工业	7	3	2017 年
萨哈（雅库特）共和国	南雅库特	采矿、物流	15	6	2016 年
	坎加拉瑟	制造业、农业、渔业	22	9	2015 年
萨哈林州	山间空气	旅游疗养	25	4	2016 年
	南方	农业、畜牧业	8	3	2016 年
	千岛群岛	海产养殖、采矿	4	—	2018 年
犹太自治州	阿穆尔—兴安	农工综合体、物流	4	1	2016 年
堪察加边疆区	堪察加	物流、旅游业	101	14	2015 年
楚科奇自治区	白令戈夫斯基	采矿业、港口、物流	50	18	2015 年
布里亚特共和国	布里亚特	畜牧养殖、海关、物流	2	—	2019 年
后贝加尔边疆区	后贝加尔	采矿业、木材加工	10	—	2019 年

资料来源：根据 2019 年远东超前发展区管理公司入驻企业资料整理，数据时间截至 2019 年 12 月 8 日。

就项目投资总额、创造工作岗位数量等因素而言（2018 年），第二产业占主导地位。能源项目规划投资 1.733 万亿卢布，占超前区总投资额的

74.1%，造船与矿产投资紧随其后；造船业、采矿业、能源、物流仓储、农业及食品加工项目提供的就业岗位占总就业的77%；运输存储、服务业、食品加工、建筑业入驻企业数量占总数的72.72%，上述数据与产业特征有关。作为超前发展区主导产业，采矿业、农业、林业、渔业以及运输业的投资分布趋势如下。

俄远东矿产资源极为丰富，远东经济的悖论之处恰恰在于，俄政府极力想扭转原料产业在远东经济结构中过大的弊端，但能源及采矿获利高，最基本的原料初加工对于企业来说都是有利可图的，资源诅咒因素严重阻碍了产业升级。资源型产业投资导向对超前发展区投资做出不菲贡献，包括“阿穆尔—兴安”“南雅库特”“白令戈夫斯基”“共青城”“自由城”在内的数个超前发展区的主导产业均涉及相关产业。截至2019年12月，26家涉及矿产开采加工及存储的企业入驻超前发展区，其中有10项投入运营或处于实施阶段，总规划投资超过1万亿卢布。就规划投资额而言，最大的项目是“自由城”超前发展区的天然气加工项目，布拉戈维申斯克天然气工业公司规划投资9480亿卢布；位于“南雅库特”的杰尼索夫斯基采矿选矿综合体和伊纳格林斯基采矿选矿综合体位居第二位和第三位，规划投资额分别超过1100亿卢布和228亿卢布，设计煤炭年开采量总计可达到1800万吨。

远东农业发展得益于超前发展区机制，农业增长速度远高于俄罗斯平均水平的两倍，成功地吸引了“俄罗斯农业”、“绿色农业”和“TH True Milk”等一些大型农业控股企业。[①] 超前发展区农业领域项目规划投资额超过919亿卢布，预计创建6300个新工作岗位，项目主要集中在滨海边疆区的“米哈伊洛夫斯基”超前发展区、阿穆尔州的“别洛戈尔斯克”超前发展区、萨哈林州的“南方”超前发展区这3个拥有农业专业基础设施的发展区之中，现已运营的11个农业项目包括畜牧养殖5项，农业种植3项，大豆榨油及大豆蛋白加工、食品加工及乳制品加工各1项，计划投资额398.69亿

① От импорта к экспорту. Сельское хозяйство Дальнего Востока, 17. мая. 2018. https://minvr.ru/press-center/news/15502/.

卢布。农业领域的大型项目包括俄罗斯最大的农业综合体“俄罗斯农业”集团在“米哈伊洛夫斯基”超前发展区设立的畜牧综合体，计划投资210亿卢布，预计创造1500个就业岗位；“萨哈林绿色农业”有限公司投资93亿卢布在“南方”超前发展区设立畜牧综合体，在综合设施满负荷生产后，该地区猪肉自给率从6%提高到67%；阿穆尔浸油厂有限责任公司在“别洛戈尔斯克”的大豆深加工项目投资额达44亿卢布。从项目投资结构来看，目前超前发展区入驻企业与亚太各国开展农业合作的商品种类有限，主要受限于出口卫生许可、产品配额和销售渠道等因素，这些问题阻碍俄罗斯远东地区与亚太地区国家之间的农业合作及自身布局拓展。

在林业投资领域，截至2019年11月，有16家木材加工企业获得批准入驻超前发展区，其中5家企业进入投产实施阶段。哈巴罗夫斯克边疆区是远东木材加工的主要产地和出口地，远东最大的林业综合体——俄罗斯林业集团（RFPG）——是“共青城”超前发展区的入驻企业。RFPG集团与中国公司中国诚通控股公司合作，开展纸浆、造纸和木质颗粒（燃料颗粒）生产项目，规划投资额约为15亿卢布，并将创造1500个新就业岗位。超前发展区林业加工业的发展前景与逐步放弃原材料出口和提高木材附加值转型有关，其中主要措施是提高原木出口关税，从目前的25%增加到80%。但事实证明，企业出口税的增加削弱了俄罗斯林业企业的竞争力（尽管这可能是短期的负面影响），同时也没有明显刺激木材加工业企业在林木深加工方面的投资。根据远东林业出口协会资料，2019年前8个月，远东地区木材出口下降了20%，至500万立方米，全年降幅达到35%；2020年，远东木材加工行业预计只能维持当前产能、人员和营业额的25%。远东5个最大的林业项目中“亚洲林业”“阿卡伊姆”已经破产，“滨海林业”和“РимбунанХиджау”处于停工状态，RFPG集团面临着运营资金严重短缺的风险。[①]

从交通运输业发展角度来看，俄罗斯远东地区人口密度稀疏，尤其是北

① Лесопромышленники заявили о кризисе отрасли на ДальнемВостоке, 10. декабрь2019. https：//www. eastrussia. ru/news/ lesopromyshlenniki – zayavili – o – krizise – otrasli – na – dalnem – vostoke/.

部联邦主体居民区之间距离非常远，交通运输对于社会经济发展来说至关重要。机场、公路铁路、水运等运输线的发达程度直接影响着区域社会经济竞争优势。远东港口和铁路的货运量统计数据显示了交通方面积极的发展动态，目前远东铁路承担着全俄货物铁路运力的36%，远东港口货运量也占全俄货运港口运力的26%。远东超前发展区逐步成为远东引进新技术、新模式投资运输基础设施的试验田。截至2019年11月底，远东超前发展区入驻物流仓储企业77家，占入驻企业总数的16.73%，是所有入驻产业中企业数量最多的行业。就2018年已完成和在建的共计6个项目而言，“阿穆尔沿岸”超前发展区的“Агрохим ДВ”有限公司的物流综合项目投资额达到8200万卢布；“山间空气”与“哈巴罗夫斯克”超前发展区的“南萨哈林斯克机场”股份公司和“哈巴罗夫斯克机场”股份公司承担着远东地区主要的航空物流业务，投资额达115亿卢布。

远东渔业在超前发展区政策扶持下发展迅猛，2018年俄罗斯渔业捕捞量达503万吨，其中350万吨来自远东水域，远东渔业约占俄罗斯渔业资源捕获量的69.58%。远东渔业的主要优先任务是在特殊经济体制（超前发展区）框架内发展大型鱼类加工工业，并通过引入“配额”的方式来吸引对该行业的投资，[①] 引进投资配额制将刺激远东造船厂的渔船队建设以及鱼品生产企业建立。在超前发展区框架内，截至2019年11月底，超前发展区入驻渔业企业14家，鱼类加工项目主要集中在“堪察加”、“尼古拉耶夫斯克”和“千岛群岛”超前发展区。批准规划的几个鱼类加工项中最大的项目由“千岛群岛鱼类联合加工”有限责任公司设立，这是“千岛群岛”超前发展区的主要投资者，预计项目总投资额为74亿卢布。堪察加半岛的3个大型鱼类加工厂正在规划中，其中“乌金斯基河谷”有限责任公司将建立高科技渔业加工综合体，投资15亿卢布；“阿克瓦菲”有限公司规划创建现代化海鲜加工综合体；“鲁萨克”公司组织建造高科技鱼类产品加工车

① 2018年，俄罗斯渔业部门通过渔业投资配额方案，为申报建造水产品加工厂或造船厂建造捕捞船队提供渔业捕捞配额，同时将捕捞配额使用年限定为15年。这可以使企业对投资做出长远规划，意味着将对渔业自然资源的合理有效利用。

间。需要指出的是，水产养殖业在俄远东渔业中属于新兴产业，海水养殖产品占俄罗斯远东地区海洋生物资源总产量的比例约为0.3%，该指数的世界平均水平为54%，而中国作为水产养殖的全球领导者，占70%以上。远东超前发展区中的“千岛群岛”超前发展区将海水养殖定为主导产业，现已有中国及日本企业对此表现出投资意向。

远东联邦区经济开发对外资有着强烈的需求，在超前发展区产业布局中，外资企业参与是其发展的重要一环。俄政府通过实施特殊的税收制度，借助上合组织、亚太经合组织领导人非正式会议、东方经济论坛等多边平台，着力推出“超前发展区”这张俄罗斯新名片，为经济增长寻求新机遇。截至2018年12月，远东超前发展区入驻31家外资企业，投资总额为1770亿卢布，在农业、建筑材料、食品加工、机械工程、物流运输领域开展业务的外资企业数量占其总数的59%，创造工作岗位5691个。外资企业主要来自中国、日本、韩国、澳大利亚、新加坡、越南、塞浦路斯、立陶宛、荷兰、以色列等国家（见表2）。俄远东联邦区对中国企业参与超前发展区项目寄予厚望，中国企业投资占远东超前发展区外国投资的59.1%，参与49项超前发展区和自由港项目，协议投资金额27亿美元，另有总额超过230亿美元的40个投资项目正在筹备阶段。[①] 为吸引中企参与超前发展区开发，俄政府在《中俄在俄罗斯远东地区合作发展规划（2018～2024年）》中明确提出，如果中资计划在远东尚未设立超前发展区的地点新建项目，俄方将研究扩大某一现行跨越式发展区边界或新设跨越式发展区的可行性；如中资在俄远东超前发展区实施项目需要修建专门的交通、工程或其他基础设施，在不违反俄联邦法律的情况下，俄方将研究国家出资建设相应基础设施的可能性，国家出资额不超过项目投资金额的10%。在俄法律规定条件下，俄方资源可无偿提供给投资者，用于建设其项目所需的基础设施。[②]

① 《中国对远东的投资占该地区外国投资的近60%》，俄罗斯卫星通讯社，http：//sputniknews.cn/russia_ china_ relations/201911011029967092/。

② 《中俄在俄罗斯远东地区合作发展规划（2018～2024年）》，中国商务部网站，http：//heilongjiang. mofcom. gov. cn/article/sjdixiansw/201907/20190702879041. shtml。

表 2　远东超前发展区入驻外资数据（截至 2018 年）

国家	项目数量	投资额占总额比(%)	国家	项目数量	投资额占总额比(%)
中　国	11	6.0	越　南	1	0.7
日　本	7	0.4	塞浦路斯	1	0.1
韩　国	4	0.1	立陶宛	1	0.0
澳大利亚	3	0.1	荷　兰	1	0.0
新加坡	1	0.1	以色列	1	0.1

资料来源：2018 年超前发展区统计报告，https：//investmap. erd. ru/。

二　超前发展区优惠政策及行政服务

税收优惠政策、简化行政审批和项目土地获得程序是超前发展区吸引投资的三大政策。为配合俄罗斯远东超前发展吸引企业入驻，俄政府对涉及超前发展区的法律进行了一系列修改，在公共产品投资、税收减免以及行政服务方面给予更大力度的扶持。截至 2018 年，俄罗斯为促进远东超前发展区及自由港发展通过了 35 项联邦法律，175 项联邦政府条例。

按照超前发展区之前的税收优惠政策，企业自入驻超前发展区起前 5 年内可免缴利润税和财产税，5 ~ 10 年内缴纳 10% 的利润税和 1. 1% 的财产税；统一社保费率以 7. 6% 取代 30%；降低矿产开采税率，10 年内为 0 到 0. 8%；采用自由关税区的海关程序，加快出口产品增值税退税；缩短国家环保鉴定期限。2018 年，俄罗斯国家杜马预算和税收委员会在《祖父条款》的首读法案中通过了关于改善超前发展区和符拉迪沃斯托克自由港居民企业清算支付社保费率的程序。根据修改后的俄罗斯联邦税法第 1 部第 5 条和俄罗斯联邦税法第 427 条规定，超前发展区入驻企业从获得法定身份的那一刻起，商业优惠条件 10 年内不改变，2025 年前入驻的超前发展区和符拉迪沃斯托克自由港企业将享受 10 年优惠社保费率。这对于大量雇用高新技术人才的产业项目而言，极大地降低了产品成本，有助于提高企业市场竞争力。税收优惠制度使入驻企业可以将投资项目总成本降低 6. 8%（哈巴罗夫斯克地区）到12.6%（萨哈林地区）左右。[①]

简化行政审批包括简化外国公民就业手续，企业雇用外国劳动力无须配额许可；基础设施建设手续将会得到简化，包括国家设计规定基础设施项目的登记及工程勘测时间将从60天缩短到20天，为建立超前发展区基础设施征用土地审批程序缩短至6个月内。行政服务方面，远东超前发展区管理公司积极完善无纸化办公服务，为超前发展区企业提供线上自动化“个人账户”，实现入驻企业实时接收公司服务。尚未获得入驻企业身份的公司有机会在网站上以电子形式申报商业计划，并根据联邦法律申请审核，公司在线协助准备文件。根据超前发展区企业调查结果，有55%～56%的企业认为远东发展公司作为超前发展区的管理者工作较为出色，公司平均评分系数达到4.4。

需要指出的是，为调整优化产业结构，俄罗斯政府积极发挥政策导向作用，通过优惠政策扶持支撑性产业，对远东产业政策中的“限制类”和“淘汰类”项目通过税收加以限制。为扶持农业发展，入驻超前发展区的农业项目除享受超前发展区税收优惠和行政优待外，超前发展区还对农业企业设施建设和现代化改建所产生的直接费用给予补贴（最高30%），并可以获得投资贷款利率补贴。为提高木材深加工比例，2017年，俄罗斯政府决定逐步对未进行加工生产企业的原木出口增加关税，到2021年前将从目前的40%增加到80%。同时，从事木材深加工的企业有资格申请6.5%的出口税（400万吨配额）。出口原木配额制度将与原材料加工投资总额相挂钩，从2019年开始，享受关税配额企业的产品加工份额不应低于总出口的20%，其后的3年将增加至35%。

三 超前发展区及入驻企业面临的主要问题

尽管远东市场因其规模和发展而具有极大的吸引力，但在充满机遇的同

---

① О льготном налоге замолвили слово. 2017. 11. 24. https：//www.eastrussia.ru/material/o-lgotnom-naloge-zamolvili-slovo/.

时，远东超前发展区及入驻企业在投资方面也存在着一些不可避免的风险。

第一，基础设施跟不上经济发展需求。已经运营和即将运营入驻企业面临的最大问题之一是基础设施准备不足，这也是远东联邦区经济发展中的顽疾。2018 年下半年，滨海边疆区超前发展区的污水管网使用率仅为 80%、供水能力 90%，水处理厂建设根本没有启动（原规划为 2018 年 11 月）。俄联邦电网公司在 2020 年需要完善大量相关电网基础设施，电力改造升级涉及 7 个超前发展区，按照现有计划相关电网基础设施完善工作需要到 2020 年。远东超前发展区在原料产地、生产基地和主要市场之间缺乏高效运转的交通运输网络，联运水平较低，难以形成快捷有效的物流链，为此削弱了优惠政策带来的优势。

第二，地方政府对超前发展区财政投入不足。在俄罗斯联邦税收制度下，超前发展区入驻企业税收必须先上缴中央财政，然后再重新分配，地方政府在税收支配方面权限极小，需要靠中央政府的财政“长臂管辖”和预算外资金扶持。韩国仁川大学教授孙元勇指出，远东超前发展区到 2025 年计划从预算外资金中吸引 83.2% 的必要资金，也就是说，俄罗斯希望将这些风险转移给投资者。①

第三，入驻企业带来的非对称竞争隐患。入驻企业享有自由关税区待遇和大量税收优惠，与非入驻企业相比具有明显产业竞争优势，当地相关小企业破产风险加大。以哈巴罗夫斯克超前发展区为例，受先锋园区日资温室农业项目影响，当地蔬菜种植者面临利益减少的冲击；苏维埃港的糖类加工项目对滨海糖业有限公司利润产生了不利影响。最有可能出现不利问题的是在税收优惠结束后，小微企业有可能撤离当前超前发展区，或通过变更法人、注册新企业将资金技术转移至新的超前发展区。

第四，远东超前发展区优势减弱。超前发展区不再是远东地区独一无二的制度优势，自 2018 年 3 月开始，超前发展区制度扩展到俄罗斯联邦全境。

---

① Иностранных инвесторов насторожило обилие на Востоке России территорий опережающего развития. 27.04.2017. https://rg.ru/2017/04/27/reg-dfo/inostrancev-nastorozhilo-bolshoe-kolichestvo-tor-na-dalnem-vostoke.html.

目前全俄85个联邦主体已经批准设立106个超前发展区，投资者完全可以选择比远东联邦区更有利的地区进行投资。入驻企业也面临着融资方面的劣势，亚太其他国家和地区明显比俄远东地区更具包容性和活力。尽管远东发展基金提供多种远东金融产品，能够提供年利率5%的贷款，但入驻企业平均综合借贷成本还是高达12.5%，而在日本相关经济区成本为1%，韩国为3.4%，中国为4.4%，可见超前发展区企业在亚太区域商业大背景下产品成本优势并不明显。

上述问题造成的后果直接反映在远东超前发展区的统计数据层面，尽管投资者对远东超前发展区发展模式的关注度在大幅提升，但受基础设施滞后和融资等问题影响，超前发展区企业开工率普遍较低，开工数量与注册企业数量比例为97∶460，实际开工率只有21.1%；一般外资企业对入驻超前发展区持谨慎态度，超前发展区外资企业占比为10%，这其中以中小企业为主。此外，由于远东地区国内市场容量不足以及远离人口稠密的俄欧地区，导致远东超前发展区入驻企业业务主要集中在出口或大规模社会公共投资领域。2018~2020年，俄罗斯联邦预算计划用于远东超前发展区基础设施建设资金超过365亿卢布，表明远东超前发展区多数行业发展严重依赖出口和国家政策支持，缺乏国家政策及财政支持，超前发展区的营商环境和产业结构很难在短时间内发生重大变化。

四　超前发展区产业投资的若干思考

经过几年的发展，俄远东超前发展区已经成为“一带一路”倡议与欧亚经济联盟对接的重点领域，同时也为与俄远东毗邻的中国东北地区提供了投资兴业的重要机遇。但是，机遇与风险并存，受多种因素影响，对远东超前发展区的投资还存在一些困难和不确定性，在此提出若干思考。

第一，应从行业和政府层面建立多层次信息咨询和培训体系。中国企业在俄远东地区投资所面临的最大挑战来自税务和法律层面，缺乏对俄当地市场进行全面调研，也未通过专业机构对相关法律法规操作进行深入咨询。应通过推动两国政府和执法部门、行业协会和相关企业紧密协作，构建政策咨询、信息沟通、协调磋商和维护权益的联合信息中心，并视发展情况就重点领域设立相应分支研究咨询机构，完成最终的中俄行业大数据服务平台。目前中俄之间尚无形成相应及时有效的平台与机构。

第二，中俄双方应做好多渠道融资工作，面对欧美持续的对俄制裁以及与俄罗斯国家信贷风险增加，导致中资银行在涉及为对俄投资提供服务和融资时非常谨慎和克制，中小企业贷款难度极高，中方企业应充分利用俄远东发展基金以及中俄投资基金等金融工具。目前，俄远东发展基金与中国合作伙伴共同设立两个目标规模分别达到100亿美元的投资基金，主要扶持矿产开采、金属冶炼、基础设施建设和房地产等项目，相关企业可以借此有针对性地扩大投资规模和领域。

第三，根据自身特点和发展特色开展有针对性的产业合作，双方在能源、港口和农业等领域的合作大有可为。在中美贸易摩擦背景下，中俄远东地区的农业合作更显示出战略性。农业合作中企业要注意提高农业深加工能力和农业科技和人才培训合作，同时更要注意提高企业的抗风险意识和综合竞争能力。需要指出的是，新冠肺炎疫情对生产季节性强的农企的冲击大于其他行业企业，超前发展区的农企短期压力沉重。以犹太自治州2020年农耕为例，该州原计划引进中方农业人员1323人，由于疫情，只能紧急改从乌兹别克斯坦引进并培训，相关农企生产受阻，州财政为此损失近2.5亿卢布税收。虽然中俄均出台一系列措施帮助企业度过难关，但超前发展区的农企通常数量多、体量小，被重点保障的极为有限，农企难以在短期内完全恢复经营常态，对相关产业链带来连锁式冲击。

S 基本子库
SUB DATABASE

中国社会发展数据库（下设 12 个子库）

整合国内外中国社会发展研究成果，汇聚独家统计数据、深度分析报告，涉及社会、人口、政治、教育、法律等 12 个领域，为了解中国社会发展动态、跟踪社会核心热点、分析社会发展趋势提供一站式资源搜索和数据服务。

中国经济发展数据库（下设 12 个子库）

围绕国内外中国经济发展主题研究报告、学术资讯、基础数据等资料构建，内容涵盖宏观经济、农业经济、工业经济、产业经济等 12 个重点经济领域，为实时掌控经济运行态势、把握经济发展规律、洞察经济形势、进行经济决策提供参考和依据。

中国行业发展数据库（下设 17 个子库）

以中国国民经济行业分类为依据，覆盖金融业、旅游、医疗卫生、交通运输、能源矿产等 100 多个行业，跟踪分析国民经济相关行业市场运行状况和政策导向，汇集行业发展前沿资讯，为投资、从业及各种经济决策提供理论基础和实践指导。

中国区域发展数据库（下设 6 个子库）

对中国特定区域内的经济、社会、文化等领域现状与发展情况进行深度分析和预测，研究层级至县及县以下行政区，涉及地区、区域经济体、城市、农村等不同维度，为地方经济社会宏观态势研究、发展经验研究、案例分析提供数据服务。

中国文化传媒数据库（下设 18 个子库）

汇聚文化传媒领域专家观点、热点资讯，梳理国内外中国文化发展相关学术研究成果、一手统计数据，涵盖文化产业、新闻传播、电影娱乐、文学艺术、群众文化等 18 个重点研究领域。为文化传媒研究提供相关数据、研究报告和综合分析服务。

世界经济与国际关系数据库（下设 6 个子库）

立足“皮书系列”世界经济、国际关系相关学术资源，整合世界经济、国际政治、世界文化与科技、全球性问题、国际组织与国际法、区域研究 6 大领域研究成果，为世界经济与国际关系研究提供全方位数据分析，为决策和形势研判提供参考。

法律声明